친일파의
한국
현대사

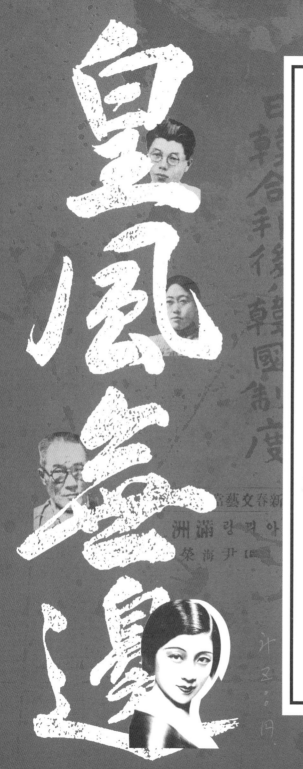

皇風邊

친일파의
한국
현대사

나라를 팔아먹고
독립운동가를 때려잡던
악질 매국노
44인 이야기

정운현 지음

인문서원

머리말

대를 이은 '친일공화국'

한국 사회에서 친일문제는 과거사(過去史)가 아니라 현재사(現在史)다. 꺼진 불씨가 되살아나듯, 무덤 속의 시체가 관 뚜껑을 열고 무덤에서 걸어 나온 듯, 잊을 만하면 한 번씩 불거져 세상을 뒤흔들어놓는다. 친일문제는 여전히 가마솥에서 펄펄 끓는 물이요, 살아서 파닥거리는 갓 잡아 올린 생선이다.

친일 논란은 근래 들어서도 여러 차례 있었다. 공영방송 이사장에 이어 국무총리 후보로 오른 자가 망발을 늘어놓더니 얼마 전에는 국책연구기관의 고위 간부가 회식 자리에서 '천황 폐하 만세!'를 삼창했다고 해서 또 한 차례 논란이 됐었다. 문제는 이런 자들이 공공연하게 이런 행태를 보이고 있다는 점이다.

여기에는 그럴 만한 이유가 있다. 현재 한국 사회의 최고위 인사들이 친일문제로부터 자유롭지 못하다. 현직 대통령은 친일 군인의 딸이요, 지금은 물러났지만 한때 여권 대선 후보 1순위요, 집권당 대표를 지낸 사람의 부친도 친일 경력으로 논란이 됐었다. 그런데 두 사람 모두 선대의 친일 전력에 대해 부끄러워하거나 자세를 낮추기는커녕 되레 적반하장이다.

특히 여당(새누리당) 대표를 지낸 사람은 부친의 평전(사실은 '일대기')을 통해 친일 행적은 숨긴 채 공로만 잔뜩 늘어놓았다. 한마디로 권세를 등에 업고 선대의 친일의 '흑역사'를 비호, 미화, 왜곡하고 있는 것이다. 그렇게 한다고 역사에 기록된 친일 경력이 사라지는 것은 아니다. 오히려 논란의 불길에 기름을 끼얹는 격이요, 상처를 제 손으로 후벼 파는 꼴이다.

국내 언론 사상 처음으로 일간지에 친일파를 연재했던 것을 묶어 1999년에 『나는 황국신민이로소이다』를 출간했다. 그로부터 적잖은 시간이 흘렀지만 한국 사회에서 변한 건 별로 없다. 여전히 친일파 후손들이 대를 이어 '친일공화국'을 구가하고 있다. 어쩌면 이전보다 더 공고하고 낯 두꺼워졌는지도 모른다.

초판을 낸 지 17년 만에 개정판을 펴낸다. 개정판에서는 초판에 실렸던 서문 격인 '왜 다시 친일파인가'는 생략했다. 그동안 친일파 관련 서적들이 많이 출간되어 친일문제에 대한 독자들의 이해가 상당히 깊어졌다고 생각해서다.

개정판인 만큼 그동안 재판이나 복권, 서훈 취소 등 변동 사항이 생긴 인물에 대해서는 관련 내용을 개정했다. 또 지난번 책에 빠진 인물 가운데 5명을 추가했다. 매국노의 상징 이완용, 일진회를 앞세워 나라를 팔아먹은 송병준과 이용구, 여성 친일 인사의 대명사 모윤숙, 사명대사 비석을 네 조각으로 박살내는 데 앞장선 친일 승려 변설호 등이 그들이다.

그럭저럭 30년 가까이 친일문제에 천착해왔으나 답답하기는 지금도 매한가지다. 연구자들의 노력으로 친일파들의 행적 조사는 상당한 성과를 냈다고 판단된다. 문제는 연구 차원이 아니라 우리 사회 기득권 세력들의 반역사적 행태와 역사 왜곡 음모다. 그 절정은 박근혜 정권의 역사 교과서 국정화 작업이다. 이대로라면 장차 친일문제를 둘러싸고 거짓 역사, 뒤틀린 역사가 판칠 것이 불 보듯 뻔하다. 친일문제 하나를 반듯하게 기록하고 제대로 가르치지 못한대서야 무슨 역사 교육을 입에 올릴 것인가.

논란이 불거질 때마다 부산을 떨다가 언제 그랬느냐는 식으로 냄비 끓듯 하는 언론, '친일망동 처벌법' 등 관련 법 하나 제정하지 못한 채 수수방관하는 정치권, 여기에 부화뇌동하는 국민성까지, 어느 하나 미덥지 못하다. 이런 책으로 고발하고 기록할 수밖에 없는 현실이 안타까울 따름이다. 개정판 출간을 자극해주신 인문서원 양진호 대표에게 거듭 감사드린다.

2016년 8월
정운현 씀

차례

01 | 아버지의 범죄, 아들의 속죄
을미사변 가담한 우범선과 아들 우장춘

1895년(을미년) 10월 8일 새벽 5시 30분쯤.

채 어둠이 가시지 않은 꼭두새벽에 정체불명의 괴한들이 경복궁 정문인 광화문 앞에 들이닥쳤다. 일본군과 일본인 복장을 한 이들은 궁궐을 수비하고 있던 훈련대 연대장 홍계훈 일행을 살해하고 곧바로 근정전을 지나 건천궁으로 쳐들어갔다. 이들은 국왕(고종)의 침전인 곤녕전(坤寧殿)에 난입해 난폭한 행동을 자행했는데, 이 과정에서 고종은 옷이 찢기는 등의 수모를 당했다. 또한 왕세자는 일본군 장교 복장을 한 폭도에게 상투를 잡힌 채 그가 휘두른 칼에 목을 맞고 쓰러졌으나 칼등으로 맞아 다행히 목숨을 건졌다.

괴한들 중 한 무리는 인근에 있는 왕비의 침전인 옥호루(玉壺樓)

로 내달렸다. 궁내부대신 이경직(李景稙)이 막아서자 폭도들은 그를 총으로 쏘아 죽이고 고종이 보는 앞에서 다시 칼로 무참히 베었다. 곧이어 왕비의 침전에서 여인들의 비명소리가 새벽 공기를 가르고 울려 퍼졌다. 궁녀 3명과 왕비 민씨(1897년 명성황후로 추존)의 비명소리였다. 폭도들은 궁녀와 왕세자 이척(李拓, 순종의 본명)을 통해 피살된 이들 가운데 한 명이 왕비 민씨임을 확인하고는 시신을 홑이불에 싸서 인근 녹원(鹿園) 솔밭에서 석유를 뿌리고 불을 질러서 태워버렸다.

시간도 서슴지 않은 폭도들

폭도들은 왕비 민씨의 시신을 능욕하는 만행까지 저질렀다. 일본인 사학자 야마베 겐타로(山邊健太郎)는 『일본의 한국병합(日本の韓國併合)』(1966)이라는 저서에서 당시 구한국 정부의 고문으로 있던 이시즈카 에이조(石塚英藏)가 사건 직후 본국으로 보낸 보고서 내용, 즉 '왕비를 끌어내 2~3군데 도상(刀傷)을 입히고 또한 발가벗겨 국부검사(局部檢査)를 했다'는 부분을 인용해 "폭도들이 사체를 능욕했다."고 폭로했다.

이에 대해 한양대 사학과 최문형 교수는 "시체에 대한 국부검사란 있을 수도 없는 일이며 '능욕'이란 표현도 적당치 않다."며 "왕궁 침입에 앞서 이미 술에 만취한 자들이 시간(屍姦)도 서슴지 않았다고 봐야 한다."고 더 적극적으로 해석하고 있다. 일국의 왕

을미사변 때 왕비 민씨가 피살된 경복궁 내 옥호루의 모습(1900년대 초 촬영). 오늘날 옥호루는 경복궁 북쪽 건청궁이 복원될 때 복원된 것이다.

비가 괴한들에게 처참하게 살해당하고 시신이 능욕을 당한 것이 '을미사변'의 진상이다. 우리가 알고 있는 이상으로 을미사변은 비참하고 치욕적인 사건이었던 것이다.

이 치욕스런 사건에 음모 단계에서부터 가담한 조선인이 하나 있었다. '씨 없는 수박'으로 유명한 육종학자 우장춘 박사의 부친인 우범선이 장본인이다. 당시 훈련대 제2대대장이었던 우범선은 주한 일본공사 미우라 고로(三浦梧楼)에게 포섭되어 사건에 관여하게 됐다. 우범선의 임무는 훈련대 병력 동원이었다. 상황이 전개되자 우범선은 주어진 임무대로 훈련대 제2대대 병력을 차질 없이 동원한 것은 물론, 명성황후의 시신 '처리'까지 도맡았다. 명성

'국왕 무사 왕비 살해(國王無事 王妃殺害)'. 을미사변 당일인 1895년 10월 8일, 사건 발생 4시간 후인 오전 9시 20분에 일본공사관 수비대 소속 니이로(新納) 해군 소좌가 육군참모부에 보고한 '극비' 전문(電文)이다.

황후의 시신을 태우고 남은 재는 궁궐 내 우물에 버려졌고 타다 남은 유해 일부는 우범선의 지시로 휘하의 윤석우가 땅에 묻어버렸다. 완벽한 증거 인멸을 위해서였다.

아들 우장춘 남기고 자객의 칼에 맞아 비명횡사

명성황후 살해에 깊숙이 관여한 친일파 우범선(禹範善, 1857~1903)은 어떤 인물인가? 우범선이 대한제국기에 군인으로 활동한 것은 분명하나 「대한제국 관원이력서」나 「구한국 관보」 등 공식 자료에는 그의 출신이나 경력이 전혀 나와 있지 않다. 야사 몇 군데서 일부 확인될 뿐이다. 『풍운한말비사(風雲韓末秘史)』라는 책에 따르면 우범선이 (별기군의) 참령관(參領官)으로 근무할 당시 생도들이 '자네'라고 부르자 반발했던 사실로 보아 출신 성분은 대단치 않았던 모양이다. 그러나 송촌 지석영이 윤웅렬에게 그를 추천하면서 "무위영(武衛營) 집사 우범선은 구세군교가(九世軍校家)에 병학(兵學)이 한숙(嫺熟, 숙달됨)한 인물"이라고 평한 것으로 보아 무술에 능했음은 분명하다.

실제로 우범선은 무인 집안 출신으로 20살 되던 해(1876년)에 무과에 급제하여 황해도 지방에서 근무하다 1881년에 신식 군대인 별기군(別技軍)이 창설되자 여기에 참여했다. 우범선이 친일로 나선 계기가 이것이었다. 우범선은 여기서 친일 개화세력들과 교류하면서 개화정책에 눈을 떠 개화파에 가담했다.

1894년 6월 일본군이 무력으로 경복궁에 침입해 민씨 정권을 몰아내자 우범선은 개화파들의 천거로 군국기무처 의원이 돼 갑오개혁에 참여했다. 이듬해 4월 친일 정권에 의해 훈련대가 창설되자 제2대대장에 보임됐다. 훈련대는 나중에 일제의 친일세력 확장의 교두보 역할을 했다.

이 무렵 명성황후는 러시아와 손잡고 친일세력 축출을 기도하고 있어 친일세력들은 궁지에 몰린 입장이었다. 일본은 국면 전환을 위해 공사를 이노우에 가오루(井上馨)에서 육군중장 출신의 미우라 고로(三浦梧楼)로 교체했다. 미우라는 부임 직후 '여우사냥' 운운하면서 명성황후 시해 계획을 세우고 당시 한국에서 암약하던 낭인 패거리들을 끌어 모았다. 그들 가운데는 친일신문 「한성신보

을미사변 후 일본 망명 시절 우범선 일가의 모습. 가운데 어린이는 육종학자 우장춘 박사이며 오른쪽은 우범선의 일본인 아내 사카이 나카.

(漢城新報)」사장 아다치 겐조(安達謙蔵)와 시바 시로(柴四郎) 등 일본을 대표하는 명문대 출신의 지성인들도 다수 포함돼 있었다.

미우라는 이들 외에 조선인 협력자를 물색하던 중 친일 성향을 가진 데다 당시 민씨 정권의 훈련대 해산 계획에 불만을 품고 있던 우범선을 포섭하는 데 성공했다. 이어 훈련대 제1대대장 이두황(李斗璜), 제3대대장 이진호(李軫鎬) 등이 속속 포섭되자 미우라는 당초 계획 날짜를 이틀 앞당겨 거사(?)를 결행했다. 결국 을미사변은 주한 일본공사관의 주도 아래 일본인 낭인 무리와 조선인 친일 군인들이 만들어낸 '합작품'인 셈이다.

범행 후 우범선은 이두황 등과 함께 부산을 거쳐 일본으로 망명했다. 도쿄에서 망명생활을 하던 도중 사카이라는 일본인 여자를 만나 결혼을 한 그는 신변에 위협을 느껴 1903년에 구레(吳市) 시로 거처를 옮겼다가 그해 11월 24일 자객 고영근(高永根)에게 암살당했다. 그의 비명횡사는 일본으로 도망칠 때부터 예견된 것이었다. 현재 우범선의 묘는 그가 살해된 구레 시와 도쿄 두 군데에 있었다. 도쿄 아오야마(靑山) 묘지에 있던 묘는 일본인 후원자가 분골(分骨)하여 그의 사후 1년 뒤인 1904년에 만든 것인데 1년쯤 뒤에 다시 도치기(栃木) 현 사노(佐野) 시로 이전됐다.

우범선에게는 우장춘 이외에 유복자 아들이 하나 더 있었다. 차남은 명문 제1고등학교와 도쿄제국대학 법과를 졸업한 뒤 일본 유수의 회사에서 중역으로 근무하다 은퇴했다. 그는 외가에 입적되어 호적상으로는 완전한 일본인이 되었다. 반면 우장춘 박사는 한국전쟁 와중에 귀국하여 일생을 조국의 농업 발달을 위해 연구에 전념하다 1959년 타계했다. 어쩌면 우 박사는 그 길이 아버지의 과오를 속죄하는 길이라고 생각했는지도 모른다.

독립운동가 3명을 고문치사시킨
잔인한 '고문왕'

최악의 경찰 노덕술

"'탁' 치니 '억!' 하고 죽었다."

1987년 6월 민주항쟁의 도화선이 된, 당시 서울대생 박종철 군의 죽음을 놓고 사건 직후 경찰은 이렇게 발표했다. 그러나 부검의와 언론이 고문 의혹을 제기하자 사건 발생 5일 만인 1월 19일 경찰은 물고문 사실을 공식 시인했다.

재야 출신 정치인 김근태 전 보건복지부 장관은 1985년 9월 이른바 '민청련 사건'으로 체포돼 23일 동안 경기도 경찰국에서 갖은 고문을 당했다. 그리고 고문 후유증으로 2011년 12월 65살에 세상을 떠났다.

전도유망한 한 청년의 생명을 앗아가고 민주화 운동에 평생을 헌신한 인사를 때 이른 죽음으로 몰아간 고문. 말만 들어도 소름

'고문왕'으로 악명을 떨친 친일 경찰 노덕술. 제9대대장 육군소령 시절의 모습이다.

이 끼치는 이 단어는 일제 강점기에 독립운동가들을 괴롭힌 악질 경찰이 저지른 또 하나의 악행이기도 했다.

당시 독립운동을 편 인물 중 일본 경찰이 가장 나쁘게 본 사람이 공산주의자인 박헌영과 이관술이었다. 이관술은 몇 번 체포되고 어떤 혹독한 고문을 받아도 전향하지 않았다. 일제 시대 고문왕으로 알려진 노덕술이란 경찰관이 있었는데 그의 손에 걸리기만 하면 어떤 애국지사도 배겨내지 못했다. 그런데 이관술은 노덕술의 손에 세 번 걸려 세 번 죽었다가 네 번 되살아나는데도 전향을 하지 않았다. 따라서 항일운동을 하다가 왜경에 잡혀 그들의 고문을 못 이겨 전향한 사람들에게 이관술은 눈부신 존재였다.

이병주 장편소설 『남로당』의 한 대목이다. 일제 강점기 유명한 사회주의 혁명가인 이재유가 체포된 뒤 지하에서 조선공산당 재건운동을 벌이던 이관술이 수배 6년 만에 체포됐는데 그의 취조를 맡은 자가 노덕술이었다. 『남로당』에는 이관술과 같은 울산 출신인 악질 경찰 노덕술이 이관술을 얼마나 못살게 굴었는지가 잘 나와 있다.

독립운동가의 뺨을 치고 욕설을 퍼부은 악질 경찰

일제 강점기에 독립운동가들 사이에 가장 악명을 떨친 경찰 명단을 만든다면 맨 윗자리를 차지하는 이름은 단연 『남로당』에 등장하는 노덕술이다. 이관술의 회고에 따르면 노덕술은 일본인 형사보다 더 악랄한 고문을 가했으며, 코에 고춧물 붓기, 전기 고문, 비행기 태우기 등 전통적인 고문은 기본이고, 거의 죽음에 이를 정도로 구타를 일삼았다고 한다.

노덕술은 전설적인 독립운동가 김원봉(金元鳳)이 만든 의열단의 '칠가살(七可殺, 처단해야 할 일곱 부류의 집단)'에도 들어 있을 만큼 악질로 이름 높았다. 노덕술은 해방 후 김원봉을 파업 배후 조종자라고 체포해 갖은 고문을 가했다. 이때 당한 모욕감 때문에 김원봉은 결국 북으로 올라갔다. 김원봉의 얘기 한 토막.

"경찰서에 붙잡혀가 대표적인 악질 친일파 노덕술한테 뺨을 맞고 욕설을 들었다. 내가 조국 해방을 위해 중국에서 일본 놈

일제하 조선인 경찰관들의 대다수는 독립운동가를 탄압하고 일제 폭압 통치의 첨병 역할을 했다. 사진은 일제 당시 수많은 독립운동가들이 옥고를 치른 마포형무소 입구 모습(지금은 헐리고 없음). 해방 후에는 반민특위에 체포된 친일파들이 구금됐던 '역사의 현장'이다.

들과 싸울 때도 이런 수모를 당하지 않았는데 해방된 조국에 서 친일파 경찰 손에 수갑을 차고 모욕을 당했으니……. 의열 단 활동을 같이했던 유석현 집에 가서 꼬박 사흘간 울었다.”

그렇게 독립운동가를 때려잡던 친일 경찰 노덕술은 해방 후 이 승만의 비호를 받으며 승승장구했다. 1998년에 정부기록보존소가 공개한 '이승만 관계 문서철'(1949년 1월분)에는 이런 내용이 있다.

반민특위의 무분별한 난동은 치안과 민심에 중대한 영향을
주는 터이므로 헌법 범위 내에서 단호한 대책을 강구하신다
는 유시(諭示)에 대하여 법무장관은 노덕술을 반민특위 조사
관 2명이 반민특위 사무실 내 금고에 2일간 수감하였다는 보
고가 유(有)하고 대통령 각하는 차(此) 불법 조사관 2명과 그
지휘자를 체포하여 의법처리하며 계속 감시하라 지령하시다.

_ '시정(始政) 일반에 관한 유시의 건' 중에서

이승만이 1949년 2월 12일에 열린 국무회의에서 지시한 내용
이다. 노덕술을 잡아들인 반민특위 조사관들을 체포해서 감시하라
는 것이다. 이승만이 반민특위 활동을 못마땅해 한 것은 유명하
다. 그러나 이승만이 노덕술을 체포한 반민특위 조사관과 그 지휘
관을 체포하라고 직접 지시한 사실은 이때 처음 밝혀졌다. 이승만
이 친일파를 비호했다는 주장이 정부 문서로 공식 확인된 셈이다.
전 국민이 친일파 처단을 부르짖던 그 시절, 대통령까지 나서서
비호한 노덕술은 어떤 인물인가?

노덕술(盧德述, 1899~1968, 창씨명 松浦鴻)은 일제 당시 대표적인 친일
경찰 가운데 한 사람이다. 해방 무렵 그는 조선인은 몇 명에 불과
했던 경시(오늘날 총경급)까지 승진한 극소수 가운데 하나였다. 특히
그는 일제하에서 27년간 사상 관계 사건, 즉 독립운동 관련 사건
만 취급한 고등경찰 출신으로, 일제로부터 훈장까지 받았다.

1949년 1월 8일의 화신백화점 사장 박흥식을 시작으로 반민족
행위자 검거에 돌입한 반민특위는 1월 25일 새벽 2시쯤 마침내

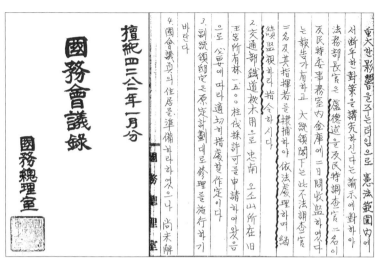

반민특위가 활동을 개시한 직후인 1949년 2월 12일, 이승만 대통령은 국무회의에서 친일 경찰 출신인 노덕술을 체포한 반민특위 조사관과 그 지휘자를 체포해 의법처리하라고 지시했다. 사진은 당시 국무회의 내용을 기록한 '국무회의록' 사본.

노덕술을 검거했다. 그를 체포하기까지는 우여곡절이 많았다. 반민특위는 1월 초부터 '노덕술 체포대'를 편성하고 행방을 수소문했으나 좀처럼 은신처를 찾을 수가 없었다.

이유는 간단했다. 경찰이 노덕술의 신변을 보호해주면서 비호하고 있었기 때문이었다. 그러던 중 특위는 노덕술이 애첩 김화옥의 집(관훈동 29번지)을 들락거린다는 정보를 입수하고 이곳을 급습, 은신처를 알아냈다. 체포대는 곧바로 그가 은신해 있던 효창동의 이두철(당시 동화백화점 사장)의 집을 덮쳐 그를 체포했다. 체포 당시 노덕술은 권총 6자루와 도피 자금 34만 1,400원이 든 가방 하나를 가지고 있었다.

체포된 후 서울형무소에 수감 중이던 그는 3월 30일에 특별검

찰부의 검찰관 서성달에 의해 정식 기소돼 재판에 회부됐다. 이로
써 친일 경찰 노덕술에 대한 단죄가 시작된 것이다.

친일 경찰 잡아라 vs 친일 경찰 지켜라

노덕술은 경남 울산 출생으로 울산보통학교 2학년을 중퇴하고
일본인이 경영하던 잡화상의 고용인 노릇을 하기도 했다. 1920년
에 경남 순사교습소를 졸업하고 경남 경찰부 보안과 근무를 시작
으로 친일 경찰의 길에 들어섰다. 1920년대에 그는 주로 경남 지
방의 여러 경찰서에 근무했는데 당시 직책은 사법주임이었다. 그
러나 그는 고등계 경찰의 업무인 사상 사건(독립운동 관련 사건)을 자
발적으로 맡으면서 일제에 충성심을 과시했다.

1929년에는 김규직이 회장으로 있던 비밀결사조직 '혁조회(革潮
會)'를 탄압하여 김규직 외 1명을 사망케 하고 그 관계자들을 2~3
년간 복역케 했으며, 동래경찰서 사법주임 시절에는 '동래고보 맹
휴(盟休) 사건'에 관련된 학생들의 사찰과 검거에 앞장섰다. 또
1929~1930년 여름에는 조선인 일본 유학생들이 하계휴가를 이
용해 귀국한 뒤 강연회를 개최하자, 이들이 일본 정치를 비난했다
는 구실을 들어 강연자 여러 명을 검거·취조했다. 통영경찰서 사
법주임 시절인 1932년에는 반일 단체인 M·L당(黨) 조직원 김재
학이 메이데이 시위에 참가했다는 이유로 그를 직접 검거하여 혹
독한 고문 끝에 송국(送局), 벌금형을 받게 했다.

이 같은 공로로 노덕술은 1934년에 평남 경찰부 보안과장으로 승진해 출세가도를 달렸다. 일제 말기인 1944년에는 평남 경찰부 보안과장으로 재직하면서 직권으로 화물차 여러 대를 징발하여 군수품 수송에 제공케 하는 등 일본의 침략 전쟁 수행에 협력했다. 조선인이라는 신분과 별 볼 일 없는 학력에도 불구하고 고위직까지 오를 수 있었던 것은 일제에 대한 남다른 충성심 때문이었다.

반민특위가 체포할 당시 노덕술의 죄목은 '반민법 위반' 하나가 아니었다. '수도청 고문치사 사건'의 피의자이자 체포 후에는 '반민특위 요원 암살 음모 사건' 피의자 죄목이 추가되었다. 이른바 '수도청 고문치사 사건'은 1948년에 수도청장 장택상을 저격한 용의자로 체포된 박성근(당시 25살)이 수사 도중 고문으로 사망하자 박성근이 조사 도중에 도망쳤다고 발표한 사건이다. 그러나 조사 결과 박성근은 고문치사로 밝혀졌고, 그 배후에는 노덕술과 최운하 두 사람이 있었다.

그러나 당시에는 수도청장 장택상이 노덕술 일파를 비호하고 있어서 수사를 못하고 있다가 1948년 9월에 김태선이 신임 수도청장으로 부임하면서 반민특위에서 노덕술에 대한 체포 명령이 떨어졌다. 그러나 김태선 역시 "당시 공산당 타도에 공이 많은 선배를 경찰 손으로 체포할 수 없다는 여론이 지배적이어서 그의 신변 보호를 위해 경찰관 4명을 그의 궁정동 자택에 파견했다."고 밝힌 바 있다.

한편 노덕술이 반민특위에 검거된 직후에 극우 테러리스트 백민태(일명 정민태로 해방 전 만주에서 항일운동을 했다는 주장도 있음)가 놀랄 만한 사실 하나를 폭로했다. 노덕술이 주동이 돼 서울시 경찰국 수사과장 최난수, 부과장 홍택희 등이 자신에게 반민특위의 중진 의원인 노일환, 이문원 등 간부 7~8명에 대한 암살을 부탁했다는 것이다. 노덕술 등은 백민태에게 이들을 시외 모처로 납치하여 강제로 '우리는 이남에서 살 수 없으니 이북으로 가겠다'는 내용의 유서를 받은 후 암살해버리면 뒤처리는 경찰이 알아서 하겠다고 했다는 것이다.

고문 행적 뚜렷한데 증거불충분 무죄 선고

반민특위 요원들에 대한 암살 음모가 공개되면서 특위와 친일 경찰 진영은 극한 대립으로 치달았다. 당시 친일 경찰 세력을 정권의 한 축으로 삼고 있던 이승만은 노덕술의 석방을 요청했으나 반민특위는 묵살했다. 1949년 6월 6일에 발생한 친일 경찰들의 반민특위 습격 사건(이른바 6·6 사건)은 이때부터 예견되었다. 노덕술을 비롯해 사건 관련자 4명은 검찰에 구속돼 재판에 회부됐다. 그러나 반민특위 습격 사건 후 특위가 무력해진 가운데 열린 선고공판에서 노덕술은 증거불충분으로 무죄를 선고받았다.

물론 노덕술이 당장 석방된 것은 아니었다. '반민법 위반' 사건 처리가 남아 있었기 때문이다. 그러나 이 역시 오래가지 않았다. 반민법 개정으로 공소시효가 8월 31일로 단축돼 반민특위는 껍데

기만 남은 형국이었다. 반민 피의자로 기소된 자 가운데 극소수만 재판을 받았으며, 이들도 대부분 공민권 정지나 집행유예, 병보석 등으로 풀려나고 말았다. 실형선고를 받은 자들도 재심청구를 통해 대부분 석방되었다. 전 수도경찰청장 김태선의 증언에 의하면, 노덕술 역시 병보석으로 출감돼 세브란스 병원에 입원해 있다가 반민특위가 해체되면서 자유의 몸이 되었다고 한다.

『한국헌병사』에 따르면 노덕술은 9·28수복 당시 제1사단 헌병대장(소령)을 지냈다. 이후 부산 CID(육군범죄수사단)와 서울 12CID 대장을 역임했으나 김창룡 특무대장이 모종의 비리 사건 관련자로 그를 구속시키면서 역사의 무대에서 사라지고 말았다.

1960년 7월 4·19혁명 직후 치러진 제5대 민의원 선거에서 노덕술은 뻔뻔스럽게도 고향 울산에서 출마했으나 낙선했다. 노덕술이 얻은 표는 겨우 1,744표(4.24%). 8명의 후보 가운데 6위라는 초라한 성적이었다. 친일과 고문으로 얼룩진 그의 반민족·반민주적 삶에 대한 냉엄한 역사의 평가였던 것이다. 1968년 4월 1일 노덕술은 서울에서 69살로 더러운 삶을 마감했다.

03 | '흑치마'라 불린 '조선의 마타 하리'
여자 밀정 배정자

1949년 2월 초, 반민특위 강명규 조사관 일행이 성북동 언덕길을 급히 오르고 있었다. 어느 양옥집 앞에 도착한 강 조사관 일행은 백발의 노파를 끌어내어 수갑을 채우고 그 길로 남대문로에 있는 반민특위 사무실로 연행했다. 당시 노파의 나이 79살. 겉보기엔 초라하고 평범한 노파였다. 그가 반민특위로 잡혀오자 특위 요원들이 노파의 얼굴을 보려고 몰려들었다. 무슨 죄를 얼마나 지었기에 그 나이에 수갑이 채워져 끌려왔으며, 또 사람들은 왜 그를 보려고 몰려들었을까?

잡혀온 노파는 배정자(裵貞子, 1870~1952). 이름 앞에 흔히 '요화(妖花)'라는 수식어가 따라붙는 여자였다. 정사(正史)에서는 배정자의 이름을 찾기 쉽지 않다. 그러나 한국 근대사의 이면사(裏面史)에는

'조선의 마타 하리'로 불린 요화 배정자.

'일제의 앞잡이'로 곳곳에 기록돼 있다. 일제 강점기를 통틀어 배정자급(級)에 드는 친일파는 몇 명 안 된다. 그는 구한말 일제의 을사조약 강제 체결에 협조했고 한일병합 후에는 만주로 건너가 조선인 항일세력 탄압에 앞장섰다. 배정자는 친일파 중의 친일파, 그야말로 우두머리급 친일파였다. 해방 후에 반민법 위반으로 반민특위에 잡혀온 여성 피의자는 모두 6명인데 그중 제일 먼저 잡혀온 사람이 배정자였다.

이토 히로부미의 꼭두각시가 되어 스파이 교육을 받고

'여자 스파이'의 대명사는 마타 하리다. 고급 매춘부 출신의 마타 하리는 제1차 세계대전 당시 독일 스파이로 활동한 혐의로 1917년 프랑스의 군사재판에서 사형선고를 받고 처형됐다. 이 여자에 빗대어 배정자를 '조선의 마타 하리'라고 하기도 한다.

배정자는 빼어난 외모와 화려한 경력에다 연령·민족을 불문한 '남성편력'으로도 유명하다. 배정자의 '첫 남자'는 전재식(田在植)이었다. 한때 관기(官妓)로 있던 배정자는 대구 중군(中軍) 전도후의 아들 전재식을 만나 사랑에 빠졌다. 배정자의 도일로 두 사람은 헤어졌다가 전재식이 일본으로 유학을 오면서 다시 만나 결혼을 했다. 이 사이에서 전유화라는 아들 하나를 두었다. 그러나 게이오의숙(慶應義塾)에 재학 중이던 전재식이 병사하자 두 사람의 인연은 끝이 났다.

두 번째 남편은 일본공사관의 조선어 교사였던 현영운(玄暎運)이었다. 1895년에 외부(外部) 번역관이던 현영운은 배정자의 도움으로 10년 만에 육군 참장(오늘날 준장), 농공상부 협판(오늘날 차관)에 올랐다.

배정자는 현영운과 1년쯤 살다가 이혼했다. 그리고는 현영운의 후배인 박영철(朴榮喆)과 결혼하여 5년간 동거하다가 이혼했다. 이후 배정자는 일본인 오하시, 은행원 최 모, 전라도 갑부 조 모, 대구 부호의 2세 정 모 등과도 끊임없이 관계를 맺었다. 대륙 전선에 투입됐을 때는 중국인 마적 두목과 동거한 적도 있다. 1924년 54살로 밀정 생활을 은퇴한 후에는 25살의 일본인 순사와 동거했던 것으로 전한다.

배정자는 1870년 김해 고을에서 아전 노릇을 하던 배지홍의 딸로 태어났다. 아명은 분남(粉男). 배정자의 부친은 1873년에 대원군이 실각한 후 그 졸당(卒黨. 졸개)으로 몰려 대구감영에서 처형되었다. 이때의 충격으로 모친은 눈이 멀어버렸다. 그가 3살 때의 일이었으니 초년 인생은 순탄치 못했을 것이다. 이후 배정자는 모친과 함께 유랑생활을 하다가 밀양에서 관기로 팔렸으나 도중에 뛰쳐나와 양산 통도사에서 머리를 깎고 중이 되었다.

우담(藕潭)이란 승명으로 목탁을 두드리던 배정자는 2년 만에 다시 절을 뛰쳐나와 배회하다 밀양 관청에 체포되었는데 여기서 우연히 은인을 만나게 됐다. 당시 밀양부사 정병하(鄭秉夏)는 배정자의 부친과 알고 지내던 사이로 그의 딱한 사정을 듣고는 일본으로 가서 살도록 주선해주었던 것이다. 1885년 15살 되던 해 배정자는 일본인 밀정 마쓰오(松尾彦之助)의 도움으로 일본으로 건너갔다. 그런데 그곳에서 뜻밖의 삶이 그를 기다리고 있었다.

일본으로 건너간 배정자는 갑신정변 실패 후 일본에 망명해 있던 개화파 인사 안경수(安駉壽)를 만나고 다시 그를 통해 김옥균도 알게 되었다. 배정자의 인생에서 결정적인 물굽이를 틀어준 사람이 김옥균이었다. 김옥균은 당시 일본 정계의 실력자 이토 히로부미(伊藤博文)에게 배정자를 소개시켜주었다. 배정자의 빼어난 미모에 끌린 이토는 하녀 겸 양녀로 집안에 들여앉히고 다야마 사다코(田山貞子)라는 일본식 이름도 지어주었다. 배정자의 '정자(貞子)'는 여기서 생겨났다.

이토는 재색(才色)을 겸비한 배정자를 고급밀정(스파이)으로 키울 요량으로 수영, 승마, 사격술, 변장술 등을 가르쳤다. 이른바 스파이 '밀봉교육'을 시킨 셈이다.

'조선의 마타 하리', 고종을 녹이다

배정자는 도일 9년 만인 1894년 조선 땅에 발을 디뎠다. 공식적으로는 신임 공사로 부임하는 하야시 곤스케(林權助)의 통역이었으나 본분은 일제의 밀정이었다. 첫 임무는 당시 조선 황실 내의 러시아 세력을 몰아내는 것이었다. 배정자는 일본공사관에 머물면서 기회를 노리다가 엄비(嚴妃. 고종의 계비)의 친인척을 통해 황실과 선을 댔다. 고종은 뛰어난 미모에 출중한 일본어 실력을 갖춘 배정자를 총애하게 되었다. 당시 한 신하가 고종에게 "비기(秘記)에 가로되, 갓 쓴 여자가 갓 쓴 문으로 출입하면 국운이 쇠한다 하였습니다. 통촉하옵소서."라고 상주했다. 양장(洋裝)에 모자(갓)를 쓴 배정자가 대안문(大安門, 덕수궁 정문으로 오늘날 대한문)을 뻔질나게 드나든 것을 꼬집은 말이었다.

러일전쟁 직전에 친러파는 고종의 신변 안전을 위해 평양 천도(遷都), 또는 고종의 블라디보스토크 천거(遷居) 계획을 세웠는데 기밀이 누설돼 일본 측의 방해로 실패했다. 고종으로부터 이 정보를 빼내 일본공사관에 제공한 장본인이 배정자였다.

1905년에 을사늑약이 체결되고 이듬해 3월에 이토 히로부미가 초대 한국통감으로 부임하자 배정자는 인생의 황금기를 맞았다. 오빠 배국태(裵國泰)는 한성판윤(오늘날 서울시장), 동생은 경무감독관(오늘날 경찰청장) 자리를 꿰찼다. 이토를 등에 업은 배정자는 밀정이자 막후 권력자로 행세하기 시작했다. 1907년에 헤이그 밀사 사건이 발생하자 배정자는 일제와 함께 고종에게 퇴위 압력을 넣기

'한국 침략의 원흉'으로 배정자를 양녀 겸 애첩으로 데리고 놀았던 이토 히로부미(마차에 앉은 왼쪽 사람). 사진은 그가 을사늑약 체결 직후인 1905년 11월 29일 일본 정부의 칙사로 경성역 (서울역)에 도착, 마차에 오른 모습이다.

도 했다. 그 무렵 배정자에게 붙은 별명은 '흑치마'였다.

하늘을 찌를 듯하던 배정자의 기세는 1909년 6월에 이토가 통감 자리에서 물러나고 다시 넉 달 뒤인 10월 26일에 하얼빈에서 안중근 의사의 총에 피살됨으로써 한풀 꺾였다. 이토 사망 소식을 접한 배정자는 며칠 동안 식음을 전폐하고 드러누웠다.

낙담하고 있던 배정자에게 새로운 구세주가 나타났다. '한일병합' 후 부임한 조선 주둔 헌병사령관 아카시 모토지로(明石元二郎)였다. 아카시는 배정자의 과거 밀정 경력을 높이 평가해 헌병대 촉탁으로 채용했다. 1914년 제1차 세계대전의 발발로 일본이 시베리아에 출병하자 배정자는 일본군을 따라 시베리아로 가서 몇 년 동안 군사 첩자로 활동했다. 그 후 봉천(奉天, 오늘날 심양) 주재 일본영사관에서 촉탁으로 근무하면서 만주 지역 거주 조선인들의 동향을 정탐하며 귀순공작을 담당했다. 1920년 일제는 옛 일진회 잔당들을 규합해 만주 지역 최대의 친일 단체인 보민회(保民會)를 창설하는데, 배정자는 배후인물로 활동했으며 나중에는 고문까지 맡았다. 이 단체는 일제가 독립운동가 탄압과 체포를 위해 조직한 무장 첩보단체였다.

70 노구 이끌고 '군인위문대' 조직, 평생 친일한 노파

만주 지역에서의 맹활약(?)으로 독립운동 진영에서는 배정자를 처단 대상자로 지목했다. 신변에 위협을 느낀 배정자는 1922년에 조선으로 돌아왔다. 조선총독부에서는 경무국장 마루야마 쓰루키치(丸山鶴吉)가 그를 기다리고 있었다. 마루야마는 배정자를 경무국 촉탁으로 다시 고용했다. 후일 배정자는 총독부로부터 그동안의 공로를 인정받아 600여 평의 토지를 증여받았으며 은퇴한 뒤에도 총독부로부터 월급을 받으며 지냈다.

태평양전쟁이 발발하자 배정자는 민간업자의 부탁을 받고 일본군 위안부 송출 업무에도 발을 들여놓았다. 70 노구에도 불구하고 조선 여성 100여 명을 '군인위문대'라는 이름으로 남양군도까지 끌고 가 일본군 위안부 노릇을 강요했던 것이다. 이 과정에서 업자로부터 금품을 챙긴 것은 물론이다.

해방 후 반민특위에 체포된 배정자는 마포형무소에 수감됐다.

'조선의 마타 하리'로 한 시대를 풍미했던 모습은 흔적도 없고 초라한 늙은 죄수로 전락해 있었다. 취재차 형무소를 찾은 한 기자에게 그는 "따끈한 장국밥 한 그릇 먹는 것이 평생 소원"이라고 애걸했다고 한다.

> "이제 와서 전비(前非)를 어찌 변명하겠습니까? 저는 오늘 죽어도 한이 없습니다. 어떤 벌을 내리신대도 달게 받고 가겠습니다. 다만 제 아들 무덤 앞에서 죽는 것이 소원이라면 소원이라고 할 수 있습니다."

배정자는 최후진술을 통해 뒤늦게 친일 죄과를 후회했다. 4월 16일 정식 기소돼 재판을 받던 그는 8월 29일 병보석으로 풀려났는데 이후 행적은 자세히 알려져 있지 않다. 종로구청에 보관돼 있는 호적에 따르면, 배정자는 한국전쟁 와중인 1952년 2월 27일 서울 성북동에서 사망한 것으로 돼 있다.

04 | 강화도조약 체결을 도운 조선인
'친일파 1호' 김인승

    1876년 2월 4일, 강화도 초지진(草芝鎭) 앞바다에 일본 군함 한 척이 출현했다. 이 군함에는 일본 정부의 특명전권변리공사(特命全權辨理公使) 구로다 기요타카(黑田淸隆) 일행이 타고 있었다. 구로다 일행은 6개월 전에 발생한 '운요호(雲揚號) 사건'을 빌미로 조선과 강제로 수교조약을 맺으러 오는 길이었다.

    무려 800여 명에 달하는 일행 가운데 일본인 복장을 한 조선인 한 명이 끼여 있었다. 그의 이름은 김인승. 김인승은 '운요호 사건' 이전부터 일본 측과 내통하면서 일본을 도와왔다. 이제 그 마무리 작업인 조약(강화도조약) 체결을 돕기 위해 통역으로 동행한 것이었다.

    임진왜란 때도 일본을 도운 조선인이 있었지만 근대적 의미에서 김인승보다 앞서는 친일파는 없다. 친일파 연구가인 고(古) 임종국(林鍾國) 선생 역시 그를 '친일파 1호'로 꼽았다. 조선 말기 양반 계층의 지식인이었던 그가 친일의 길을 걷게 되는 과정은 이후에 등장하는 친일파들의 행태와 유사한 점이 없지 않다.

김인승의 친일 행적이 구체적으로 드러난 것은 그리 오래지 않다. 해외에서 일제의 외국인 고문으로 고용돼 비밀리에 활동한 까닭에 국내에는 그의 흔적이 전혀 남아 있지 않다. 임종국 선생조차 '김인승'이라는 이름 석 자만 겨우 기록해뒀을 뿐이다. 몇몇 역사학자 역시 논문에서 그의 이름을 언급한 바는 있으나 그의 전모를 밝히지는 못했다.

김인승의 친일 행적은 지난 1996년 2월 당시 도쿄대 외국인 연구원으로 있던 구양근 성신여대 교수(후에 성신여대 총장 역임)가 발표한 논문을 통해 그 전모가 처음 세상에 드러났다. 구 교수는 일본 외무성 사료관에서 입수한 3건의 자료를 토대로 「일본 외무성 7등 출사(七等 出仕) 세와키 히사토(瀨脇壽人)와 외국인 고문(顧問) 김인승」이라는 논문을 발표했다. 친일파의 '선구자' 격인 김인승의 친일 행적을 추적해보자.

김인승(金麟昇, 생몰연도 미상)은 함경북도 경흥 태생으로 김해가 본관이다. 7대조 때 경흥으로 이사한 뒤로 그의 집안은 토반(土班, 지방의 양반)으로 전락했다. 그는 16살 때부터 경흥부(慶興府)에 근무하면서 상당한 직책을 맡기도 했다. 그러나 이 지역에 대홍수와 기근이 몰아치던 1869년에 그는 모종의 사건으로 이 지역 수령과 의견충돌 끝에 관직을 그만두고 두만강을 건너 러시아 땅 니코리

1875년 9월 해안 측량을 구실로 강화도 앞바다에 무단침범한 일본 정탐선 〈운요호〉.

스크(블라디보스토크 북방 50리 지점)로 도망쳤다. 당시 그곳에는 식량을 찾아 떠나온 조선인 유랑민이 대거 모여서 살고 있었는데, 한학 실력이 출중했던 그는 여기서 학교를 열고 학생들을 가르쳤다. 그러던 중 김인승은 다케후지 헤이가쿠(武藤平學)라는 한 일본인과 사귀게 된다. 다케후지는 원래 양학(洋學)을 공부하려고 집을 나왔다가 블라디보스토크까지 흘러들어온 사람이었다. 다케후지가 나중에 김인승을 친일의 길로 이끄는 안내자가 된다.

한편 이 무렵 러시아가 부동항을 찾아 남진정책을 강행하자 일본 정부는 1875년 4월 외무성 7등출사 세와키 히사토를 블라디보스토크와 포셋 지방에 파견해 러시아와 교섭을 갖게 했다. 세와키는 공식적으로는 일본 외무성이 블라디보스토크에 무역사무소를 개설하기 위해 파견한 외교관이었지만 사실은 정탐꾼이었다. 일본 외무성이 그에게 준 '출장명령서'(1875년 4월 4일)에는 임무의 대부분이 '탐색', '정탐'인데 그 가운데 절반은 뜻밖에도 조선에 대한 것이었다. 명령서에는 구체적으로 "조선인을 고용하여 조선 땅으로 들어가서 토지·풍속 등을 탐색하고 올 것" 등이 명기돼 있다. 그러나 어떤 연유에서인지 세와키는 조선에 들어가지 못했다. 대안을 모색하던 세와키는 여기서 다케후지를 만나 김인승을 소개받았다. 김인승의 학식과 경험을 높이 평가한 세와키는 귀국길에 그를 일본으로 데리고 갔다.

"일본과 조선은 상맹상통의 나라"

이 무렵 일제는 다수의 외국인 고문을 고용하고 있었는데 1874~1875년 무렵에는 그 수가 2,000명에 달했다. 운요호 사건(1875), 강화도조약(1876)이 체결되기 바로 직전의 일이다. 당시 일제는 조선에 '황국(皇國)의 군현(郡縣)'을 설치하여 이를 근거로 대륙을 침공할 계획을 세워놓고 있었다. 외국인 고문 채용은 이에 대비한 사전포석이었다. 그리고 그 첫 군사 행동이 1875년 9월 20일에 발생한 운요호 사건이었다.

1875년 7월에 세와키를 따라 일본으로 건너온 김인승은 운요호 사건 발생 직전에 1차로 3개월간(8월 1일~10월 30일) 일본 정부와 외국인 고문 고용계약(일급 1원)을 맺었다. 당시 일본 외무성이 그를 고용한 목적은 만주 지방 지도 작성, 북방 사정 탐색, 조선 침략용 지도 작성, 그리고 기타 필요한 사항에 대한 자문 등이었다. 이 중에서 김인승이 크게 이바지한 부분은 조선에 관한 사항이었다. 일본 육군 참모국이 1875년에 조선 침략용으로 작성한 「조선전도(朝

鮮全圖)」는 김인승의 자문을 받아 작성된 것이다. 지도 하단부에는 "조선 함경도인 모(某)씨에게 친히 그 지리를 자문받고……."라고 적혀 있는데 여기서 모씨는 김인승을 가리킨다. 지도 외에도 당시 조선 사정을 일목요연하게 정리한『계림사략(鷄林事略)』역시 김인승의 자문을 받아 출간됐다.

이 같은 공로(?) 때문인지 김인승은 1차 계약 기간 중인 10월부터 급료가 월급제로 바뀌면서 액수도 2배로 늘었다. 당시 일본 외무대신 데라시마 무네노리(寺島宗則)는 태정대신(太政大臣, 총리)에게 보낸 편지에서 김인승을 극찬했다.

"조선어는 물론 한학, 시문이 능통하여 아주 유용한 인물로…… 한지(韓地, 조선)에서도 쉽게 구할 수 없는 인물입니다."

일본 정부는 강화도조약 체결을 앞두고 김인승을 유용하게 활용할 계획을 세웠던 것으로 보인다. 실제로 그는 강화도조약 체결 이후까지 1년 가까이 도쿄에 머물면서 조선 침략을 위한 갖가지 정보와 조언을 일본 측에 제공했는데, 결정적인 공을 세운 것은 역시 강화도조약 체결 과정에서였다.

1876년 초 강화도조약 체결을 앞두고 일본 정부의 대표 구로다가 동행하자 김인승은 반색했다.

"이번 수행에서도 만약 머리를 깎지 않고 의복을 바꾸지 않으면 이는 제가 조선인을 자처하는 일이며 일본인의 입장에 처

'친일파 1호' 김인승의 일본 외무성 외국인 고문 고용계약서. 총 5조로 된 이 계약서에는 고용 목적, 고용 기간, 급료 등이 명시돼 있다. 또 그를 고용한 주체가 일본 '외무성'이며 소개자인 세와키 히사토와 김인승의 이름도 나와 있다.

하는 것이 아니니 어찌 황국의 신임을 받을 수 있겠습니까."

심지어 김인승은 "끓는 물, 타는 불속이라도 어찌 고사하겠는 가?"라며 일제에 충성을 맹세했다.

1876년 2월 4일 강화도에 도착한 구로다 일행은 1주일 만인 2월 10일 강화부(江華府)에 상륙했다. 조선 정부와의 담판은 이튿날인 11일부터 시작됐다. 조약이 체결되기까지는 보름 이상이 걸렸다. 이 기간 동안 김인승은 강화도 앞바다에 정박한 일본 군함에 머물면서 공문을 한문으로 번역하고 이를 수정하는 책임을 맡았던 것으로 보인다.

총 12조로 구성된 강화도조약의 골자는 3가지다.

첫째, 부산 이외에 원산, 인천 추가 개항
둘째, 조선 연해 측량권 허용
셋째, 개항장 내 조계(租界) 설정 및 일본인 치외법권 인정

모두 일본 측에 유리한 내용들뿐이었다. 이 조약은 양국이 국제법적 토대 위에서 체결한 최초의 외교 행위이자 최초의 불평등 조약이기도 하다.

김인승은 조약 체결 과정에서 수시로 일본 측에 조언을 해주었는데 구로다에게는 '조선 관리 설득 방책 18개항'을 서면으로 제출하기도 했다. 여기에는 전신기 사용을 권장하는 내용에서부터 "여러 말할 필요 없다. 청국은 그처럼 인구가 많고 땅이 넓은데도 먼저 일본에 강화조약을 청하여 맺었다. 두루 살펴 깊이 생각하라."(18항)는 등 공갈·협박성 문구도 들어 있다.

'직량(直亮)'한 성격에 동포애도 강한 조선의 전통적 선비정신의 소유자였다던 김인승. 그는 일본의 속셈을 헤아리지 못한 채 '일본과 조선은 상맹상통(相盟相通)의 나라'로 보고 일본의 강화도조약 체결 추진에 협조를 아끼지 않았다.

조약 체결 후 일본으로 돌아온 김인승은 얼마 후 러시아로 되돌아갔는데 도쿄에서 남긴 한 편지에서 이렇게 적었다.

"거리에서 듣기 불편한 말들이 들리고 길을 걸으면 조심스럽

고 두려운 마음이 든다."

 '친일파 1호' 김인승이 배족(背族)의 대가로 일본인들로부터 받은 보상은 멸시와 증오였다. 그 이후로 대개의 친일파들이 그러했듯이.

05 | 일본의 '스코틀랜드화'가 조선의 살 길
독립협회장 윤치호

윤치호(尹致昊, 1865~1945, 창씨명 伊東致昊).

개화기의 대표적인 선각자 가운데 한 사람인 그는 조선인 최초의 일본 유학생이자 중국·미국에서 유학한 당대 최고의 엘리트였다. 그러나 결론부터 말해 윤치호는 조선(한국)의 잠재역량을 지나치게 과소평가한 데다 식민지라는 '상황논리'에 빠진 나머지 결국 일제와 타협하고 말았다. 그의 친일은 갑작스런 변신이 아니라 해외 유학 경험을 통한 자기 확신에서 비롯된 것이었다. 그의 친일 행적보다도 친일 논리에 눈길이 쏠리는 것은 이 때문이다.

윤치호는 신식 군대인 별기군 창설의 주역 윤웅렬(尹雄烈)의 장남으로 충남 아산에서 태어났다. 부친은 무관이었지만 일찍 개화에 눈뜬 사람으로 아들의 진로에 상당한 영향을 주었다. 윤치호의 첫 번째 유학지는 일본으로 1881년에 일본의 신문물 견학차 파견된 신사유람단의 일원으로 도일한 것이 계기였다. 그는 조사(朝士) 어윤중의 수행원으로 따라갔는데 당시 17살로, 일행 62명 가운데 가장 어렸다. 3개월간의 시찰을 마친 후 윤치호는 귀국하지 않고 유길준 등과 함께 일본에 남아 신학문을 공부했는데 이들이 최초의 일본 유학생이 된다.

윤치호는 일본 외무대신 이노우에 가오루의 소개로 도진샤(同人社)에 입학하게 된다. 이 학교는 메이지 유신기의 지식인 나카무라가 설립한 중등 과정의 사립학교로, 그는 여기서 일본어와 영어를 공부했다. 이 시절 그는 김옥균 등 국내 개화파 인사는 물론 일본인 개화파 인사, 재일 외국인 외교관들과도 교류를 쌓아가면서 국제 정세에 눈을 뜨기 시작했다. 2년간의 일본 생활은 윤치호에게 신선한 충격을 안겨주었다.

"아, 슬프다. 조선의 현상이여, 남의 노예보다 더 심한 처지에 있으면서 어찌 진작(振作)하려 하지 않는가."

당시 윤치호의 눈에 비친 조국의 현실은 이러했다.

'대세순응주의'에 빠진 개화기 지식인

1883년 5월에 윤치호는 초대 주한 미국공사로 부임하는 푸트

(Lucius H. Foote)의 통역관으로 귀국했다. 이어 통리교섭통상사무아문의 주사로 임용돼 통역과 공문서 번역 일을 보면서 개화파 인사들과 친분을 쌓아갔다. 그는 당시 개화파의 급진적 개혁론에는 찬동하지 않는 입장이었으나 그들과의 친분 때문에 갑신정변 실패 후 정변 공모자로 몰려 상해 망명길에 올라야 했다.

1885년에 상해로 간 그는 현지 미국 총영사의 알선으로 중서서원(中西書院)에 입학했다. 이 학교는 미국 감리교 선교사 앨런이 설립한 미션 스쿨로, 윤치호는 여기서 3년 반 동안 수학하게 된다. 그러나 원치 않았던 상해 생활 초창기에 한동안 술과 여자로 방황의 세월을 보냈다. 그의 일기에 따르면, 초기 2년간(1885년 2월~1887년 2월) 음주 횟수 67회, 밤의 여성과 동침 횟수는 11회였다고 한다. 망명객의 울분과 20대 초반의 객지 생활의 외로움이 겹친 것이었으리라.

그의 방탕한 생활은 기독교를 받아들이면서 막을 내렸다. 상해에서 3년 반을 보낸 윤치호의 청나라에 대한 소감은 "더러운 물로 가득 채워진 연못"이었다. 반면 일본은 "동양의 한 도원(桃園)"으로 극찬하고 있으니, 이 무렵 그의 대일관(對日觀)의 한 단면을 엿볼 수 있다.

미국 유학은 윤치호에게 또 하나의 신선한 자극이었다. 선거로 대통령을 뽑는 미국의 '위대함'을 목격하고는 미국은 일본보다 한 수 위인 나라라고 생각했다. 그러나 이 같은 생각은 미국 사회의 '인종 차별'로 깨지고 말았다. 그가 강대국 미국과 러시아를 제치고 친일로 나선 데는 미국에서 경험한 인종적 편견이 작용한 면

미국 에모리대학 재학 당시(1891~1893)의 윤치호.

이 없지 않다. 러일전쟁 무렵 그는 '황인종 단합론'을 들고 나오는데, 이는 당시 일본의 대륙 침략자들이 주창한 '아시아주의', '동양 평화론'과 맥을 같이한다.

위에서 언급한 『윤치호 일기』는 윤치호가 1880년대부터 1940년대까지 60여 년에 걸쳐 기록한 개인적 메모다. 초창기에는 한문과 국문으로, 1889년 12월 이후부터는 영문으로 썼다. 일본, 청국, 미국 등 해외 유학 시기의 일기에는 당시 그 나라의 발전상과 시국 상황, 그곳에 체류 중이던 한국인들의 동정이 자세히 기록돼 있다. 국내 체류기인 1883~1884년 일기에는 자신이 목격한 갑신정변과 개화당의 활동이 소상하게 기록돼 있다. 특히 일제 강점기에 그가 국내에서 활동하던 때의 일기에는 자신의 입장과 국내 지식인들의 동향 등도 담겨 있다.

"국경일에 일장기 게양을 반대하지 않는다"

윤치호는 '105인 사건(이른바 데라우치 총독 암살미수 사건)'을 계기로 일제에 굴복하고 친일로 나선다. '한일병합' 2년 뒤인 1912년, 일제는 식민 통치의 걸림돌인 민족운동세력과 기독교세력을 제거하기 위해 이 사건을 조작했다. 윤치호 역시 사건에 연루돼 징역 10년형을 선고받았으나 친일 전향을 조건으로 1915년 2월 13일에 출감했다. 출감 후의 첫 기자회견에서 그는 '일선동화(日鮮同化)', 즉 조선은 일본과 서로 하나가 되어야 한다고 부르짖었다.

> 이후부터는 일본 여러 유지 신사와 교제하여 일선(日鮮, 일본과 조선) 민족의 행복되는 일이든지 일선 양 민족의 동화(同化)에 대한 계획에는 참여하여 힘이 미치는 대로 몸을 아끼지 않고 힘써볼 생각이다.
>
> _「매일신보」 1915년 3월 14일자

윤치호가 변절한 직접적인 요인은 가혹한 고문과 일제의 강요였다. 그러나 그 내면에는 그의 오랜 사상적 기반이 모태가 됐다고 볼 수 있다. 『개화기의 윤치호 연구』(2011) 저자인 유영렬 전 숭실대 사학과 교수는 "개화기 이후 그의 의식 속에 잠재돼 있던 '민족패배주의'와 현실적으로 일본의 조선 통치를 인정할 수밖에 없다는 '대세순응주의'가 작용한 것으로 보인다."고 분석했다.

이제 '충량한' 황국신민으로 변신한 윤치호의 친일 행보를 따라가 보자. 1919년 3·1의거 직전 그는 민족대표로 참여할 것을 제의받았으나 거절했다. 그러고는 의거 직후 가진 기자회견에서 다음과 같이 말했다.

> 강자와 서로 화합하고 서로 아껴가는 데에는 약자가 항상 순종해야만 강자에게 애호심을 불러일으키게 해서 평화의 기틀이 마련되는 것입니다마는, 만약 약자가 강자에 대해서 무턱대고 대든다면 강자의 노여움을 사서 결국 약자 자신을 괴롭히는 일이 됩니다. 그런 뜻에서도 조선은 내지(內地, 일본)에 대해서 그저 덮어놓고 불온한 언동을 부리는 것은 이로운 일이 못 됩니다.
>
> _「경성일보」 1919년 3월 7일자

골자는 약자인 조선이 살아남기 위해서는 일제에 순종하는 길뿐이라는 것이다. 이는 당시 일제가 선전하던 '조선독립 불능론', '투쟁무용론' 등과 궤를 같이하는 것으로 이는 윤치호의 친일 논리의 한 축을 이룬다. 실제로 그는 이렇게 고백하고 있다.

> 나는 국경일에 일장기를 게양하는 것을 반대하지 않는다. 왜냐하면 우리가 일본의 통치 하에 있는 한 그 통치의 명령에 복종해야 하기 때문이다.
>
> _『윤치호 일기』 1919년 10월 1일

1976년 10월 인천 소재 송도고등학교 교정에 세워진 윤치호 동상.

1920년대 들어 그는 일제의 '문화정치' 선전과 청년층의 반일 동향을 억제하는 데 이용된 교풍회(矯風會) 회장을 맡는 등 각종 친일 단체에서 일제의 식민 정책 선전에 주력했다. 당시 그는 민족개량·애국계몽운동을 펼치고 있었는데, 이는 근본적으로는 일제 통치를 수용하는 범위 내에서의 '타협적 민족운동'이었다.

1937년 중일전쟁 발발을 계기로 윤치호의 친일은 점점 강도를 더해갔다. 총독부 주최 시국강연반의 연사로 전국을 돌며 순회강연에 나섰다. 이듬해인 1938년 육군 특별지원병제가 실시되자 이는 "내선일체에 합당한 조치"라며 환영하였다. 또 그해 7월 '황국신민화'의 실천 단체인 국민정신총동원 조선연맹의 상무 이사로 뽑혀 창립 총회에서 '천황 폐하 만세'를 삼창하기도 했다. 1941년 태평양전쟁이 발발하자 전시결전단체인 임전대책협의회에 참가해

'총출진하라'. 학병 지원 마감 하루 전인 1943년 11월 18일자 「매일신보」 1면에 실린 윤치호의 학병 권유 기사.

서 "우리는 황국신민으로 일사보국(一死報國)의 성(誠)을 맹서하여 협력할 것을 결의함"이라는 결의문을 낭독했다. 징병제에 이어 1943년 말 학도병 동원이 시작되자 "조선 학도들에게도 내지(內地. 일본) 동포들과 어깨를 겨루어 싸움터로 나설 수 있는 영광스런 길이 열렸다."(「매일신보」 1943년 11월 18일)며 조선인 학도들에게 출진을 촉구했다. 이 같은 공로로 1945년 2월에 그는 일본 귀족원 의원에 선출돼 부친에 이어 2대에 걸쳐 '일본 귀족' 반열에 올랐다.

(일제하) 조선인은 좋든지 싫든지 일본인이었습니다. …… 그렇기 때문에 일본 속국의 상태에서 그가 한 일로 누군가를 비난한다는 것은 이치에 맞질 않습니다.

사망(1945년 12월 16일) 두 달 전에 윤치호가 남긴 글의 한 구절이다. 지식인으로서의 '반성'은 차치하고 기독교인으로서의 '참회' 한마디도 없다. 명색이 독립협회 회장과 「독립신문」 사장을 지냈다는 이가 해방 후에 남긴 '자기고백'은 이처럼 비굴했다.

'일본의 스코틀랜드화(化)'가 조선의 살 길이라며 일제의 '우호적인 식민 통치'를 기대했던 그의 나약한 역사관이 결국 그를 친일의 길로 이끌고 만 것이다.

06 | 북으로 간 '조선의 꽃'
월북 무용가 최승희

근대 이후 한국이 낳은 세계적인 예술가 중에서 '스타 중의 스타'는 누구일까? 견해 차이가 있을 수 있겠으나 인기도와 활동 시기, 지역을 감안하면 최승희가 단연 으뜸이다. 최승희는 1930년대에 전 세계를 무대로 활동하면서 '세계적인 무용가'라는 찬사를 받은 인물이다.

최승희(崔承喜, 1911~1969). 언제 적 이름인가. 벌써 그의 이름 앞에 '무용가'란 수식어가 필요할 만큼 낯선 이름이 되었다. 반세기 넘게 우리 역사는 그를 외면해왔다. 이유는 단 하나, 해방 후 그가 남편을 따라 월북했다는 것이었다. 이런 사정으로 그는 다른 월북 예술인들과 마찬가지로 1990년대 들어서야 '최 모(某)'에서 '최승희'라는 이름 석 자를 되찾을 수 있었다. 암울한 일제하에서 미국

1936년 최승희의 일본 공연 포스터. 그는 창씨
제도가 생기기 이전부터 '사이 쇼키(Sai Shoki)'
라는 일본식으로 자기 이름을 표기, '친일파'라
는 비난을 받았다.

과 유럽, 중남미 등 전 세계를 무대로 활동하며 식민지 조선의 자
존심을 세워주었던 '조선의 꽃' 최승희. 그러나 그는 남쪽에서는
'월북 예술가'라는 이유로, 북한에서는 '반(反)혁명분자'로 낙인찍
혀 남북한 모두에서 한동안 잊혀왔다. 격동의 현대사가 지하창고
에 유폐시켰던 한 천재 예술가를 '역사의 양지'로 끌어내보자.

피카소, 채플린과 교류한 조선의 천재 무용가

최승희는 '한일병합' 이듬해인 1911년 서울 종로에서 양반집 4
형제의 막내로 태어났다. 1926년에 숙명여고를 우수한 성적으로
졸업한 그는 당초 도쿄음악학교에 진학할 작정이었으나 연령 미

달로 입학이 좌절되었다. 그러던 중 큰오빠 최승일의 권유로 당시 일본 최고의 무용수 이시이 바쿠(石井漠) 문하에 입문했다. 해방 후에 그에게 쏟아진 친일파라는 비난은 그의 출생 시점과 그가 일본으로 무용 공부를 떠날 때 이미 예고되었는지도 모른다.

일본으로 건너갔을 때 최승희의 나이는 열여섯. 3년간 이시이 문하에서 무용 공부를 한 그는 1929년에 귀국하여 서울 적선동에 '최승희 무용연구소'를 차리고 자립의 길로 나섰다. 이듬해 2월에 경성공회당에서 제1회 신작발표회를 가졌는데 관람객들로부터 열렬한 찬사를 받았다. 이때 공연한 한국무용 '영산춤' 등은 한국인이 춘 최초의 독자적 춤 공연이었다는 점에서 우리 무용사에 한 획을 그은 대사건으로 기록되고 있다.

이듬해인 1931년에 최승희는 프롤레타리아 문학운동가이자 당시 와세다대학 재학생이던 안막(安漠, 본명 안필승)과 결혼하여 인생의 새로운 전기를 맞는다. 최승희 연구가인 정병호(鄭昞浩) 중앙대 무용과 교수는 두 사람의 결혼 배경을 두고 "최승희는 공연기획 분야에서 천재적인 안막의 능력을, 안막은 최승희의 인기를 사회주의 건설에 이용하기 위해서였다."고 분석했다. 해방 후에 최승희가 월북한 것은 남편 안막의 권유가 한 요인으로 작용했다. 안막은 북한 정권에서 평양음악학교장, 문화부 부부장(차관)을 지냈으나 1958년에 숙청되었다.

1933년에 최승희는 다시 일본으로 건너가 이시이 문하로 들어갔다. 그 사이 남편 안막이 '조선독립 음모 사건'으로 구속되자 정치적 압박과 경제적 곤란까지 겹쳐 더 이상 국내에서는 활동이 곤란했기 때문이다. 그러나 두 번째 일본행은 의외로 행운이었다. 도쿄로 돌아온 지 두 달 만에 한 잡지사가 주최한 여류무용대회에서 '신인 스타'로 급부상한 것이다. 그때 최승희가 춘 춤은 '에하라 노아라'라는 전통 조선 춤으로, 술에 취한 자기 아버지의 굿거리 춤에서 영감을 얻은 것이었다.

이듬해 도쿄에서 개최된 제1회 신작발표회를 통해 최승희는 명실공히 톱스타로 자리를 굳혔다. 일본의 노벨문학상 수상 작가인 가와바타 야스나리(川端康成)는 "최 여사가 추는 조선 무용을 보면 일본의 서양 무용가들에게 민족의 전통에 뿌리박으라는 강력한 가르침을 볼 수 있다."며 극찬을 아끼지 않았다. '조선인 최초의 무용가'라는 점이 의외로 일본 사회를 강타하여 광고모델 제의가 쇄도했다. 하늘을 찌를 듯한 인기는 부와 명예를 동시에 안겨주었고, 최승희는 여세를 몰아 해외 공연까지 추진했다.

중일전쟁 이듬해인 1938년 2월, 그는 미국 샌프란시스코를 시작으로 해외 공연길에 올랐다. 1939년에는 프랑스 파리 공연에 이어 스위스, 이탈리아, 독일, 네덜란드 등 유럽 공연을 마쳤다. 이무렵 제2차 세계대전 발발로 미국으로 돌아온 최승희는 1940년에 브라질 공연을 시작으로 우루과이, 아르헨티나, 페루, 칠레, 멕시코 등 중남미 지역 공연을 성황리에 마쳤다.

1940년 말 2년여의 해외 공연을 마치고 일본으로 돌아온 최승희에게는 반갑지 않은 일이 기다리고 있었다. 일제 당국이 그의 인기를 군국주의 전쟁에 활용할 계획을 세워놓고 있었던 것이다. 그리고 '자의반 타의반'(해방 이듬해 귀국한 최승희는 귀국 기자회견에서 "그동

보살춤 복장을 한 최승희.

안 자의가 되었든 타의가 되었든 친일한 것을 변명하지 않겠다."고 밝힌 바 있다) 친
일이 시작된다. 귀국하자마자 최승희 부부는 궁성, 메이지신궁, 야
스쿠니신사를 참배하고 '무용보국(報國)'을 맹세했다. 며칠 뒤 일본
「국민일보」와의 인터뷰에서는 "구미 공연 때 마음이 든든한 것은
위대한 일본의 국력 덕분이었는데 새삼 조국에 감사하는 마음을
강하게 가졌다."며 노골적으로 친일 성향을 드러냈다.

　그의 친일과 관련해 빼놓을 수 없는 일화 한 토막이 있다. 「아
사히신문」 1941년 2월 5일자에는 '일독 헌금 교환, 독일인 기사와
최승희 씨'라는 기사가 실려 있다. 내용인즉 일본 회사에 근무하
던 한 독일인 기사가 귀국하면서 여비 일부를 국방헌금으로 써달

손기정(오른쪽)이 베를린 올림픽 마라톤에서 우승한 후 그를 축하하는 모임에서 함께한 최승희. 당시 두 사람은 식민지하 조선인의 '희망'이었다.

라고 이 신문사에 기탁한 일이 있은 후 이번에는 유럽 공연을 다녀온 최승희가 두 차례의 독일 공연에서 생긴 수입금을 독일육군 병원에 헌금한다고 가져왔다는 것이다.

전성기 때 최승희는 각국의 최정상급 명사, 예술인들과 교류했다. 일본 체류 시절 그를 후원해준 사람은 소설가 가와바타 야스나리와 민예학자 야나기 무네요시(柳宗悅) 등 당대 일본 최고의 지성인들이었다. 서양인으로는 미국 공연 시절 사귄 지휘자 레오폴드 스토코프스키, 작가 존 스타인벡, 영화배우 찰리 채플린, 로버트 테일러, 게리 쿠퍼 등과도 친분이 있었다.

유럽에서는 화가 피카소를 비롯하여 시인 장 콕토, 소설가 로맹 롤랑, 미셸 지몽 등이 그와 친교를 맺고 있었다. 또 중국인으로는 저우언라이(周恩來) 수상, 무용가 메이란팡(梅蘭芳) 등이 그의 후원자이자 벗이었다. 국내에서는 여운형, 송진우 등 민족진영 인사와 남편의 동지이기도 한 박영희, 한설야 등 카프 계열 작가들이 최승희와 친분관계를 맺고 있었다.

파리 공연 때는 피카소로부터 그림 한 점을 선물받은 적도 있다. 수억 원 대를 호가하는 이 그림의 행방을 두고 시댁인 안씨 집안과 친정인 최씨 집안 사이에 한때 불화가 일기도 했다.

예술을 위한 친일인가, 친일을 위한 예술인가

일제 말기 최승희는 일본을 '조국'이라고 부르면서 찬양했는데 그의 친일성은 구체적으로는 춤에서 나타나기 시작했다. 일본 춤의 비중이 점차 늘었고 춤 동작에도 일본 전통 춤인 '노(能)'가 등장하기 시작한 것이다. 또 공연 수익금을 국방헌금으로 바치는 일도 예사였다.

1941년 말에 태평양전쟁이 발발하자 일제는 전시체제 하에서 모든 예술가를 전선(戰線)으로 내몰았다. 최승희 역시 예외일 수 없었다. 최승희는 1942년 2월 초에 대륙전선 위문차 만주와 중국으로 건너갔는데 8월까지 6개월 동안 무려 130여 차례의 위문공연을 했다. 당시 그는 일본 육해공군 촉탁 신분으로 해방 때까지 일본군 위문공연을 했다.

최승희는 상해에 주둔한 일본군 부대에서 위문공연을 하다 일본의 패망 소식을 접했다. 일제가 패망하자 최승희에게는 중국 현지에서부터 '친일파'란 비난이 쏟아졌다. 이듬해 5월에 귀국해보니 사정은 국내에서도 마찬가지였다. 남한 땅에서는 발 디딜 구석이 없었던 최승희는 결국 귀국한 지 두 달이 채 안 돼 북으로 올라갔다. 그의 월북은 남편 안막의 권유도 있었지만 '친일파'란 비난이 자존심을 건드렸기 때문이다.

월북한 최승희는 1950년에 소련 순회 공연을 했다. 1951년 중국 공연예술대 무용과 교수를 거쳐 북한정권 하에서 공훈배우(1952), 인민배우(1955), 최고인민회의 대의원(1957)으로 승승장구했다. 1964년에는 『조선 아동무용 기본』을 출간했으며 1966년에는 「문학신문」에 '조선 무용 동작과 기법의 우수성 및 민족적 특성'을 발표했다. 그런 최승희도 그의 무용이 주체예술사상에 맞지 않는다는 평가를 받고 1967년 숙청덩하고, 2년 뒤인 1969년 8월에 59살로 눈을 감았다.

공과가 극명하게 교차되는 예술가의 일생을 어떻게 평가할 것인가? 여기에는 변호자, 비판자가 양립하는 것이 보통이다. 무용학자 정병호 교수는 최승희의 친일 행적 자체는 인정하면서도 "그의 예술적 목적을 위해 친일을 했을 뿐"이라며 그의 예술적 업적에 비중을 둔다. 반면 김종욱(서지연구가) 선생은 "최승희는 도일 직후부터 본명 대신 일본식 이름 사이 쇼코(崔承子)로 활동한 열성 친일파"라며 친일의 본질에 초점을 두고 비판 대열에 섰다. 최승희는 『친일인명사전』에 이름이 올라 있다.

사후 30여 년 만인 2003년 북한은 최승희를 정식 복권시켰다. 김일성 주석이 회고록 『세기와 더불어』에서 최승희를 호평한 사실이 뒤늦게 알려지면서 김정일이 복권을 지시한 것으로 알려졌다. 평양 교외 신미리 애국열사릉에는 그의 묘와 함께 묘비가 건립됐다.

2011년 최승희 탄생 100주년을 맞아 남한에서도 최승희기념사업회를 중심으로 재조명 작업이 활발하게 이뤄졌다. 특히 탈북 안무가로 최승희 무용연구원장을 맡고 있는 김영순 씨는 남한 사회가 그를 복권시켜줄 것을 호소하고 나섰다.

전성기 시절 '세계적 무희', '민족의 꽃'으로 불리던 여성. 한국의 봉건사회 체제에서 자신의 운명을 스스로 개척한 선구자이자 여성해방운동가였던 여성. 그러나 식민지 시대와 분단기를 거치면서 최승희는 '친일, 친공'이라는 이중의 덫에 걸렸다. 북으로 갔다는 이유로 친공이라는 딱지를 붙이는 것이 옳은지는 차치하고, 최고의 재능을 가진 예술가가 역사 앞에서 조국과 민족 앞에 떳떳할 수 있는 행적을 남겼는가 하는 대목에서 '친일파 무용수'에 대한 씁쓸함을 감출 수 없다.

07 | 반민특위 검거 제1호
전 화신백화점 사장 박흥식

"예가 무슨 집이에요, 아버지."

"저, 화신상……, 화신상이란 데야."

"화신상요? 그래, 아무나 들어가요?"

"그럼, 아무나 들어가지."

_ 박태원,『천변 풍경』(1936)에서

    흔히 '화신'으로 불린 화신백화점은 종각 네거리, 현 종로타워 자리에 있었다. 일제 당시 일본인들이 충무로 일대의 남촌(南村)을 장악했다면 종로는 조선인들이 상권을 쥐고 있었다. 그 시절 화신은 종로의 명물이었다.

"오늘 점심 때 화신에서 냉면 먹었다"

'화신'이란 말은 1890년대 말 신태화란 상인이 신행상회란 이름의 귀금속 상점을 열었다가 1918년 자기 이름의 '화(和)'와 신행상회의 '신(信)'을 따서 '화신(和信)상회'로 바꾸면서 생겨났다. 1920년대 당시 백화점 수준으로 성장한 화신상회가 이후 경영난을 겪게 되자 지물사업으로 큰돈을 번 박흥식이 인수했다. 박흥식은 목조건물이었던 화신상회를 헐고 그 자리에 3층 콘크리트 건물을 새롭게 지었다. 그런데 1935년 1월 27일 저녁 화신상회에 큰 불이 나 건물이 통째로 타버렸다.

2년 뒤 박흥식은 그 자리에 지하 1층 지상 6층의 새 건물을 지어 백화점을 열었다. 화신백화점은 당시로선 파격적일 정도로 최고급 현대식이었다. 매장 안에는 엘리베이터 4대와 에스컬레이터 2대를 설치했는데 엘리베이터를 구경하기 위해 전국에서 사람들이 구름처럼 몰려들었다. 또 건물 옥상 정면에 전광판을 설치해 그날의 뉴스를 내보내기도 했다. 남촌에 있던 일본인 백화점 뺨치는 수준이었다.

당시 화신백화점 6층에는 식당이 하나 있었는데 냉면 맛이 일품이었던 모양이다.

"나 오늘 점심 때 화신에서 냉면 먹었다."

사람들은 화신백화점 6층 식당에서 냉면 먹은 것을 자랑삼아 얘기하곤 했다.

화신백화점은 근대건축 교육을 받은 최초의 한국인 건축가가 설계한 최초의 서양식 상업건물이기도 하다. 또 일제 강점기 남촌의 일본인 상권에 맞섰던 최초의, 그리고 유일한 민족자본 백화점이었다는 점에서도 의의가 크다. 화신 건물은 1978년 종로 확장 계획과 맞물려 공평동이 도심 재개발 사업 지역으로 지정되면서 건물의 절반이 도로 확장 예정 부지에 포함됐다. 1987년 그 자리에 신규 건축 허가가 떨어지면서 그해에 철거돼 옛 모습은 찾을 길이 없다.

도망치려다 딱 걸린 '반민특위 검거 1호'

화신백화점 사장 박흥식이 반민특위로 잡혀온 것은 1949년 1월 8일 오후 4시 30분이었다. 특위 부위원장 김상돈의 지시를 받은 김용희 조사관과 박희상 서기관은 특경대원 7명을 데리고 서울 종로 네거리 화신백화점 사장실을 급습했다. 특위가 박흥식을 첫 검거 대상자로 지목한 것은 그가 비밀리에 미국 도피를 추진하고 있다는 정보를 입수했기 때문이었다.

특위 조사관 일행이 화신 사장실을 급습할 당시 박흥식은 외무부 관계자들과 미국 여행권(여권번호 00130호) 관계로 대화를 나누고 있었다. 해외 도피를 준비 중이라는 첩보가 사실이었던 것이다. 조사관이 신분을 밝히고 동행을 요구하자 박흥식은 영국제 고급 담배를 권하며 "정리할 서류가 있으니 5분만 시간을 주시오."라며 지연작전을 폈다. '독 안에 든 쥐'라고 판단한 조사관들이 허락하자 박흥식은 옆방으로 들어갔다. 그런데 10분이 지나도 박흥식이 나오지 않았다. 박흥식은 그새 비밀문을 통해 다른 방으로 가서 모처와 연락을 취하고 있었다. 그러나 그의 구원 요청은 모두 허사로 돌아가고 마침내 양손에 수갑이 채워졌다. 반민특위 '검거 제1호' 박흥식은 이렇게 해서 특위에 붙잡혀 왔다.

한때 '조선 제일의 부자'로 불리던 박흥식(朴興植, 1903~1994)은 평안남도 용강군에서 소농의 자식으로 태어났다. 그곳에서 소학교를 졸업한 박흥식은 가족 부양을 위해 진남포에서 미곡상을 시작으로 사업에 첫발을 내디뎠다. 천부적인 상술과 뛰어난 친화력으로 그는 1924년에 고향에서 부불입 자본금 10만 원으로 선광당인쇄소를 시작했다. 2년 뒤에는 사업 무대를 서울로 옮겨 선일지물을 창립했다. 그때 나이 26살이었다. 자본금 26만 원인 이 회사에 그는 6만 5,000원을 불입했는데 이 돈은 토지를 담보로 식산은행에서 5만 원을 대출받고 나머지 일부를 그가 부담한 것이었다. 박흥식은 주로 총독부 당국과의 친교를 바탕으로 식산은행, 한성은행 등의 은행돈을 최고 수백만 원까지 끌어다 사업 자금으로 활용했다. 당시 금융가에서 그는 최고 대우를 받았다.

한편 종로 네거리에서 공동 경영하던 '화신상회'를 매수하여 1931년에 화신백화점을 설립했는데 이 회사가 그의 모기업이 되었다. 화신백화점은 당시로선 획기적인 사은경품 판매, 연쇄점 운영 등의 경영기법을 도입하여 승승장구했다. 1936년에 설립된 화신연쇄점은 최고 번성기를 구가하던 1937년쯤에는 전국에 연쇄점 수만 350개가 넘었다. 당시 박흥식은 총독부의 도움으로 식산

반민특위의 '검거 제1호' 박흥식.

은행에서 3,000만 원을 대부받았는데 그로서는 자본과 신용만 중요할 뿐 자본의 성격은 문제가 되지 않았다. 훗날 화신의 자본을 두고 '매판적 상업자본'으로 규정하는 것은 바로 이 때문이다. 자본의 성격과 함께 사업 방식도 그렇다. 화신백화점과 함께 화신연쇄점은 일본 오사카의 영업소를 통해 일본 상품을 다량 수입하고 그것을 국내에 살포함으로써 국내 시장을 일제 상품의 소비처로 전락시켰는데 이는 당시 일제의 대표적인 식민지 지배 정책이었다. 이 때문에 그는 총독부로부터 은행 대출과 관련, 하등의 통제도 받지 않았다.

박흥식은 반민특위에 검거된 지 47일 만인 3월 22일 정식 기소되었는데 검찰 측 조사 기록은 6,000쪽에 달했다. 그의 기소장에 나타난 죄명은 반민법 제4조(비행기·병기·탄약 등 군수공업을 책임경영한자), 제7조(범죄자 옹호·도피 협조자) 위반이었다. 반민특위에서 지목한 그의 대표적인 반민족 행위는 일제 말기 비행기공장을 만들어 일제의 침략 전쟁에 협조한 점과 각종 친일 단체에서 활동한 점이었다.

태평양전쟁이 막바지에 이르렀을 때인 1944년 2월, 박흥식은 일본의 항공전력 증대를 목적으로 조선비행기공업(주) 설립 허가를 조선총독부와 일본 내각에 제출했다. 여러 차례 일본을 다녀온 끝에 자본금 5,000만 원으로 회사 설립 허가를 받은 그는 그해 10월 자신이 대표가 되어 주식을 공모했다. 그는 총독부의 힘을 빌어 조선직물회사와 동양방적 안양공장을 접수했을 뿐만 아니라 인근 토지를 몰수하여 비행기공장을 건설했다.

　비행기 생산 시설은 조선군사령부 병참부의 중개로 관동군의 지원을 받았는데 그 대가로 조선의 해산물, 직물 등을 송출했다. 공장 노무 인력은 전적으로 징용자였다. 1944년 11월부터 총 4회에 걸쳐 1,717명을 선발한 후 1개월간 경기도 광주에서 조선군의 지도로 기본훈련을 시켰다. 그 후 다시 일본 나고야나 만주로 보내 실습을 거치게 한 후 안양공장이나 만주 비행기공장에서 비행기 제조에 종사시켰다.

　흔히 박흥식의 조선비행기공업(주)는 비행기를 만들려다 일제 패망으로 그만둔 것으로만 알려져 있다. 그러나 반민특위 조사 결과 1945년 5월 다시 제1호기의 주익(主翼)과 동체를 위시한 대부분의 작업을 마치고 8월에 시험비행까지 했으며, 부품을 제작 중이던 제2·3호기도 9월 말까지는 작업을 완료할 계획이었던 것으로 드러났다.

　또한 조사 과정에서 박흥식은 자신이 경영하던 광신상업학교를 조선비행기공업학교로 개편, 비행기 기술공을 양성하려 했던 사실도 밝혀졌다. 실제로 전장에 투입하지는 못했지만 박흥식의 비행기 제조 계획은 거의 완성 단계였던 것이다. 일제 패망 후 박흥식은 조선군사령부로부터 조선비행기에 투자한 금액과 격려금까지 받았으나 이중 일부만 주주들에게 나눠주고 대부분을 착복했다.

박흥식의 친일은 각종 친일 단체 활동에서도 두드러졌다. 1930년대 후반 그는 조선총독부 주최 산업경제조사회와 시국대책조사회에 조선 대표로 참여하여 일제의 시국대응책에 자문 역할을 했다. 또 각종 전쟁 협력 행위에 가담했는데 국민정신총동원 조선연맹 이사, 배영동지회 상담역을 비롯해 임전대책협의회와 조선임전보국단 간부로도 활동했다. 특히 임전대책협의회 발족시 민규식, 김연수 등과 함께 각각 20만 원씩을 기부했으며 전시채권 가두판매에 나서기도 했다. 징병제 찬양이나 학병 권유는 기본이었다.

총독부 고관을 비롯해 군부, 경찰, 금융계 등 광범위한 권력층과 사귀면서 이들의 비호를 받던 그는 특히 6대 조선총독 우가키 가즈시게(宇垣一成)와 각별했다. 박흥식은 특위 조사 과정에서 우가키를 '숭배'했다고 실토한 바 있다. 우가키가 총독으로 재임하던 시절에 화신백화점과 화신연쇄점이 최고의 전성기를 누린 점은 두 사람의 친분관계와 무관치 않다. 미나미 지로(南次郎) 총독과도 유착관계가 남달라 그가 조선총독에서 물러나 귀국하자 '영원히 못 잊을 자부(慈父)'라는 담화를 총독부 기관지 「매일신보」에 발표하기도 했다.

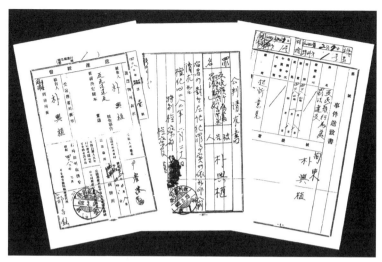

박흥식의 반민특위 재판 기록. 반민특위 '검거 제1호'로 구속되었다가 병보석으로 풀려나 물의를 빚었던 박흥식은 무죄를 선고받아 반민특위의 친일파 척결 의지를 무색케 했다.

반민특위 '검거 대상 1호' 매판자본가, 무죄라니!

반민특위가 박흥식을 '검거 대상 1호'로 지목한 것은 그의 미국 도피 음모 이외에도 그가 반민특위 활동을 방해하려 했기 때문이었다. 특위의 활동 개시가 예견되자 그는 반민특위의 활동을 방해할 목적으로 장직상 등과 만나 모종의 음모를 꾀했다. 박흥식이 당시 수도청 수사과장으로 있던 친일 경찰 최난수에게 수사비 명목으로 10만 원을 지원한 사실이 특위 조사 과정에서 밝혀졌다.

기소 1주일 만인 3월 28일에 반민특위 사상 첫 공판이 열렸다. 세간의 이목을 집중시켰던 박흥식의 재판은 구속 103일 만의 병보석으로 다시 한 번 세상을 놀라게 했다. 특별재판부가 병보석으

박흥식이 1931년부터 57년간 살았던 서울 가회동 자택.

로 그를 풀어주자 특별검찰부 검찰관 9명은 전원 사표로 항의했고 사회·정당단체에서도 성명을 내서 특별재판부를 격렬하게 비난했다. 그러나 결국 그해 9월 26일에 '공민권 정지 2년'이라는 가벼운 구형에 이어 당일로 무죄 판결을 받고 풀려났다. 이유는 박흥식이 군수공장을 경영했지만 실질적으로 비행기를 제작해서 일제를 지원하지는 않았고, 또 각종 친일 단체에서 활동한 것은 피동적으로 했을 뿐이라는 것이었다.

특별재판부가 이처럼 어처구니없는 판결을 내린 데는 속사정이 있었다. 친일 경찰의 반민특위 습격 사건(일명 6·6 사건)에 이어 '국회 프락치 사건'으로 특위의 중심인물이었던 소장파 의원들이 대거 제거된 데다 6월 29일에 백범 김구 선생마저 피살당함으로써 친일파 척결의 정신적 기둥마저 사라진 상태였기 때문이다. 박흥식은 법적으로는 무죄를 선고받았지만 역사의 법정에서는 당연히 '유죄'다.

해방 후 박흥식은 재기를 노렸으나 모기업인 화신산업의 부도로 끝내 일어서지 못한 채 1980년 모든 사업을 접고 말았다. 부채 청산을 위해 자신이 수십 년간 살아오던 집까지 내놓았지만 '물길'을 되돌릴 수는 없었다.

08 | '여성 박사 제1호'의 카멜레온 같은 삶
전 이화여대 총장 김활란

일제하 지식인이 신문에 쓴 글 한두 편을 놓고 그의 전부인 양 규정하는 것은 적절치 못하다. '거대한 감옥' 또는 '노예선'으로 불리는 일제 강점기에 쓴 글이라면 '정상참작'의 여지가 있다는 이야기다. 그러나 여기에는 몇 가지 조건이 있다. 우선 생명에 위협이 있었느냐, 그리고 나중에 자신의 행적을 공개적으로 반성했느냐 하는 점이다.

모든 지식인들에게 지조를 지키기 위해 목숨을 바치라고 강요할 수는 없다. 몇몇 의사나 열사가 이에 속할 뿐이다. 그러나 '과오권(過誤權)'을 인정한다고 해도 지식인이라면 자신의 지난 과오에 대한 반성이 반드시 뒤따라야 한다. 친일 지식인들이 비난받는 이유는 일제하 자신의 과오에 대한 겸허한 사죄가 없기 때문이다.

아세아 10억 민중의 운명을 결정할 중대한 결전이 바야흐로 최고조에 달한 이때 어찌 여성인들 잠잣코 구경만 할 수가 잇 겟습니까. 이날을 위한 마음의 준비는 이미 벌서부터 되어 잇 섯습니다. …… 이번 반도 학도들에게 열려진 군문으로 향한 광명의 길은 응당 우리 이화 전문학교 생도들도 함께 거러가 야 될 길이지만 오직 여성이라는 한 가지 리유 때문에 참렬을 못하는 것입니다. …… 아프로는 결전하의 국가목적에 쪼차 한 사람이라도 더 만히 우수한 지도원을 양성하기에 전력을 다할 각오가 잇슬뿐입니다.

_「매일신보」 1943년 12월 25일자

상(賞) 제정 문제를 놓고 논란이 됐던 김활란(金活蘭, 1899~1970)이 총독부 기관지 「매일신보」에 기고한 글이다. 김활란은 역사 앞에 서 용서받을 수 있는가? 답은 '없다'다. 이유는 그가 지식인으로서 사회적 책무를 다하지 않았기 때문이다. 그러므로 김활란의 이름 을 딴 상 제정은 지식인 사회에 대한 배반이다.

친일로 변절, 다시 친미로 변절

김활란을 상징하는 대표적인 수식어 가운데 하나는 '여성 박사 제1호'다. 그는 학사·석사·박사를 따기까지 세 차례에 걸쳐 5년 동안 미국 유학을 했다. 귀국해서는 미국인 선교사 아펜젤러(Henry

'여성박사 1호' 김활란 전 이화여대
총장.

Gerhard Appenzeller, 당시 이화여전 교장)의 뒤를 이어 1939년에 이화여
전 교장에 취임했다. 굳이 나눈다면 그는 친미 인사로 분류된다.
그러던 김활란은 대동아전쟁(태평양전쟁)이 터지자 친일, 반미 인사
로 돌변했다.

> 저 흑노(黑奴)해방의 싸움을 성전(聖戰)이라 했고 십자군의 싸
> 움도 성전이라고 했다. …… 제일선 장병과 보조를 같이하여
> 도의를 무시한 물질제일주의의 서양 문명을 박차버리고 동아
> (東亞)의 천지로부터 미영(美英)을 격퇴하여 버리자.

1941년 12월에 열린 조선임전보국단 주최 결전부인대회 결성
식에서 김활란이 강연한 내용의 일부다. 일제하 대부분의 친미·

기독교 인사들(백낙준, 신흥우 등)이 그러했듯이 김활란 역시 해방 후에는 다시 친미 인사로 변신을 거듭했다. 그는 미 군정으로부터 초대 이화여대 총장에 보임됐고 이승만 정권하에서는 한미재단 이사 등을 지냈다. 그의 초심을 의심케 할 만한 대목이다.

1919년 3·1의거 당시 김활란은 이화학당 대학과를 마치고 모교에서 교사로 재직하고 있었다. 그 무렵 그는 지하 독립운동 조직과 연결돼 활동하고 있었다. 그는 이른바 '7인의 전도대'를 만들어 기독교 포교 활동을 하기도 했는데 이는 단순한 전도 활동 수준을 넘는, 일종의 민족운동이었다. 1920년대 후반에 좌우 민족진영의 통합으로 신간회(新幹會)가 결성되고 뒤이어 1927년에는 여성계 민족단체 근우회(槿友會)가 결성되었다. 김활란은 근우회 창립 멤버로 활동하다 이듬해 활동을 중단하고 미국 유학을 떠났다.

1931년 말에 미국 컬럼비아대학에서 농촌교육 관련 주제로 박사학위를 받고 이듬해 귀국했다. 귀국 후에는 문맹퇴치, 봉건잔재 타파 등을 내걸고 농촌운동에 주력했는데 이는 일제가 허용하는 범위 내의 '소극적' 사회운동이었다.

김활란의 친일 행보는 1936년에 이화학당 부교장으로 있던 시절에 첫걸음을 내딛는다. 그해 말에 김활란은 총독부 사회교육과가 주최한 '가정의 개선과 부인교화운동의 촉진'을 위한 사회교화 간담회에 참석한다. 1937년 1월에는 총독부 학무국의 알선으로 조선부인문제연구회를 결성했으며, 7월 들어 중일전쟁이 발발하자 애국금차회(愛國金釵會)의 발기인으로 참여했다. 이 단체는 '한일병합' 후에 일제로부터 작위를 받은 자들의 부인들이 주동이 돼

전쟁 물자로 바칠 금비녀나 가락지 따위를 모으기 위해 결성한 친일 여성단체였다. 이후 방송선전협의회, 국민정신총동원 조선연맹, 임전대책협의회, 조선교화단체연합회 등 여러 친일 단체에 김활란의 이름은 빠짐없이 등장한다.

그의 활동 가운데 대표적인 것이 기독교계에서의 활동이다. 1938년 6월에 당시 조선 YWCA 회장으로 있던 그는 "비상시국에 있어 기독교 여자 청년들도 내선일체의 깃발 아래로 모여 시국을 재인식하는 동시에 황국신민으로서 앞날을 자기(自期)하는 의미에서……."(「매일신보」, 1938년 6월 9일자)라며 일본 YWCA 가맹을 발표했다. 신사참배를 거부하다 폐교를 당하고 구속자와 순교자가 잇따르는 상황에서 김활란이 취한 행동은 이것이었다. 그의 친일 행각은 1939년 4월에 이화여전 교장에 취임한 이후부터 본격화되었다. 물론 그 배경에는 이화여전을 지키려는 목적도 없지는 않았을 것이다.

"역경을 맛보지 않고 '순풍에 돛 단 배'처럼 산 행운아"

김해 김씨인 그의 문중에서는 본관을 따라 '김해(金海)'로 창씨를 했으나 김활란은 독자적으로 '아마기 가쓰란(天城活蘭)'으로 창씨개명했다.

어차피 창씨를 해야 한다면 정말 (일본식으로) 창씨를 해서 자신의 독립된 일가를 세울 생각…….

_ 김정옥, 『이모님 김활란』, 정우사, 1977.

김활란은 1941년 12월 태평양전쟁 개전 이후부터는 강연과 방송은 물론 가두로 나서서 일제의 침략 전쟁을 미화, 선전했음은 물론이요, 여성들을 대상으로 '어머니나 딸, 동생으로서' 징병·징용·학병 등 인력 동원에 대한 이해와 협력을 촉구했다. 김활란은 해방 직전 무렵 안질로 고생하고 있던 자신을 문병 차 찾아온 조카 김정옥(전 이화여대 교수)에게 "남의 소중한 아들들을 전쟁터에 내보내라고 연설을 하고 다닌 죗값"이라고 술회한 적이 있다고 한다(김정옥의 앞의 책 중에서). 그러나 이것은 엄밀히 말해 반성도, 사죄도 아니다. 뒤늦은 자괴(自愧)라고나 할까.

해방 후 김활란은 미 군정 때부터 이승만·박정희 정권까지 단 한 번도 독재 권력과 맞서 싸운 적이 없다. 오히려 두 정권과 밀월관계를 유지하면서 그들의 수족으로 활동했다. '김활란상(賞)' 제정 움직임이 보도된 후 민족문제연구소가 발표한 반대성명서에 따르면, 김활란은 "4·19 당시 이대 학생들의 시위 참가를 막았으며 이듬해 5·16이 터지자 박정희의 특사로 미국으로 달려가서 군사 반란의 정당성 홍보에 날뛰고 다녔다."고 한다. 여기자 최은희(崔恩喜)는 그를 두고 "모질고 악착한 역경을 맛보지 않고 순풍에 돛 단 배처럼 산 행운아"라고 평했다. 식민지 시대와 격동기를 산 지식인의 일생이 이러했다면 김활란은 '어두운 시대의 동반자'로 살았다는 이야기다.

김활란이 60년 가까이 이화인으로 살면서 일제 강점기부터 건국기까지 이화여대를 지키고 가꾼 공로는 인정할 만하다. 그러나 그를 여성교육계, 나아가 한국여성계의 상징으로 내세우기에는 그의 일생에 흠결이 너무 많다. 이화여대 하나 지키기 위해서였다고 이해해주기에는 그가 저지른 과오가 너무 크다. 그리고 반성이라곤 없었다.

09 | 귀족(貴族) 또는 귀족(鬼族)
'을사오적' 이근택

1905년 11월 17일. 총검을 찬 일본 헌병 수백 명이 경운궁(오늘날 덕수궁)을 둘러싸고 무력 시위를 벌였다.

이날 경운궁 중명전(重明殿)에서는 대한제국 대신들이 모여 긴급 회의를 열고 있었다. 회의에 참석한 대신은 참정대신 한규설(韓圭卨), 탁지부대신 민영기(閔泳綺), 법부대신 이하영(李夏榮), 학부대신 이완용(李完用), 군부대신 이근택(李根澤), 내부대신 이지용(李址鎔), 외부대신 박제순(朴齊純), 농상공부대신 권중현(權重顯) 등 8명. 이들은 대한제국의 외교권 박탈을 골자로 하는 '을사조약' 체결에 찬성할 것인지 여부를 놓고 회의를 열었다.

한규설과 민영기는 조약 체결에 적극 반대했다. 이하영과 권중현은 소극적인 반대 의견을 내다가 권중현은 나중에 찬성으로 돌

3형제가 작위를 받은 '을사오적' 이근택.

아섰다. 다른 대신들은 이토 히로부미가 강요한 원안의 일부를 수정하는 조건으로 찬성 의사를 밝혔다. '을사조약'으로 불리는 이 조약의 체결에 찬성한 박제순, 이지용, 이근택, 이완용, 권중현 등 5명을 '을사오적(乙巳伍賊)'이라고 부른다. 매국노의 상징이다.

이렇게 나라를 팔아먹는 조약 체결을 무사히(?) 마치고 퇴궐한 이근택은 식구들을 불러 모아놓고 조약 체결 광경을 설명하면서 이렇게 말했다.

"내가 오늘 을사5조약에 찬성을 했으니 이제 권위와 봉록이 종신(終身)토록 혁혁(赫赫)할 거요."

그때였다. '쾅!' 하고 부엌에서 식칼로 도마를 후려치는 소리가 나더니 한 계집종이 마당으로 뛰쳐나오면서 안방을 향해 호통을 쳤다.

"이집 주인 놈이 저렇게 흉악한 역적인 줄도 모르고 몇 년간 이 집 밥을 먹었으니 이 치욕을 어떻게 씻으리오."

계집종은 그 길로 집을 나가버렸다. 계집종이 집을 나가자 오랫동안 같이 지내오던 침모도 줄행랑을 치고 말았다. 「대한매일신보」 광무 9년 11월 25일자 보도 내용이다.

일개 계집종이 이러했을진대 당시 민중들의 분노는 얼마나 컸을까. 을사늑약 강제 체결 이듬해인 1906년 2월, 이근택은 자다가 자객의 습격을 받고 13군데나 칼에 찔리는 중상을 입었다. 그러나 그는 죽지 않았다. 회를 쳐놓다시피 한 그를 한성병원에서 한 달 만에 살려낸 것이다.

피 묻은 비단 띠로 고종의 환심을 사다

이근택(1865~1919)은 충북 충주 출신으로, 집안은 대대로 무인 가문이었다. 이근택이 출세의 줄을 잡은 계기는 약간 특이하다. 그가 아직 서울로 올라오기 전인 1882년 임오군란이 터지자 명성황후는 고향인 충주로 피난을 갔다. 명성황후의 친정 이웃 마을에 살고 있던 소년 이근택은 매일같이 명성황후에게 생선을 잡아다 바쳤다. 명성황후는 이 일을 잊지 않고 환궁 후인 이듬해 이근택을 남행선전관에 임명하는 파격적인 인사를 단행했다. 1884년 무과에 합격한 그는 10년간 지방관으로 근무하면서 중앙무대 진출을 모색했다.

이근택이 대한제국기에 중앙무대에서 요직을 역임하게 된 것 또한 우연한 기회에 고종의 눈에 들었기 때문이다. 어느 날 우연히 일본 상점에 들른 이근택은 비단 띠 하나를 발견했다. 화려한 수를 놓은 것이 대단히 기품 있어 보였는데 군데군데 검붉은 흔적은 핏자국이 분명했다. 이 띠가 명성황후의 것이라고 직감한 이근택은 거금 6만 냥을 주고 그것을 사서 고종에게 바쳤다. 고종과 왕세자는 비명에 간 명성황후를 다시 만나기라도 한 듯 기뻐했다. 이 비단 띠 헌납으로 이근택은 고종의 총애와 신임을 독차지하게 되었고 벼슬은 날로 높아졌다. 대한제국 시기에 경무사, 경위원 총관, 헌병사령관, 원수부 검사국장 등을 지내면서 경찰, 군사 부문 최고의 실력자로 행세했다.

이근택은 처음부터 친일파는 아니었다. 대한제국 초창기 때까지만 해도 친러파였다. 자신의 은인인 명성황후를 일본이 시해했기 때문에 개인적으로 일본에 감정이 좋지 않았던 것이다. 그때까지만 해도 일본이 러시아의 상대가 안 된다고 얕잡아본 것도 한 가지 이유였다. 조선 내에 친일세력을 뿌리박는 데에 혈안이 돼 있던 일본은 난감했다. 급기야 일본은 대한제국 정부 내의 친러파 대신들을 매수, 회유키로 방침을 세웠다.

여기에 맨 먼저 걸려든 사람이 한일의정서 체결 당시 외무대신 서리였던 이지용이었다. 이지용은 일본공사 하야시 곤스케에게 단돈 1만 원에 매수되어 궁중의 기밀을 낱낱이 보고하는 첩자 노릇을 했다. 일제는 회유와 협박이 통하지 않는 이용익(李容翊)을 일본으로 납치하는 만행도 서슴지 않았다.

1904년 러일전쟁에서 승기를 잡자 한국 내에서 일본의 기세는 갈수록 당당해졌다. 정부 대신들도 하나둘 친일로 기울었다. 대세가 일본으로 기울고 있음을 간파한 이근택은 또 다른 출세 계획을 세웠다. 당초 친러파였던 그는 친일파로 변신하는 과정에서 누구보다도 적극적인 친일 활동을 했다. 일본공사관으로부터 기밀비 30만 원을 받고 그 대가로 궁중의 기밀 사항을 정탐하여 이를 일본 측에 제공한 것이다.

　1905년 9월 을사조약 체결을 앞두고 이근택은 군부대신이 되었다. 이 무렵에는 이미 완전하고도 완벽한 친일파로 변신해 있었다. 마침내 대한제국의 외교권을 박탈하는 을사조약이 체결되자 이근택은 그 공로로 이듬해 일본 정부로부터 훈1등(勳一等)과 태극장을 받았다. 그리고 앞의 신문 기사에서 보듯, 집에서 부리던 계집종을 비롯한 수많은 이들로부터 "나라를 팔아먹은 놈"이라는 경멸과 비난 또한 한 몸에 받았다.

　황현(黃玹)의 『매천야록(梅泉野錄)』에 따르면 이근택은 "일본군사령관 하세가와 요시미치(長谷川好道)와 의형제를 맺고 이토 히로부미의 의붓아들이 되어 일본 신발까지 신고 일본 수레에 앉아 항상 일본군의 호위를 받으며 출입했다."고 한다.

　이근택의 친일 행각은 1910년 '한일병합' 때까지 지속됐다. '병합' 후 일본 정부는 공로자들에게 공적에 따라 작위와 '합방은사금'을 공채(公債)로 주었다. 이근택은 함께 나라를 팔아먹은 '을사오적 동료'들인 권중현, 박제순 등과 같이 훈1등 자작(4등급)과 매국공채 5만을 받았다. '병합' 후 그해 10월에 중추원 고문으로 취임하고 1919년 12월 17일에 사망했다. 그가 사망하기 아홉 달 전에 전국을 뒤흔든 3·1의거의 물결을 보면서 이 완벽한 친일파는 어떤 생각을 했을까. 혹여 일본이 망하면 어쩌나 걱정하면서 눈을 감지는 않았을까.

이근택의 작위는 그의 사후 장남 이창훈(李昌薰)이 습작하여 해방 때까지 유지했다. 이창훈 역시 일제하 몇몇 친일 단체에서 활동했다. 대를 이어 황국신민(皇國臣民)이 된 셈이다.

3형제 모두 작위 받은 친일 귀족 집안

이 집안은 친일 귀족 집안으로도 유명하다. 이근택의 형 이근호(李根澔)와 동생 이근상(李根湘) 등 3형제 모두가 '한일병합' 후 작위를 받았다. 이근택은 자작, 형과 아우는 한 등급 아래인 남작을 받았다. 일제시대를 통틀어 3형제가 작위를 받은 경우는 이근택 집안이 유일하다. 또 이들이 죽은 후에 작위는 전부 자식들이 물려받았다.

이 집안의 '스타'는 단연 이근택이었다. 이근택이 출세가도를 달리자 형제들도 벼슬길에 올랐다. 1892년 진사에 급제한 동생 이근상은 군부주사를 거쳐 1906년 궁내부대신이 되었다. 다시 시종원경과 구한국 중추원 부의장을 지낸 그는 한일병합 때 훈2등 남작 작위를 받았으며, 일제하에서 중추원 고문과 식산은행 감사를 지냈다. 이근상이 1920년 1월에 사망하자 그의 작위는 장남 이장

공주 시내 모처에 있는 이근택의 묘지. 1979년에 조성된 이 묘지에는 이근택을 시작으로 총 4대가 한곳에 누워 있다.

훈이 습작했다.

　이근택의 형 이근호는 1878년 무과에 급제하여 경무사, 충청·전라·경기감사, 교육참모장, 법부대신을 역임하고 1906년 시종무관장을 지냈다. 그리고 '병합' 때는 훈1등 남작을 받았다. 그의 작위는 아들 이동훈이 물려받았다. 습작자까지 포함하면 한 집안에 귀족이 6명이나 나온 셈이다. '뼛속까지 친일파' 윤치호 집안에 버금가는 친일 가문이다.

　『조선귀족열전』(1910)을 편찬한 오무라 도모노조(大村友之丞)는 이들을 두고 "3형제가 모두 왜목림(倭木林) 가운데 3회(會)로서 대신에 올라 일문의 성망을 현양하고 권세를 장악했으니 영광이 이보다 더할 수 있겠는가."라고 적었다. 그러나 당시 세인들은 나머지 두 형제를 포함해 이 집안 형제를 '5귀(鬼)'라 불렀다.

이근택은 을사오적 중에서도 가장 교활하고 악독하기로 소문이 나 있었기 때문에 민중의 원한의 표적이 되어 기산도(奇山度), 나인영(羅寅永), 오기호(嗚基鎬) 등 여러 애국지사가 수 차례에 걸쳐 암살을 시도했으나 아쉽게도 모두 실패했다.

　현재 충남 공주시 외곽 모처에는 이근택 집안의 가족묘가 있다. 1979년에 조성된 이 묘지에는 그의 직계 4대가 누워 있다. 수년 전 이근택의 증손자들이 세간에 논란이 됐던 적이 있다. 큰 증손자인 이상우는 당시 국립 공주대의 현직 총장으로 재직 중이었다. 그의 동생 이춘우 역시 공주대 물리학과 교수를 지냈다. 경위야 어찌됐건 간에 을사오적의 직계 후손이 국립대 총장으로 있다는 것은 민족감정에 맞지 않다는 지적이었다.

10 | 조선금융계의 황제? 식민 착취의 황제!
전 한성은행장 한상룡

일제 말기인 1940년에 출간된 『창남수장(暢楠壽章)』이라는 문집이 있다. 문집 명에 '수(壽)' 자가 들어가면 대개 문집 주인공의 환갑 잔치를 기념하여 만든 것이다. 일제 당시 환갑 잔치에 문집까지 낼 정도라면 고관대작이나 후학이 많은 거유(巨儒) 정도에게나 있을 법한 일이다.

문집 첫 장을 펼치면 당시 총독 미나미의 축하 휘호가 나타나고, 뒤이어 일본인 육군대장의 글씨와 궁내부대신을 지낸 민병석의 서문이 곁들여져 있다. 다시 축하시 모음란에는 당대의 명사들이자 유명한 친일파들이 대거 운집해 있다. 황족 친일파인 윤덕영 · 윤치호, 후작 이항구(이완용 아들), 중추원 참의 김사연, 은행가 민규식 등이 그들이다. 이런 수준의 인물들이 환갑 잔치를 위해

한상룡(왼쪽)과 그의 환갑 기념으로 출간된 문집 『창남수장』의 표지(오른쪽).

시를 보낼 정도였다면 문집 주인공의 수준과 성향도 짐작이 간다. 문집의 주인공은 일제 당시 경제계의 대표적인 친일파였던 한상룡(韓相龍, 1880~1947)이다.

이완용의 조카, 한성은행을 탐하다

한때 '조선금융계의 황제'로 불렸던 한상룡은 1880년에 규장각 부제학 출신 한관수의 3남으로 태어났다. 17살에 관립외국어학교에 입학하면서 신학문에 눈뜬 그는 미국 유학을 위해 일본으로 밀항했으나 외숙 이윤용의 주선으로 1899년에 사립 세이조(成城) 학교에 입학하면서 군인의 길을 택했다. 이듬해에 한국 정부의 관비 유학생으로 선발되었으나 장질부사(장티푸스)로 학업을 중단하고 1901년에 귀국했다.

귀국 후 한상룡은 사립 중교의숙(中橋義塾)의 영어교사로 일하다가 그해 경부철도 기공식에서 고종의 종형인 이재완의 영어 통역을 담당한 것이 인연이 돼 공직(평식원 총무과장)의 길로 들어섰다. 그러나 그의 공직생활은 그리 길지 않았다. 그는 자신을 둘러싼 '좋은 여건'을 배경으로 야심을 키워가고 있었다. 근대 문물에 대한 견문과 영어·일어 구사 능력을 갖춘 인재였던데다 그의 뒤에는 당대 최고의 권력자인 두 외숙(이윤용, 이완용 형제)이 버티고 있었기 때문이다.

한상룡은 1903년 12월 한성은행(漢城銀行) 총무로 취임한 것을 계기로 금융계와 인연을 맺었다. '한일병합' 직후인 1910년 9월에 이 은행의 전무 취체역(取締役, 이사)으로 취임한 그는 일제 당국에 로비를 하여 당시 조선인 합방 공로자에게 지급한 은사공채를 얻어내 자본금을 300만 원으로 10배나 증자하면서 도약의 계기를 마련했다. 한성은행이 조선 귀족들의 은행이라는 소문은 여기서 비롯되었으며, 이 때문에 3·1의거 당시 민중들의 표적이 되었다.

한상룡은 40여 년 동안 일본 다이이치(第一)은행의 최고책임자로서 일본 재계의 거두로 군림해온 시부사와 에이이치(澁澤榮一)를 우상으로 숭배하고 있었다. 한상룡은 정치에서는 이토 히로부미, 경제에서는 시부사와 에이이치, 건설에서는 통감부 시절 재정고문을 지낸 메가타 다네타로(目賀田種太郎)를 "조선에서 영원히 기억해야 할 3대 은인"이라고 하면서 특히 시부사와에 대해서는 "일본

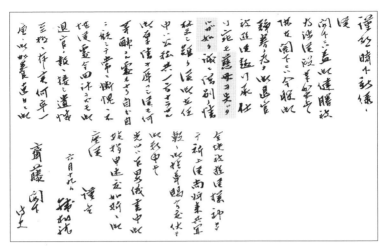

조선총독을 마치고 귀국한 사이토에게 보낸 감사 편지. 이 편지에서 한상룡은 사이토가 귀임한 것을 두고 "자모(慈母)를 잃은 듯하다."고 적고 있다.

은 물론 동양에서 공전절후의 위인"이라고까지 극찬했다. 그는 시부사와의 좌우명인 '일생일업(一生一業)'을 자신의 좌우명으로 삼았을 정도다. 그가 대부분의 친일파들처럼 정계로 나아가지 않고 실업계로 진출한 것은 시부사와의 영향이 컸던 것으로 보인다.

제국주의 권력과 식민지 경제 사이의 브로커

일제가 매국에 가담한 친일파들에게 준 공채를 토대로 발전을 도모한 한성은행은 1923년에 그가 두취(頭取, 오늘날 은행장)로 취임한 직후부터 내리막길을 걷기 시작했다. 1923년 9월에 발생한 간토대지진의 여파에 이어 영업 부진과 경영 악화가 계속됐다. 이듬해 총독부는 이 은행을 정리대상으로 지목했으며 1928년에는 마침내 조선식산은행으로 넘어가고 말았다. "나의 한성은행인가, 한성은행의 나인가를 알 수 없을 정도로 밀접한 관계"에 있었으며 "한성은행에서 나고 자라고 그로써 거기에서 죽는다고 해도" 좋을 정도로 애착을 가졌던 한성은행을 잃자 한상룡은 몸져눕고 말았다.

한성은행 재직 시절 한상룡은 금융계 내에서의 지위를 이용하여 조선 내 각종 기업·회사 설립에 중개자로 참여했는데 실권은 전혀 갖지 못한 채 명목상의 감투만 여럿 쓰고 있었다. 이런 그를 두고 정신문화연구원 김경일 교수는 "'한상룡의 경력은 반도 재계사의 축도(縮圖)'라는 표현처럼 그는 제국주의 권력과 식민지 예속 경제 사이에서 일종의 브로커 역할을 했던 정상배"였다고 평가했다. 금융계에 평생을 바치고자 했던 그의 포부는 한성은행의 경영권 양도와 뒤이어 신탁회사 운영에서 배제되면서 날개를 접고 말았다.

한상룡의 친일이 겉으로 드러나기 시작한 것은 한성은행에서 물러나 본격적으로 사회 활동을 시작하면서부터라고 할 수 있다. 그는 조선에 업적(?)을 남긴 주요 일본인들의 동상과 기념비 건립을 시작으로 친일 대열에 본격 합류했다. 첫 사업은 통감부 시절 재정고문을 지낸 메가타의 동상 제작이었다. 1929년 10월에 파고다공원(오늘날 탑골공원)에서 메가타 동상 제막식을 가졌으며, 그해 12월에는 이토기념회의 조선 측 발기인 총대(總代)를 맡기도 했다. 1933년 2월에는 평소 자신이 숭배해온 시부사와의 기념비 건립

서울 종로구 가회동에 있던 한상룡의 자택 내부 모습.

을 추진하여 12월에 장충단에서 제막식을 가졌는데 이는 전적으로 한상룡의 발의와 주동에 의한 것이었다. 또 1935년 5월에는 "조선 개화의 은인이자 일한합병의 공로자"인 데라우치 마사타케(寺內正毅) 전 총독의 동상 건설회 발기인 및 실행위원으로 참여하여 총독부 청사 안의 홀 오른쪽에 동상을 세웠다. 이듬해 2월에는 이른바 '2·26 사건'으로 사이토 마코토(齋藤實) 전 총독이 사망하자 부민관에서 추도회를 열고, 1939년 4월에는 그의 동상을 총독부 청사 안의 홀 왼쪽에 세웠다. 이밖에도 러일전쟁 당시 한국주재 일본공사 하야시 곤스케, 정무총감 출신의 시모오카 주지(下岡忠治) 등의 동상 건립에 참여하면서 식민 통치자들의 업적 찬양에 열을 올렸다.

한상룡이 군국주의 일제 통치하에서 40여 년간 기득권을 유지할 수 있었던 배경은 무엇보다 군부와 밀월관계를 유지했기 때문이다. 한성은행에서 물러난 후 그는 군부 관련 분야에서 두드러진 활약상을 보였다. 1931년에는 일제의 만주 침략 이후 조선 각지를 돌면서 강연과 담화 등을 통해 일제의 침략 전쟁을 옹호했다. 또 1933년 4월에 경성국방의회에 발기인으로 참가한 것을 비롯해 조선국방의회연합회 설립준비위원 및 감사, 조선국방비행기헌납회 고문, 해군협회 조선본부 창립위원 등을 맡았다. 1937년 7월 중일전쟁 발발 직전에는 관동군사령부 사무촉탁으로 임명돼 군사령부를 방문하고, 조선실업구락부 및 자신의 명의로 국방헌금을 하기도 했다.

당시 한상룡은 후방의 전쟁 지원 단체인 경기도군사후원연맹 부회장이자 경성군사후원연맹 고문으로 있으면서 친일 귀족 부인들과 함께 애국금차회를 창립했다. 이 단체는 조선 여성들에게 노리개나 금붙이를 전쟁 물자로 내놓으라고 강요했다. 1941년에 태평양전쟁이 시작돼 일제의 인력과 물자 동원이 거세지자 한상룡은 전면에 나서서 협력했다. 특히 1943년에 징병제가 실시되자 한상룡은 '훌륭한 군인이 되자'라는 글에서 "반도에 불타는 애국심과 적성(赤誠)으로 말미암아 드디어 약진 반도의 통치사상에 획기적인 징병제도가 실시되었다."며 조선 청년들을 침략 전쟁의 총알받이로 내모는 데 앞장섰다. 한상룡은 1935년에 총독부가 편찬한 『조선공로자명감(朝鮮功勞者銘鑑)』(1935)에 조선인 공로자 353명 중 1명으로 수록돼 있다. 아내 이용경(李龍卿)도 애국금차회에서 활동한 공로 등으로 일제로부터 훈장을 받았다.

일제에 버림받아도 일제에 매달린 굴종의 생존전략

1927년에 중추원 참의에 첫 임명된 이래 해방 때까지 한상룡은 만 18년 4개월 동안 줄곧 중추원 참의 및 고문을 지냈다. 해방 1년 전인 1944년 4월에는 윤치호, 박중양(중추원 참의), 이진호(총독부 학무국장), 이기용(황족, 백작) 등과 함께 일본 귀족원 의원에 선임되었다. 마지막까지 일제에 협력한 결과이자 끝까지 일제에 끌려 다닌 결과라고 할 수 있다. 한상룡은 한성은행 경영권 양도를 비롯해 일제로부터 수차례에 걸쳐 의도적 배제를 당했지만 그때마다 변신과 일관된 친일 노선으로 버텨냈다. 한마디로 일제하 그의 생존 방식은 철저한 예속과 굴종이었다. 그를 '친일 예속자본가의 전형'이라고 부르는 것은 이 때문이다.

해방 후 한상룡의 활동에 대해서는 알려진 것이 거의 없다. 박흥식 등 친일 기업인 가운데 몇 명은 반민특위에 체포되어 재판이라도 받았으나 한상룡은 그런 기록조차 없다. 그는 1947년 10월 30일 사망했다.

11 | 상해 임시정부의 '위장취업자'
전 상해 임정 군무부 차장 김희선

독립유공자 김희선의 사망 일자를 둘러싸고 한동안 논란이 분분했다. 그는 도대체 몇 번이나 죽어야 했던 걸까? 김희선의 사망 일자는 서류마다 제각각인데 모두 3가지다. 1963년 당시 독립유공자 공적 심사를 담당했던 내각사무처가 작성한 공적조서에는 "1925년 3월 대한독립단 참의부에서 활동 중 집안현(輯安縣)에서 일본군과 교전 중 전사"한 것으로 나와 있다. 1980년에 국민장(오늘날 독립장)으로 훈격이 상향조정될 때 주무 부서인 원호처가 작성한 공적조서에도 사망일은 동일하다. 그러나 1989년에 보훈처가 펴낸 『독립유공자 공훈록』에는 그의 사망일이 광복 직전인 1945년 7월 6일로 나와 있다. 나머지 하나는 그의 후손이 세운 묘비에 적힌 것으로 여기에는 "1950년 9월 29일 졸(卒)"로 나와 있다. 실제 사망일은 그의 묘비에 후손이 새긴 날짜다. 1987년에 출간된 『강서군지(江西郡誌)』에도 그렇게 나와 있다.

할아버지는 변절, 손자는 위조

김희선의 사망 일자가 이처럼 여럿인 이유는 보훈당국의 자료 조사 부실에다 그의 손자 김종언(1999년 당시 70살)의 '장난질'에 놀아났기 때문이다. 현행 국가유공자 예우법에는 해방 전 사망한 순국선열은 손자까지, 해방 후 사망한 순국선열은 자식까지만 연금 수령 자격을 인정하고 있다. 결국 조부 김희선의 훈장에 대한 연금을 타먹기 위해 손자가 할아버지의 사망 일자를 조작한 것이다. 독립운동을 하다가 두 번씩이나 친일로 변절한 할아버지나 그런 할아버지 팔아서 평생 연금 타먹으며 살려고 한 손자나, 그 할아버지에 그 손자다.

1996년 국가보훈처는 역대 독립유공자 가운데 서춘(徐椿) 등 5명에 대해서 독립유공자 예우를 배제키로 결정했다. 이들의 친일 행적이 확인됐기 때문이다. 그동안 재야 역사학계를 중심으로 역대 독립유공자 가운데 친일 경력자가 상당수 포함돼 있다는 주장이 여러 차례 제기돼왔다. 그러나 당국이 이를 공식 확인해 해당자들의 예우를 박탈한 것은 처음이었다. 독립유공자에 대한 '예우 박탈'이란 훈장 회수는 물론 연금 지급 중단 등 당국의 각종 보훈 혜택까지 취소하는 것을 말한다.

두 번씩이나 변절한 임정 군무부 차장 출신의 김희선.

김희선도 예우 박탈 대상자 5명에 들어 있다. 그는 상해 임시정부 군무부 차장(오늘날 국방부 차관)을 거쳐 대한독립군 참의부에서 활동하다가 일본군과 전투 중 사망했다는 이유로 건국훈장이 추서되었다. 1963년에 내각사무처가 독립유공자를 심사해 포상할 당시 그는 훈장급이 아닌 대통령 표창을 받았다. 그러나 보훈처의 공적 재심사를 거쳐 1980년에는 국민장(3등급, 현 독립장)이 추서되었다. 국민장이라면 유관순 열사나 임시정부 요인급이 받은 등급이니 김희선의 독립운동 공적이 얼마나 높이 평가됐는지 짐작할 수 있다. 그런 그의 서훈이 왜 갑자기 취소됐을까?

김희선(金羲善, 1875~1950). 그는 평안남도 강서 출신이다. 일본 육사를 졸업하고 귀국하여 한말 구 한국군 육군참령(오늘날 소령)으로 시위기병대장, 시종무관을 지냈다. 1907년에 일제의 군대 해산에 격분하여 독립운동에 투신하기로 결심하고 1910년에 도산 안창호가 주도한 청도회담(靑島會談)에 참석했다가 중국 본토로 가던 도중 일본 관헌에 체포돼 강제 귀국당했다. 독립운동으로 나선 첫

길목에서 좌절을 당한 셈이다.

이 무렵 일제는 구한말 시대의 인사들을 대상으로 광범위하게 회유정책을 펴고 있었다. '한일병합' 직후 일제는 조선 내에서 그들의 식민정책을 효과적으로 펴나가기 위해 직업적 친일분자를 정책적으로 육성했는데 김희선이 여기에 걸려들었다. 조선총독부 「관보」 1913년 2월 8일자에 따르면, 김희선은 그해 2월 4일부로 평안남도 개천군수에 임명되었고, 2년 뒤인 1915년 5월 12일부로 평안남도 안주군수에 임명되었다.

물론 김희선은 임명만 된 것이 아니라 실제로 두 곳의 군수로 취임했다. 일제는 김희선과 같은 변절자들에게 경력을 참작하여 능력에 걸맞은 대우와 임무를 부여했던 것이다. 그에게는 군수 자리와 거액의 하사금도 내려졌다. 일제는 독립운동을 하다 변절한 신태현(申泰鉉)은 간도 방면에서 농장을 경영시키면서 독립운동가 투항 권유에 이용해 먹었다. 「사이토문서」에 따르면, 김희선은 1919년 8월부터 1921년 말 사이에 사이토 총독을 세 차례 면회한 것으로 나온다. 이 횟수는 유명한 친일파 윤덕영, 이하영, 윤치호, 신석린 등의 사이토 면회 횟수와 동일하다.

안주군수 재직 중인 1919년에 3·1의거가 터지자 김희선은 총독부 군수 신분으로 만세 시위를 지원하다가 군수직을 버리고 상해로 탈출했다. 김희선이 만세 시위를 구체적으로 어떻게 지원했는지는 확인할 길이 없으나 상해로 탈출한 것은 분명하다. 그는 3·1의거 후 상해에서 조직된 임시정부에서 군무부 차장 겸 육군무관학교 교장, 군무총장 대리 등을 역임했다. 1922년 1월에는 임

중국 상해의 프랑스 조계 내에 있던 상해 임시정부 청사. 건물 오른쪽 창에 태극기가 걸려 있다. 3·1의거 직후 김희선은 총독부 군수직을 버리고 임시정부로 건너가 군무부 차장을 지냈으나 1922년 두 번째로 변절, 친일파로 전락했다.

시정부 의정원(오늘날 국회) 의원이 되기도 했다.

　그러나 어떤 연유에선지 김희선은 1922년 무렵 두 번째로 변절의 길로 들어서고 만다. 상해 임시정부의 관보격인 「임시공보」 제2호(1922년 2월 25일) 내용 중 김희선에 관련된 부분이다.

　　김희선은 아(我)정부에서 중(重)히 등용하여 우우(優遇, 우대)하여왔는데 은의(恩義)를 망각하고 변심하여 드디어 적에게 투귀(投歸, 투항)하였다. 그 죄 사면(赦免)하기 어렵다.

상해 임시정부의 기관지 「독립신문」 기사를 보면 그의 변절은 인간적인 면에서도 파렴치했던 모양이다. 기사 일부를 보자.

병학(兵學) 배운(김희선이 일본 육사를 졸업한 사실을 가리킴 – 지은이) 애국자로 이름 높은 김희선은 총독부의 군수 노릇 내버리고 반정(反正)하매 그 전과(前過)를 용서하고 그 지기(志氣)를 가상히 여겨 동지들이 그를 채용하여 군무차장 시켰더니 목욕시킨 돼지가 감귤 맛을 못 잊어서…… 제 계집년 도망할 제 왜놈에게 재항(再降)하고 귀화장(歸化狀, 항복문)을 써 바쳤다. …… 3년(1919년부터 1922년까지 김희선이 임정에 참여했던 기간을 가리킴 – 지은이), 냄새나는 송장 놈을 차장(次長) 시킨 책임자의 잘못이다. 그놈 욕해 무엇하리. 이런 놈은 죽은 개니 육시처참(戮屍處斬)할까 말까.

_「독립신문」 1922년 5월 6일자

보훈처의 이상한 배려, 30여 년을 독립유공자로 둔갑

결국 김희선이 1920년대 초반 잠시 임시정부에 참여한 것은 순수한 독립운동 차원이 아니라 일제의 스파이 노릇을 했다고 보는 것이 타당할 것이다. 초창기 독립운동 진영에 참여하다가 도중에 변절한 사례는 더러 있다. 그러나 김희선처럼 두 번씩 변절한 사례는 찾아보기 어렵다.

김희선의 두 번째 변절 이후 친일 행적에 대해 구체적으로 밝힌 자료는 별로 없다. 그러나 일제가 그를 다각적으로 회유하려고 노력한 사실이나 임시정부에서 김희선의 변절 사실을 이례적으로 관보와 기관지에 공개한 것으로 보건대, 그의 변절이 민족진영에 커다란 타격을 준 것은 확실해 보인다. 1930년 한일병합 20주년 기념으로 일본 천황이 조선 내 친일파들에게 내린 대례기념장(大禮記念章)을 김희선이 받은 사실로 봐도 그의 친일의 정도를 짐작할 수 있다.

놀라운 사실은 김희선의 이 같은 친일 행적이 보훈처가 간행한 『독립유공자 공훈록』에 모두 언급돼 있다는 사실이다. 독립유공자의 행적에 조그마한 의문점만 있어도 서훈을 보류해온 보훈처가 그에 대해서는 특별한 배려(?)를 한 셈이다. 독립유공 공적으로 대통령 표창(1963년)을 받은 데 이어 다시 1980년 건국훈장 국민장이 추서된 김희선은 1996년 보훈처가 서훈을 취소할 때까지 무려 30여 년 동안 독립유공자로 둔갑돼왔다.

해방 후 고향에 머물다가 월남한 김희선은 서울시 임시정부 추신회 부회장, 육군상이군인유가족회장 등을 지내다가 한국전쟁 발발 직후인 1950년 9월 29일 서울 근교 공릉(오늘날 노원구 공릉동) 근처에서 사망했다. 그의 묘와 묘비는 1980년대 말까지 서울 공릉동 모 정부기관 뒷산에 있었으나 '친일 시비'가 있은 뒤 후손이 어딘가로 이장한 후로는 소재가 파악되지 않고 있다.

12 | 막노동판 주먹패, 일본 국회의원 되다
재일 친일파 거두 박춘금

일제 강점기에 친일파는 일제의 영향력이 미치는 전 지역에서 활동했다. 조선은 물론이요, 일제의 괴뢰국 만주국이나 일본 본토도 그들의 활동무대였다. 이들은 대개 군부나 행정기관 등 일제의 권력기관에서 수족으로 활동했다. 만주군관학교나 일본 육사를 나와 장교가 된 친일 군인, 고등고시에 합격한 고급관료 등이 그들이다. 이들보다 한 단계 낮은 직급으로는 밀정, 정보원 등 일제의 앞잡이로 활동한 자들도 더러 있었다.

일본 본토에서 활동한 대표적 친일파로 박춘금(朴春琴, 1891~1973)을 꼽을 수 있다. 그는 조선인으로서 일제의 심장부인 수도 도쿄에서 두 번씩이나 대의사(代議士, 국회의원)에 당선됐다. 일제 말기 '귀족원 의원'에 임명된 친일파 몇을 제외하면 일제 때 일본 국회

재일 친일파의 거두 박춘금.

에 진출한 사람은 박춘금이 유일하다.

박춘금은 특이한 유형의 친일파다. 친일파 가운데는 지식을 팔아 일제에 아부한 집단이 있는가 하면, 경제적 기반을 제공한 대가로 기득권을 보전하고 일제와 유착관계를 형성한 부류도 있다. 박춘금은 이도 저도 없는 자였다. 그는 수하에 거느리고 있던 폭력 조직, 즉 '정치 깡패' 집단이 유일한 자산이었다. 주먹 하나로 친일배의 정상에 오른 박춘금의 인생역정을 살펴보자.

막노동판 주먹패, 달랑 1원 49전 들고 일본으로

박춘금은 1891년 경남 밀양 태생으로 본관도 밀양이다. 아버지 박금득과 어머니 박차연 사이에서 태어났으나 자세한 가계는 알려져 있지 않다. 청년 시절에는 일본인 술집에서 심부름을 하며 일본어를 배웠다. 이를 밑천으로 일본으로 건너가 막노동판에 뛰어들었다고 하는데 도일 시기 등에 대해서는 자세히 알려져 있지 않다. 다만 박춘금이 어느 연설에서 한 이야기에 따르면, 일본에 도착할 당시 수중에 가진 돈은 달랑 1원 49전이었으며, 당시 일본에는 관비 유학생 50명이 있다는 이야기를 들었다고 했다.

1920년 무렵 박춘금은 이기동(李起東) 등과 함께 도쿄에서 조선인 노동자들을 모아 상구회(相救會)라는 단체를 조직했다. 이기동은 오랫동안 함께 활동한 대표적인 재일 친일파다. 상구회는 1921년 말에 상애회(相愛會)라는 사회사업 단체로 개편되는데 1923년에는 요코하마, 나고야, 오사카 등에 지부를 두는 등 조직을 확대했다. 그럴듯한 이름의 간판을 내건 이 상애회가 박춘금 일당의 일본 내 친일 활동의 근거지였다.

주먹패 박춘금이 재일 조선인 사회에서 두각을 나타내게 된 결정적인 사건은 1923년 9월 1일 도쿄 인근 지역을 강타한 간토대지진이었다. 이 지진으로 수십만 명의 인명피해는 물론 재산 피해도 엄청났다. 일제는 동요하는 민심을 수습하고 조선인을 탄압할 목적으로 당국의 개입 하에 유언비어를 유포했다. 조선인들이 우물에 독을 넣었다거나 방화를 일삼는다는 것이 그것이다. 이에 일본인들은 자경단(自警團)을 조직해 관헌과 함께 조선인들을 무자비하게 체포, 학살했는데 당시 최소 6,000명이 희생된 것으로 집계되고 있다.

그때 박춘금은 상애회 회원 300여 명을 동원하여 '노동봉사대'를 조직해 조선인 희생자의 시체 처리와 복구 작업을 자청했다. 당시 박춘금 일당은 일제 당국의 비호를 받고 있어서 자연스레

교감이 됐던 것으로 보인다. 이 일을 계기로 박춘금은 일제로부터 공로를 인정받아 상애회 본부 사무실을 마련하는 등 입지를 넓혀 갔다.

1928년 박춘금은 상애회를 재단법인으로 만들고는 이사장에 총독부 경무총감 출신의 마루야마 쓰루키치를 영입했다. 회장에는 이기동을 앉히고 자신은 부회장으로 있으면서 사실상 실권을 행사했다. 상애회는 일본 내 주요 도시에 지방본부를 설치하였고 회원 수는 2만 명에 달했다. 이듬해 1929년에는 상애회관을 지어 사무실을 마련하고 마루야마 이사장 취임 1주년 때 사이토 마코토 전 조선총독을 초청하는 등 위세를 과시했다.

어느새 재일 조선인 사회에서 실력자로 부상한 박춘금은 상애회 조직을 바탕으로 일본 정계에 진출했다. 1932년 2월에 실시된 제18회 총선에 도쿄 5구(區)에 출마한 박춘금은 중의원 의원에 당선되었다. 놀라운 것은 조선인 유권자가 1,236명뿐인 이곳에서 6,966표를 얻었다는 사실이다. 박춘금의 열렬한 친일성이 일본인 유권자들의 환심을 사기도 했지만 이면에는 일본 정계 실력자들의 후원이 있었다.

박춘금은 선거 직후인 2월 23일자로 사이토 전 조선총독에게 보낸 편지에서 "이번에 중의원 의원에 당선의 영광을 얻게 된 것은 모름지기 귀대(貴台. 손위 사람의 높임말)의 두터운 정과 성원을 입은 것이라 여기며 깊이 감사드립니다."라고 한 데서 이런 점을 엿볼 수 있다. 이후 박춘금은 한 차례 낙선했다가 1940년에 제20회 총선에서 재선되었으나 그의 정치인생은 여기서 막을 내렸다. 이후 그는 활동무대를 조선으로 옮겨 친일 대열의 선봉장을 자처했는데 이 시기가 그의 친일의 절정기라고 할 수 있다.

조선 민중 30만 학살 꾀한 '대의당'

1943년 말 조선인 학생들에 대한 학도병 징집이 시작되자 박춘금은 「매일신보」 주최 학병격려대연설회에 참석하여 "고이소 총독이 (조선)군사령관 시절 군사령부를 방문, 내선일체를 이루기 위해서는 반도인에 대한 병역 의무가 있어야 한다고 주장하였다."고 밝히고는 "(학도병) 4,000이나 5,000이 죽어 2,500만 민중이 잘된다면 이보다 더 좋은 일이 어디 또 있겠는가."고 외쳤다. 당시 일제가 학도병을 전선으로 내몬 이면에는 장차 조선의 앞날을 책임질 지식분자를 제거하려는 의도가 숨어 있었다. 박춘금이 이 같은 일제의 의도를 대변한 것인지는 확인할 수 없으나 그런 혐의를 의심할 만한 사건이 하나 있다.

해방을 불과 50일 앞둔 1945년 6월 25일, 박춘금은 경성부민관에서 당대의 내로라하는 친일파들을 동원해 대의당(大義黨)을 결성하고 당수에 취임했다. 전세는 이미 기울어 일본은 패퇴를 거듭하고 있었고 미국의 일본 본토 공격이 임박한 시기였다. 대의당은 바로 이때 '최후결전'의 자세로 결성된 것이다. 대의당은 강령에서 "모든 비(非)결전적 사상(事象)에 대해서는 단연 이를 분쇄한다."고 밝혔다. 여기서 '비결전적 사상'이란 '반전(反戰)·반일(反日)'의 총

1943년 11월 17일 경성부민관에서 열린 '학병격려대연설회'에 참석해 학병 출진을 권유하는 열변을 토하고 있는 박춘금(「매일신보」 1943년 11월 19일자).

칭이다. 해방 후 친일파들의 죄상을 폭로한 책『민족정기의 심판』 (1949)에 따르면, 대의당은 항일·반전 조선 민중 30만 명을 학살하려 했던 '살인 단체'였다. 이는 당시 총독부 경무국이 세운 '요시찰인에 대한 조치계획'과 맥을 같이하는 것이다. 박춘금은 일제로부터 정3품 훈2등 서훈을 받기도 했다.

해방이 되자 박춘금은 살 길을 찾기 위해 수하를 시켜 건국준비위원회 등에 돈 봉투를 보냈다. 그러나 여의치 않자 결국 일본으로 밀항했다. 그런 덕분에 반민특위의 체포, 조사를 피할 수 있었다. 특위는 여러 경로를 통해 박춘금을 송환하려 했으나 끝내 성공하지 못했다.

그는 세 번 결혼했다. 첫 번째와 두 번째 부인은 일본인이었고,

1966년 75살에 세 번째로 결혼한 여자는 당시 60살의 한국인이 었다. 두 번째 일본인 부인과의 사이에서 태어난 장남 박춘남은 일본 릿쿄(立教)대학 3학년 재학 중에 자진하여 학도병에 출진했 다. 당시 일본서 박춘금과 교류한 적이 있는 한 제보자의 증언에 따르면, 그의 후손 가운데 한 사람은 마약 중독으로 거의 폐인이 돼버렸다고 한다.

박정희가 한일 국교정상화를 추진하고 있던 1962년 5월 26일, 박춘금이 1주일 일정으로 한국을 방문했다. 해방 17년 만에 고향 을 찾은 그는 「경향신문」과의 인터뷰에서 다음과 같이 말했다.

일본에서의 현재 위치는 어떤가?

"기부 노부스케(岸信介, 전 총리) 등 과거 내 아래에서 일하던 사 람들이 일본 정계에서 많이 활약하고 있기 때문에 다방면으 로 상당히 통하고 있는 편이다. 예를 들면 교포 중의 누가 수 사기관에 구속되었을 경우 내 명함 한 장이면 다 풀어놓을 정 도이다."

(한국) 정부의 부름을 받았는가?

"그렇지 않다."

나올 때 일본 정부로부터 한일관계에 대해 모종의 부탁이라도 받았나?

"그런 일 없다."

친일파라는 지탄을 받은데 대해서……

"사람이란 자기가 출생한 고국을 못 잊는 법이다. 나는 나라 를 팔아먹는 친일은 안 했다고 생각한다."

국민에게 할 말은 없는가?

"남은 여생에 동포의 심부름꾼이 되었으면 한다."

_「경향신문」1962년 5월 27일자

　박춘금은 1973년 3월 31일 일본 게이오대학 병원에서 사망했다. 주먹패 출신 친일파의 일생은 그렇게 막을 내렸다. 그는 천주교 밀양성당 아래 산 중턱 선산에 묻혔는데 한동안 그의 묘는 알려지지 않았다. 1992년 일한문화협회에서 그의 무덤 옆에 송덕비를 세우면서 묘 존재가 알려지자 밀양 지역 시민단체에서 들고 일어났다. 결국 2002년 박춘금의 묘는 파묘되었고 송덕비도 철거되었다. 민족을 배신하고 적에게 붙어먹은 박춘금은 죽어서 누울 고향의 땅 한 평도 허락받지 못했다. 인과응보다.

13 | 죽여야 할 첫 번째 인물
직업밀정, 고등계 형사 선우순·선우갑 형제

일본에는 한국 근현대사 관련 자료가 도처에 산재해 있다. 대표적으로 일본 국회도서관 헌정자료실, 외무성 사료관 등 공공기관을 비롯해 가쿠슈인대학의 동양문화센터, 도쿄대학과 와세다대학 도서관과 기타 역사적 인물들의 개인 기념관에 산재한 자료들이 그것이다. 여기에는 공문서를 비롯해 일제 당시 실력자들간에 주고받은 문건, 편지 등이 고스란히 보존돼 있다. 한국에서는 전혀 구경할 수 없는 원본 자료들도 상당수 있다. 친일파에 관한 자료 역시 상당수 포함돼 있다.

필자는 1990년대 중반에 와세다대학 도서관을 방문해 제3대, 5대 조선총독을 지낸 사이토 마코토가 총독 재임 시절에 수집한 문서인 「사이토문서」를 검색하다 재미난 문건 하나를 접했다. 3·1

고급밀정 선우순.

의거 직후 조선인 밀정이 작성한 〈정세보고서〉였다. 제목은 '조선의 최근과 대응책(朝鮮ノ最近ト對應策)', 작성자는 평양 출신의 선우순이었다. 총 40쪽 규모의 이 보고서는 3·1의거 직후 조선 내 각 지역 및 종교 세력 간의 움직임과 이에 대한 총독부 당국의 임시·영구 대책을 상세히 담고 있었다. 이 문건은 전적으로 조선총독부를 위해 작성된 것으로, 밀정 중에서도 고급밀정의 '작품' 같았다.

일제의 충실한 대변자

선우순(鮮于鋍, 1891~1933). 일제시대를 공부한 사람들에게도 그리 낯익지 않은 이름의 그는 몇 안 되는 '직업적 친일분자' 중의 한 사람이다. 다시 말해 직업이 '친일'이고 그걸로 일제 때 먹고 산 사람이다. 동생도 밀정 노릇을 했다. 당시로선 드물게 형제가 일제의 주구 노릇을 했으니 '형제는 용감했다'고나 할까.

선우순은 평양 태생이다. 1930년 중추원 참의 시절에는 경성(오늘날 서울)에 산 것으로 기록돼 있다. 그러나 해당 주소의 호적을 확인한 결과 아무런 흔적도 남아 있지 않았다.

선우순의 말로는 친일파로 막을 내렸지만 초창기에는 그도 한때 민족진영에 섰던 인물로 보인다. 「서북학회월보」에 그가 쓴 글이 실려 있기도 하고, 1931년에 출간된 『조선신사록(朝鮮紳士錄)』에는 그가 1907년에 「대한매일신보」 기자로 입사해 1910년 3월에 퇴사한 기록도 보인다. 그런 그가 언제, 어떤 계기로 친일파가 되었을까?

선우순이 친일로 전향한 것은 「대한매일신보」를 퇴사한 직후 일본인이 평양에서 발행하던 「평양신문」에 입사한 것이 한 계기가 된 듯하다. 1910년 11월 보성전문학교 법률과를 졸업한 선우순은 일본으로 건너가 1914년 12월에 교토의 도시샤(同志社)대학 기독교신학과를 졸업했다. 도시샤대학은 일본조합기독교회의 전신인 일본기독전도회사 의장 니지마 조(新島襄)가 설립한 학교였으며, 일본조합기독교회는 조선에 진출하여 종교 침략에 앞장섰던 단체다. 이 단체는 일본 당국과 재벌들로부터 거액의 기부금을 받아 조선에서 대대적인 전도 사업을 전개했는데, 1911년 7월 평양에 평양기성(箕城)교회를 세웠다. 선우순은 이 교회를 다니면서 일본인들과 교류했고 그들을 통해 일본 유학까지 다녀왔다.

도시샤대학을 졸업하고 귀국하여 평양기성교회의 전도사로 활

선우순이 평양에서 작성한 정세보고서인 〈조선의 최근과 대응책〉 겉표지.

동하고 있던 선우순은 1919년에 3·1의거가 터지자 일본인들과 함께 '배역유세단(排逆遊說團)'을 조직했다. 이 단체는 함경도를 제외한 전국을 돌면서 조선인들에게 만세를 부르지 말도록 종용하였다. 선우순은 이 단체 결성에 주도적으로 참여했으며, 그해 9월 19일 중추원 회의장에서 개최된 지방 유력자 모임에 참석해 '조선독립 불능론'을 강연하기도 했다. 이 같은 일을 주도적으로 수행한 그는 평남도지사 시노다 지사쿠(篠田治策)의 사주 및 후원으로 1920년 10월 친일 단체인 대동동지회(大東同志會)를 창설하고 초대 회장에 취임했다. 이 단체는 평안도 일대의 독립사상을 파괴하려는 단체로서 평양에 본부를 두고 있었다. 기관지로 「대동신보」를 창간하고 사장에 취임했으며 평양에서는 월간지 「공영(共榮)」을 발행했다.

이 매체들은 일선융화(日鮮融和)·공존공영(共存共榮)을 내걸고 일제의 통치를 선전했는데 이는 총독부의 식민 정책을 대신 나팔을 불어준 셈이다. 선우순은 '내선일체에 대하여'라는 글에서 "이들 (조선과 일본)은 이해관계가 공통(共通)하고 순치보거(脣齒輔車)의 관계이므로 내선인(內鮮人)이 마치 잉글랜드와 아일랜드 혹은 웨일스와 같이 서로 한 덩어리가 되어 대륙 방면으로 발전하고 웅비하는 방법"(「조선 및 조선 민족」)이라며 일제의 충실한 대변자 역을 자임했다. 이 같은 공로로 1920년 11월 평양부 협의회 의원(오늘날 시의원)에 선출되었다. 이듬해에는 다시 중추원 참의에 임명되었는데, 1933년까지 13년 동안 5회 연속 중임했다. 일개 전도사로 출발해 이 정도 반열에 오른 경우는 선우순이 유일하다.

형제가 나란히 일제의 충직한 개로

당시 선우순의 위세가 얼마나 대단했는지는 조선총독 면담 횟수를 보면 짐작이 간다. 강동진의 『일제의 한국침략정책사』(1980)에 따르면, 1919년 8월부터 1926년 사이에 선우순의 사이토 총독 면담 횟수는 무려 119회로 단연 1위였다. 평균 22일에 1회 꼴인데 이 수치는 같은 기간에 매국노 송병준이 사이토를 면담한 횟수인 58회의 2배를 웃도는 수치다.

일제 때 조선인 중에서 총독을 만날 수 있는 사람은 극히 한정적이었다. 총독부의 고위관료나 군 수뇌부 정도가 고작이었다. 위무(慰撫)나 회유 차원에서 총독이 조선인 유지들을 더러 만나기도 했으나 이는 대개 일회성이었다. 당시 사이토 총독을 가장 많이 면회한 인사 10명과 면담 횟수를 보면 다음과 같다.

선우순	119회	이진호	86회	이강 공 (李堈 公)	85회	이왕 [李王, 순종]	75회
한상룡	73회	민흥식	59회	송병준	58회	신석린	53회
방태영	51회	박영효	47회				

　　왕족인 이강 공이나 이왕(순종)의 경우 총독의 문안 인사나 공식 행사장에서의 접견 등도 포함된 것이다. 그 밖의 인사들은 모두 친일관료(총독부 학무국장 이진호, 강원도지사 신석린)나 조선 귀족(송병준, 박영효), 친일자본가(한상룡) 등이었다. 당시 선우순은 고급관료나 친일 귀족도 아니었을 뿐더러 중추원 참의 70명 가운데서도 66번째였다. 그럼에도 총독 집무실과 관저를 수시로 들락거릴 수 있었다. 그의 친일 정도를 짐작할 만하다.

　　이런 선우순의 명성(?)은 상해 임시정부에까지 소문이 났다. 당시 임정에서는 일본인 고위관료, 매국적(賊), 고등밀정, 친일 부호, 총독부 관리, 독립군 사칭 불량배, 모반자 등을 이른바 '칠가살'로 규정해 처단 대상자로 지목하고 있었다. 선우순은 '매국적'의 첫머리에 이름이 올라 있었다.

　　선우순의 동생 선우갑(鮮于甲) 역시 형 못지않게 악질적인 친일 분자였다. 선우갑은 일본 경시청 고등계 형사로 일본에 파견되어 조선인 유학생 감시자 노릇을 했다. 그는 2·8독립선언 당시 현장에서 일본 경찰들에게 중심인물들을 하나하나 지적해 체포하게 한 자로 알려져 있다. 3·1의거 직후에는 기자 직함을 가지고 미국에 파견돼 일본을 선전했으며, 재미 독립운동가들을 감시하기도 했다. 형제가 나란히 일제의 충실한 개 노릇을 한 것이다.

같은 선우 성씨를 가진 사람 중에는 이들과는 정반대로 형제가 나란히 독립운동을 한 사례도 있다. 선우혁(鮮于赫)·선우훈(鮮于燻) 형제가 그들로, 모두 임정에서 활동했다. 이들 두 형제는 모두 평안도 출신으로 동시대를 살다가 갔다. 민족의 수난기에 어느 형제가 올바른 삶을 살았는지는 역사가 기록할 것이다. 천년이 가도 퇴색되지 않을 민족사의 한 페이지에 흑과 백으로 뚜렷하게.

14 | 과거를 묻지 마세요?
민족대표 33인 중 1인이었다가 밀정이 된 이갑성

1919년 3·1의거는 세계 역사상 유례없는 전 민족 차원의 독립 운동으로 기록되고 있다. 4월 하순까지 조선 8도(道)에서 총 1,214건의 시위에 참가자는 110만 명에 달했다. 또 당시 만세시위에 나섰다가 일경의 총칼에 목숨을 잃은 사람이 7,500여 명, 검거된 이는 4만 7,000여 명이나 되었다. 구한말 의병항쟁 이후 일제 패망 때까지 항일 대열에 참가한 애국지사는 수십, 수백만을 헤아린다.

국가보훈처에 따르면, 정부로부터 독립유공자 포상을 받은 사람은 2015년 12월 현재 1만 4,262명이다. 지난 1993년 5월 국가보훈처는 역대 독립유공자 가운데 재심사 대상자 8명의 명단을 공개했다. 그 가운데 3·1의거 당시 '민족대표 33인' 가운데 한 사람이었던 이갑성(李甲成, 1889~1981)이 포함돼 있었다. 그에게 씌워진 혐의는 '밀정'. 쉽게 말하면 일제의 스파이 노릇을 했다는 것이다. 광복회장까지 역임하면서 1981년 사망 당시 사회장이 치러졌던 그가 '변절자'였다는 의혹은 1962년 이래 줄기차게 제기돼왔다. 그동안 그를 둘러싸고 제기된 의혹과 논란을 살펴보자.

3·1의거 최연소 대표, 그리고 상해에서 보낸 침묵의 7년

이갑성은 1889년에 대구에서 태어났다. 대구에서 보통학교를 마치고 서울로 올라온 그는 경신학교를 졸업하고 1913년에 세브란스 의전(醫專) 약학과 3학년 재학 중에 중퇴했다. 이해부터 세브란스 병원 사무원으로 일하던 그는 이승훈(李昇薰)의 권유로 기독교 대표로 3·1의거에 참여하게 됐다. 당시 민족대표 33인 가운데 가장 나이가 어렸던 이갑성은 외국인 및 학생 측과의 연락, 독립선언서 배부, 해외 연락 업무를 맡아 의거를 성공으로 이끄는 데 큰 역할을 했다. 3·1의거 당일 태화관에서 일경에 체포된 이갑성은 재판 과정에서도 의연한 태도를 잃지 않았다. 감옥 안에서도 3·1의거 기념 만세를 주동했으며 다른 민족대표들이 가출옥한 뒤인 1922년 5월에 뒤늦게 출옥했다.

출옥 후 이듬해에 세브란스 의약회사 지배인으로 재직하던 이갑성은 그해 11월 '민립대학 기성발기총회'에서 중앙부 집행위원으로 선출됐다. 전국을 돌며 민립대학 설립의 필요성을 선전·강연하다가 일경에 체포돼 다시 6개월 옥살이를 했다. 1924년 1월

민족대표 33인 출신의 이갑성.

에는 이승만이 주도한 '동지회'의 서울지부 격인 흥업구락부 간사
로 피선되었으며, 1925년에는 조선중앙기독청년회(오늘날 YMCA) 이
사로도 선출됐다. 좌우 민족운동세력의 통합체인 신간회에도 발기
인으로 참여했으며, 1929년 11월 광주학생의거 직후 '신간회 사
건'으로 6개월간 복역했다. 출옥 후 경성공업주식회사 지배인으로
있던 이갑성은 이듬해 돌연 상해로 망명했다. 그를 둘러싼 친일
의혹은 상해행에 오른 후 1937년 일경에 체포돼 본국으로 압송될
때까지 7년간의 행적이다. 생전에 이갑성은 이 시기의 활동에 대
한 의혹에 침묵으로 일관했다.

　이갑성을 둘러싼 친일 논쟁은 1962년 그가 건국공로훈장 대통
령장(2등급)을 서훈할 무렵 처음 불거졌다. 그리고는 1965년 그가
광복회장에 취임한 직후, 또 1981년 그의 사망 직후 한 잡지에서
그가 일제 때 사용했던 명함을 공개하면서 다시 논란이 됐다.

　이갑성의 친일 경력을 처음으로 공식 거론한 사람은 임시정부

서무국장 출신의 임의탁(林義鐸)이다. 그는 1967년 5월 11일자 「대한일보」에 게재한 광복회 비상총회 명의의 성명서에서 다음과 같은 충격적인 내용을 폭로했다.

- 민족대표 33인 중 한 사람으로 솔선하여 창씨개명을 한 점
- 상해에서 임정에는 출입을 못하고 상해 조선인거류민회 회장이자 유명한 친일파인 이갑녕(李甲寧)만 접촉한 사실
- 총독부 산업국장의 주선으로 일본 미쓰비시 회사 신경(新京) 출장소장으로 임명된 사실
- 총독부 경무국장 마루야마의 촉탁을 지냈다는 주장

또한 유관순 열사의 오빠로 3·1의거에 참여했던 유우석(柳愚錫) 역시 이갑성에 대해 "일제 말기 일본인도 하기 어려운 경성공업사(군사공업)의 중역을 지냈다."고 증언했다. 두 사람 모두 정부로부터 건국훈장을 받은 애국지사들로 이갑성의 친일문제와 관련해 상당히 구체적인 내용을 증언했다.

독립유공자 가운데는 같이 활동했던 동지들의 증언, 이른바 '인우보증'만으로도 훈장을 받은 사례도 있다. 따라서 독립운동가들의 증언은 사료(史料)로서 가치를 인정받고 있는 셈이다.

이갑성은 임의탁, 유우석 두 애국지사의 증언 내용을 모두 부인했다. 그러나 몇 가지 사항을 검토해보면 이갑성의 반박은 설득력이 없다. 우선 창씨개명 문제. 이갑성은 자신이 '이와모토 마사이치(岩本正一)'로 창씨개명을 한 사실을 두고 당시 자신은 해외에 있

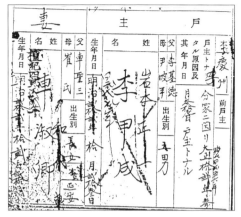

이와모토로 창씨를 한 이갑성의 호적. 이갑성은 창씨개명 마감일 (1940년 8월 10일)에 앞서 7월 23일 창씨계를 제출한 것으로 나와 있다.

어서 모르는 일이라고 주장했다. 그러나 당시 창씨는 호주(戶主)만이 할 수 있었기 때문에 당시 호주였던 그가 가족의 창씨 사실을 몰랐다는 주장은 말이 안 된다. 그의 호적에는 이와모토 마사이치로 창씨개명을 한 기록이 남아 있다.

이갑성이 미쓰비시 회사의 신경 출장소장을 지냈다는 주장은 현재로선 확인된 바는 없다. 그러나 그가 '주식회사 일만산업공사(日滿産業公司) 전무 취체역'을 지낸 사실은 확인됐다. 또 이갑성이 상해 임정에 출입을 못했다는 주장에 대해 임정 총무과장 출신 K씨는 "당시 이갑성은 임정 요인과 교류가 없었으며 임정 청사에 출입을 못했다."고 증언한 바 있다. 독립운동가 김성수(金聖壽)는 사망 직전에 자신의 경험을 들어 이갑성이 상해에서 제중(濟衆)약국을 경영하면서 밀정 행위를 했다고 증언한 바 있는데, 이갑성이 약국을 했을 가능성은 크다. 이갑성은 세브란스 의전에서 약학을 공부했고, 서대문형무소 수감 시절 일경이 작성한 자료에 그가 상해로 도피해 약종상(藥種商)을 했다고 기록돼 있기 때문이다.

　이갑성이 경무국장 마루야마의 촉탁을 지냈다는 주장 역시 아직 확인된 바는 없다. 그러나 그가 친일을 했다는 증언은 무수히 많으며, 상당수가 설득력도 있다. 독립운동가 사회에서는 이갑성이 친일을 했다는 것이 공공연한 비밀이다. 다만 나서서 언급하는 것을 꺼리고 있을 뿐이다. 왜냐하면 그는 정치권력과 깊은 유대를 가지고 독립운동가 사회의 상징적인 인물로 행세해왔기 때문이다.

'상징적 독립투사'의 비밀과 거짓말

　해방 후 이갑성은 우익 정치인으로 변신했다. 그는 1945년 10월 반탁운동을 위해 결성된 이승만의 대한독립촉성국민회에 참여했으며, 1947년 10월 미 군정이 설치한 남조선과도입법의원(南朝鮮過渡立法議院) 의원에 출마하여 당선되었다. 이승만의 단정 수립에도 참여했으며 1950년 5월 국민회 소속으로 대구에서 제2대 민의원 선거에 출마해 당선되었다. 한국전쟁 기간인 1952년 10월 이승만 대통령으로부터 전시내각의 국무총리에 임명되었으나 국회에서 인준이 부결되었다.

　1961년 5·16쿠데타가 일어나자 이갑성은 "국가와 민족의 앞날을 위하여 크게 염려하던 군인들에 의한 군사혁명이 일어난 것은 다행한 일로…… 군사혁명 정부가 완전히 성공하도록 물심양면으로 깊이 협조해주기를" 호소하는 등 5·16을 적극 지지했다. 이듬

왼쪽부터 박정희 국가재건최고회의 의장, 이갑성, 박경원(당시 27사단장).

해 1962년 3월 해방 후 첫 독립유공자 포상에서 건국훈장 대통령장을 받았으며, 공화당 창당 작업에 발기위원으로 참여했다. 1965년에는 초대 광복회장에 취임했으며 3·1동지회 고문, 이준열사기념사업회 총재 등 독립운동 단체의 거물로 활동했다. 또 1963년에는 독립유공자 공적심사에도 참여했는데 당시 이름만 써내면 훈장을 주었다는, 이른바 '백지 사건(白紙事件)'에 그가 깊숙이 관련돼 있다고 한 원로 독립운동가가 증언한 바 있다.

이갑성은 민족대표 33인 중 최후의 생존자로 93살까지 장수했다. 덕분에 매년 3·1절이면 기념식장에서 독립선언서를 낭독했다. 1981년 3월 그가 타계하자 한 일간지는 '3월의 독립투사, 3월에 가다'라는 제목을 붙여 보도했다.

이갑성의 친일 논쟁은 아직 마무리되지 않았다. 앞에서 언급된 내용들 외에도 민족대표 33인 출신으로 신분이 노출된 그가 어떻게 상해를 마음대로 드나들고 또 거기서 활동을 할 수 있었는지, 1937년에 국내로 압송돼 와서 1년 만에 가출옥한 배경은 뭔지,

그리고 이후로도 수차례 투옥된 이유는 무엇인지 등등.

그러나 이를 명쾌히 밝혀내기란 쉽지 않다. 밀정의 경우 근거 자료를 찾기가 쉽지 않은데다 관련자 대부분이 사망한 상태여서 더 이상의 조사도 어려운 상황이다. 중국 당안관(정부기록보존소) 같은 데서 결정적인 자료가 나오지 않는 이상 그를 둘러싼 친일 논쟁은 의혹으로 남을 가능성이 높다. 이갑성의 공과에 대한 공정한 평가와 진실규명 차원에서도 그의 행적에 관한 조사는 계속돼야 할 것이다.

15 | 조선의 땅투기꾼 제1호
공주 갑부 김갑순

충청남도 공주는 야구선수 박찬호와 골프선수 박세리, 그리고 정치인 김종필의 고향으로 유명하다. 하지만 세월이 흘렀어도 아직도 공주, 하면 '공주 갑부 김갑순'을 기억하는 사람이 더러 있다. 서울에 갈 때 절반은 남의 땅을, 절반은 자기 땅을 밟고 다녔다고 할 만큼 한때 '조선 제일의 땅부자'였던 김갑순. 그 무렵 김갑순은 공주의 상징이자 자부심이었다. 김갑순이 대전으로 이사 가던 날 공주의 촌로들은 "당신이 떠나시면 공주는 망합니다. 영감님, 못 가십니다."라며 팔을 벌려 길을 막았다고 한다.

당대에 발복(發福)하여 김갑순만큼 재산을 모은 부자도 흔치 않다. 또 그 많던 재산이 당대에서 끝난 것도 드문 경우에 속한다. 별달리 배운 것도, 가진 것도 없이 인생을 출발한 그는 어떻게 조

연대 미상의 김갑순의 모습. 차림으로 봐서는 그가 군수 자리에 있던 1910년대 전후쯤으로 추측된다.

선 제일의 부자가 되었으며, 군수, 중추원 참의 자리는 어떻게 꿰찰 수 있었을까?

돈으로 벼슬 사고 벼슬로 돈을 긁어모은 더러운 관리

김갑순(金甲淳, 1872~1960, 창씨명 金井甲淳)은 1872년 공주 시내에서 태어났다. 호적등본에는 일찍이 부친과 형님을 여의고 13살에 호주가 된 것으로 나와 있다. 어린 시절 모친은 장터에서 국밥 장사를 했고 그는 공주감영에서 잔심부름을 하던 관노(官奴)였다. 그러던 어느 날 투전판으로 노름꾼을 잡으러 갔다가 만난 묘령의 한 여인이 김갑순의 삶을 송두리째 바꾸어놓았다. 얼마 뒤 충청감사의 첩으로 들어간 이 묘령의 여인의 도움으로 김갑순은 총순(總巡, 구한말 경무청에 속한 판임관)을 거쳐 군수 자리까지 올랐다.

『대한제국 관원이력서』에 따르면, 김갑순은 1900년에 충북 관찰부주사부터 관직생활을 시작한 것으로 나와 있다. 이듬해에는 중추원 의관을 거쳐 그해 11월에 내장원 봉세관(封稅官)으로 옮겨 앉았다. 그는 이 무렵부터 치부를 시작하여 여기서 모은 돈으로 군수 자리를 하나 샀다. 벼슬자리에 대한 욕심보다는 더 큰돈을 벌기 위한 수단이었다. 1902년에 부여군수를 시작으로 10년 가까이 그는 충남 지역 6개 군에서 군수를 지내면서 돈을 긁어모았다. 돈으로 벼슬을 사서 그 벼슬로 다시 본전을 뽑아낸 격이다.

『일제하 대지주 명부』를 보면 1930년 말에 김갑순이 공주와 대전 지역에 소유한 땅은 3,371정보(1정보는 3,000평)에 이른다. 평으로 환산하면 1,011만여 평 규모로, 이 가운데 대전에 있는 소유지만 22만 평(1938년 현재)이었다고 한다. 당시 대전 시가지의 전체 토지가 57만 8,000평이었으니 대전 땅의 약 40%가 김갑순의 소유였던 셈이다.

빈손으로 시작한 김갑순은 어떻게 조선 제일의 땅 부자까지 될 수 있었을까? 성공 비결은 매우 간단하다. 탐관오리와 전형적인 투기꾼의 양태가 그 답이다. 6개 군에서 군수를 지내면서 김갑순은 공공연히 세금을 횡령했다. 아산군수 시절에는 부정 사건에 연루돼 삭탈관직을 당할 뻔하기도 했으나 '한일병합'으로 유야무야되고 말았다. 관직에서 물러나서는 재임 시절에 맺어둔 인맥을 총동원해 개발정보를 사전에 입수하여 투자하거나 일제 당국으로부터 인·허가권 특혜를 받는 방식으로 사업을 확장해나갔다.

특히 그는 자신의 '돈과 연줄'을 배경으로 조선인 부자들의 돈을 끌어들이거나 식산은행의 막대한 자금을 특혜로 대출받아 그

돈으로 토지조사사업 과정에서 쏟아져 나온 값싼 매물을 집중적으로 사들였다. 예나 지금이나 변함없는 땅투기꾼의 전형적인 행태라고 할 수 있다. 그를 국내 '땅투기꾼 제1호'로 보는 것은 바로 이 때문이다.

김갑순의 재산이 단숨에 불어난 계기는 대전 지역 땅투기가 성공했기 때문이다. 조선시대까지만 해도 대전은 공주부(公州府) 관내의 작은 마을에 불과했다. 그러던 것이 1904년 러일전쟁 무렵부터 철도가 건설되고 관공서가 들어서면서 서서히 도시개발 바람이 불기 시작했다. 그는 일찍부터 이곳을 주목하여 집중적으로 땅투기를 했다. 1932년에는 대전 지역 유지들을 동원해 충남도청을 공주에서 대전으로 옮기는 데 성공하면서 마침내 떼돈을 벌게 됐다. 1~2전(錢)을 주고 산 땅이 100원 이상으로 뛰었으니 하루아침에 1,000배 이상 뻥튀기가 된 것이다.

탁월한 축재술, 정략적인 인맥 관리

김갑순이 거부로 성장한 배경에는 남다른 축재술과 함께 인맥 관리가 큰 역할을 했다. 그의 회갑 때 명사들이 보내온 축시를 모아 출간한 『동우수집(東尤壽集)』(동우는 김갑순의 호)에는 당대의 거물인사들이 총망라돼 있다. 박영효(후작), 이해승(황족·후작), 민영휘(황실 외척·자작), 민병석(중추원 고문), 이창훈(을사오적 중 1인인 이근택의 아들·자작), 권중현(을사오적 중 1인·자작), 윤치호(전 학부협판), 이윤용(중추원 고문·남작), 민건식(중추원 참의·남작) 등 헤아리기 어려울 정도다. 피붙이 가운데 유력자가 별로 없었던 그는 자식들의 정략결혼을 통해 인맥을 쌓아갔다. 김갑순은 호적상의 아들 일곱과 딸 넷 가운데 결혼 전에 사망한 4남과 6남을 제외하고는 전부 지역 유지나 세도가 집안의 자제들과 혼인시켰다.

대표적인 케이스는 장남 종석과 장녀 정자의 경우다. 종석의 첫 번째 부인은 전 내장원경(內藏院卿) 김윤환의 딸 김학필이었고, 두 번째 부인은 도지사를 지낸 이규완의 딸 이절자였다. 또 장녀 정자는 충남 아산 둔포 출신의 윤명선과 결혼했다. 윤명선은 윤치호와 5촌간으로 그의 부친 윤치오는 한말 학부(學部, 오늘날 교육부) 학무국장 출신으로 '한일병합' 후 중추원 찬의(贊議)를 역임했다. 윤명선 본인은 고등문관시험에 합격한 후 일제의 괴뢰정부인 만주국의 국무성 사무관, 간도성(間島省) 차장 등을 지냈다.

이 밖에 7남 종소는 매국노 이완용의 손자인 이병길(李丙吉)의 딸과 결혼했다. 다른 자식들 역시 모두 경성에 거주하던 유명인사들의 자제들과 혼인시켰다.

김갑순이 여러 사돈 중에서 특별히 가까이 지낸 사람은 장남의 장인이었던 김윤환이었다. 김윤환은 공주 지역에서 신망이 두터운 명망가였다. 김갑순은 그의 신망을 사업에 활용할 욕심이었던 것 같다. 김갑순은 이들과 친교를 맺으면서 신분 상승과 축재의 기반으로 활용했는데, 공통점은 그와 혼맥을 맺은 이들이 하나같이 친일파라는 점이다. 그의 친일은 이들과의 인연에서 비롯된 셈이다.

1911년에 아산군수를 끝으로 김갑순은 공직에서 물러났으나

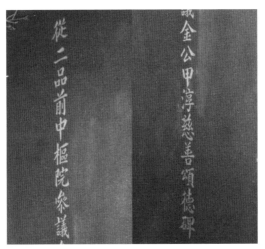

김갑순은 일제 때 조선총독의 자문기구인 중추원의 참의를 3회
연속, 9년간 지냈다. 사진은 김갑순의 업적을 기린 송덕비.

이후로도 계속 관계(官界)에 줄을 대고 있었다. 1914년에는 충청남
도 참사(參事)를 거쳐 1920년에는 충청남도 도 평의원(오늘날 도의원)
에 선출되었으며 1921년 중추원 참의에 임명돼 이후 3회 연속, 9
년간 자리를 지켰다. 이밖에도 공주 읍회(邑會) 의원 2회, 충남도회
의원 4회, 충남도 농회(農會)부회장, 우성(牛城)수리조합장, 1929년
에는 조선박람회 평의원을 지냈다.

일제 초기 그가 친일 관변단체에서 활동한 것은 일제 당국으로
부터 신용을 확보하고 조선인 친일세도가들과의 유대 형성이 주
목적이었다. 그러나 1937년 중일전쟁 이후에는 기득권 유지와 재
산 보전을 위해 본격적으로 친일 대열에 가담했다. 일제 황민화운
동의 첨병기구인 국민정신총동원 조선연맹에 발기인으로 참가했
으며, 이듬해에는 이 연맹의 경성연맹 상담역에 취임했다. 1940년

에는 국민총력조선연맹 평의원, 조선임전보국단 이사, 흥아보국단 준비위원회 충남 대표를 맡는 등 일제 말기에 충남의 대표적인 친일 인사로 활동했다.

일제의 밀정 노릇을 자처하다

김갑순은 일제에 아부할 목적으로 밀정 노릇도 했다. 단군교 계열의 민족단체인 금강도교(金剛道敎)의 비밀을 탐지해내고는 이를 일경에게 밀고해 금강도교의 교두(敎頭) 이하 간부 전원을 투옥시킨 사건이 그것이다. 이 사건으로 피검된 교도는 63명이었는데, 이 중 3명은 고문 끝에 옥사했다. 이 사건 후 김갑순은 일경의 비호를 받으며 금강도교 소유의 단군성전을 압수하여 여기에 '역대총독열전각(歷代總督列傳閣)'을 건립했다. 단군상 대신 역대 조선총독의 사진을 놓고 조선인들에게 참배를 강요했던 것이다.

해방 후에 김갑순은 공주 출신 제헌국회의원인 김명동 반민특위 조사위원 일행에게 체포돼 수모를 겪었다. 김 위원에게 당한 수모를 갚으려고 2대 국회에서 두 아들과 장손을 각각 출마시켰으나 모두 낙선하는 바람에 한(?)을 풀지 못하고 1960년 88살로 사망했다.

공주 시내 인근 선산에는 김갑순이 한창 '잘나가던' 시절에 건립한 것으로 보이는 제실(祭室)이 하나 있다. 돌보는 이가 없어 지금은 흉가로 변했다. 그 많던 재산이 당대에 모두 온데간데없이

공주 시내에 남아 있는 김갑순의 옛집. 주인도 바뀌고 집터도 분할돼 옛 영화를 찾을 길 없다.

사라졌으니 '풍비박산'은 이런 경우를 두고 하는 말인 듯싶다. 제실 앞에는 양각으로 새긴 '복락정(復樂亭)'이라는 현판이 하나 걸려 있었는데 과연 이 집에 다시 '낙(樂)'이 찾아올지 모르겠다.

16 지조냐, 학식이냐
독립선언서 기초한 최남선

1949년 1월초부터 반민족행위자 검거에 나선 반민특위는 2월
들어 문화계 인사를 손대기 시작했다. 2월 7일, 반민특위 조사관
들이 우이동에 있는 최남선의 집에 들이닥쳤다. 자택에서 『조선역
사사전』 원고를 집필 중이던 최남선은 "시대적 현실을 역행할 수
없다."며 순순히 체포에 응했다.

같은 날 세검정에서는 이광수가 특위에 체포됐다. 일제하 문화
계의 양대 거물이었던 두 사람이 '역사법정'에 끌려나온 것이다.

심산 김창숙 선생이 대전형무소에 수감돼 있을 때의 일이다. 한
번은 교도소장이 최남선이 쓴 『일선융화론(日鮮融和論)』을 갖고 와
서는 읽고 감상문을 쓰라고 했다. 김창숙은 첫 몇 장을 읽고는 책
을 교도소장에게 집어던지며 호통을 쳤다.

"나는 반역자가 미친 소리로 요란하게 짖어대는 흉서(凶書)를 읽고 싶지 않다. 기미년 독립선언사가 남선(최남선)의 손에서 나오지 않았는가. 이런 사람이 도리어 일본에 붙어 역적이 되었으니 비록 만 번 죽여도 죄가 남는다."

최남선(崔南善, 1890~1957). 그의 생애를 '역사의 저울'에 달면 공(功)으로 기울까, 과(過)로 기울까?

공과가 교차되는 인물에 대한 역사적 평가는 참으로 어렵다. 견해나 입장에 따라 한 쪽으로 기울기 쉽기 때문이다. 최남선이 바로 그런 인물에 속한다.

최남선은 3·1의거 당시 독립선언서를 기초한 독립운동가이자 사학자, 문필가, 출판인 등으로 알려진 인물이다. 70이 안 되는 생애를 살았지만 그가 문화사 분야에서 남긴 업적은 결코 과소평가될 수 없다. 최남선은 1907년에 18살의 나이로 출판기관인 신문관을 설립해 계몽도서를 출판했다. 또 이듬해에는 종합잡지 「소년」을 창간하고 창간호에 우리나라 최초의 신체시 「해에게서 소년에게」를 게재한 사실은 우리 근대문화사 첫 페이지에 기록돼 있다.

31개월 옥살이, 물거품이 되다

최남선의 민족주의적 면모는 3·1의거 때 독립선언서를 작성한

차남 한웅의 결혼식(1939년) 때 한복으로 차려 입은 최남선. 당시 만주국 건국대학 교수로 재직하고 있었다.

사실에서 찾아볼 수 있다. 문체가 지나치게 나약하다거나 한문 투라는 비판적인 견해도 있지만 그는 이 일로 31개월 동안 감옥살이를 했다. 그럼에도 다른 독립운동가들이 받은 건국훈장을 받지 못했다. 이유는 간단하다. 이후의 뚜렷한 친일 행적 때문이다.

친일파 중에는 초창기에 민족 진영에서 활동하다 일제의 탄압이 극심해진 일제 말기에 친일로 변절한 사람이 상당수 있다. 그러나 최남선은 사정이 다르다. 1921년 10월에 가출옥으로 석방된 그는 출옥 직후부터 일제와 '교감'을 하고 지냈다. 출옥 이듬해에는 16년간 운영해온 신문관을 그만두고 동명사(東明社)를 설립하고는 주간지 「동명(東明)」을 창간했다. 「동명」은 창간 과정에서부터 일본 측 인사로부터 도움을 받은 흔적이 역력하다. 출옥 후 최남선이 일본인 거물 인사에게 보낸 편지에 이런 대목이 있다.

잡지는 '동명'이라는 이름으로 원서를 제출하였습니다. ……

3·1의거로 투옥된 최남선이 가출옥으로 석방된 뒤 사이토 총독의 정치참모 아베에게 보낸 서한의 사본. 최남선이 「동명」을 창간하면서 아베의 도움을 받은 사실이 확인된다. 편지 끝부분의 '무불선생'은 아베를 가리킨다.

잡지 건은 진력한 성과가 가까운 시일 안에 나타나지 않을까 생각합니다. 금후의 처분은 모든 것을 하나로 하여 선생님의 가르침에 어긋나는 일이 없도록 신경을 쓰고 있습니다.

이 편지는 필자가 1990년대 후반 일본 국회도서관 헌정자료실에서 입수해 처음으로 공개했다. 이 편지의 첫 부분과 끝 부분을 보면 이 편지를 진짜로 최남선이 쓴 것인지 의심이 갈 정도다. 편지에는 이런 대목도 있다.

지난날 (선생께서) 경성을 출발하실 때 부친과 함께 역까지 달려갔습니다만 공교롭게도 정각에 늦어 실례가 많았습니다. …… 우선 보고를 드리면서 이것으로 붓을 놓겠습니다.

편지의 수신인은 사이토 마코토 총독의 정치참모이자 총독부 일어판 기관지 「경성일보」 사장을 지낸 아베 미쓰이에(阿部充家)였다. 독립선언서를 기초한 애국지사의 면모는 이미 보이지 않는다. 3·1의거로부터 불과 2년 9개월 만의 일이었다.

최남선이 친일 대열에 본격 합류한 것은 1928년 10월 총독부의 역사왜곡기관인 조선사편수회 편수위원직을 수락하면서부터였다. 조선사편수회는 1911년에 총독부가 '구습(舊習)제도의 조사와 조선사 편찬 계획'을 목표로 발족한 단체다. 이 단체의 본래 목적은 조선을 영구히 강점하기 위해 조선인을 일본인으로 개조한다는 '동화주의(同化主義)'에 뿌리를 두고 있었다. 따라서 여기서 편찬하려는 조선사는 식민사관에 의한 왜곡된 조선사였다. 최남선은 편수위원으로 위원회 활동에도 참여했으며, 실무자로 직접 편찬 작업에 참여하기도 했다(1928년~1936년). 이밖에도 총독부가 위촉하는 여러 가지 위원직을 수락하고 일제에 협조했으며, 이런 공로로 중추원 참의(1936년 6월~1938년 3월)를 지냈다.

정인보의 통곡, "우리 육당이 죽었다"

최남선의 대표적인 친일 행적 중의 하나는 만주에서 있었다. 중추원 참의에서 물러난 직후인 1938년 4월에 최남선은 만주행에 올랐다. 처음 맡은 직책은 만주의 친일지 「만몽일보」의 고문 자리였다. 원래 이 자리는 진학문(秦學文)이 있던 자리였는데 그가 다른 곳으로 옮겨가자 그 자리를 물려받은 것이다. 1년 뒤에는 만주국의 엘리트 양성 기관인 건국대학 부교수로 부임했다. 대우는 칙임

(勅任)교수에 월급은 400~500원으로 최상급이었다. 사학자로 최남선과 절친한 친구이기도 했던 정인보(鄭寅普)는 최남선이 건국대학 교수로 부임한다는 소식을 듣고 그의 집으로 달려갔다. 그리고는 대문 앞에 술을 부어놓고 "이제 우리 육당이 죽고야 말았다."고 대성통곡했다.

최남선은 건국대학 예과에서 만몽(滿蒙)문화사를 강의한 것으로 알려져 있다. 건국대학 교수 재직 중에 그는 1940년 10월에 조직된 '동남지구 특별공작후원회본부' 고문직을 맡기도 했다. 이 단체는 일본 관동군의 반공·선무공작을 지원한 친일 단체로 독립군과 항일 빨치산을 상대로 한 귀순공작이 주된 임무였다.

최남선의 친일은 일제 말기까지 쭉 계속됐다. 4년 7개월 간의 만주 생활을 청산하고 1942년 11월에 귀국한 그는 칩거하면서 집필에 전념했다. 이듬해 말에 총독부의 요청으로 이광수 등과 함께 일본으로 건너가 조선인 유학생들을 상대로 학병 지원을 권유하는 연설을 하기도 했다. 훗날 최남선은 자신의 학병 권유가 마치 조국의 광복에 대비하여 '민족 기간요원 양성'을 위한 행위였던 것처럼 변명하고 있지만 이는 전혀 설득력이 없다. 속으로는 일제 패망을 확신하고 있었는지 모르지만, 당시 그는 일제의 필승을 장담하면서 대일본제국의 성전을 위해 조선 청년들이 전쟁터로 나가 죽어야 한다고 공언했다.

재미있는 일화 한 토막을 소개하면, 최남선은 학병 출진을 권유한 반면 그의 3남 한검(漢儉)은 아버지와 정반대편에 서 있었다. 교토상고 출신으로 도쿄제국대학 법학부에 재학 중이던 한검은 학병 출진을 끝까지 거부하다 해방을 맞았다. 해방 후 월북하여 문학대학과 김일성대학에서 교편을 잡기도 했던 그는 부친의 친일 행적 때문에 적잖은 곤욕을 치른 것으로 알려졌다.

반성 대신 변명, 그리고 침묵

마포형무소 수감 시절 최남선은 '자열서(自列書)'라는 일종의 반성문을 쓰기도 했다. 한 대목을 옮겨보자.

> 내가 변절한 대목, 즉 왕년에 신변의 핍박한 사정이 지조냐 학식이냐의 양자 중 하나를 골라잡아야 하게 된 때에 대중은 나에게 지조를 붙잡아라 하거늘 나는 그 뜻을 휘뿌리고 학업을 붙잡으면서 다른 것을 버렸다. 대중의 나에 대한 분노가 여기서 시작하며 나오는 것을 내가 잘 알며 그것이 또한 나를 사랑함에서 나온 것도 내가 잘 안다.

최남선은 양자택일의 기로에서 학문을 위해 지조를 버렸다. 이런 선택을 두고 그는 '변절'이 아니라 '방향전환'이라고 했다. 명색이 학자를 자처한 그가 지조와 학식은 별개라는 궤변을 늘어놓고 있는 것이다. 그가 지조 있는 지식인이 되어줄 것을 기대한 것 자체가 조선 동포들의 착각이었던 셈이다.

최남선은 이광수와 함께 근대문학의 선구자이자 출판, 사학, 언론 등 다양한 분야에서 실로 다대한 업적을 남겼다. 특히 1919년 기미독립선언서를 기초한 인연으로 그에게 거는 민중들의 기대는 매우 컸다. 그러나 가출옥으로 석방된 후 일제의 회유에 넘어가 민족지사의 길을 걷어찬 후 친일파로 전락해 그 자신은 물론 우리 민족사에도 씻을 수 없는 오명을 남겼다.

해방 후 자택에 칩거하면서 집필에 전념했는데 1949년 2월 반민특위에 끌려가서도 자신의 친일 죄과에 대해서는 내내 변명으로 일관했다. 친일 경찰들의 '반민특위 습격 사건'으로 반민특위가 절름발이가 된 직후인 8월 29일 병보석으로 풀려난 뒤로는 그 어떤 법적 처벌도 받지 않았다. 이후 최남선은 저술과 강연으로 소일하다가 1957년 10월 10일 서울 수운동 자택에서 72살로 사망했는데 이승만 대통령은 그를 미국 독립선언서를 기초한 토머스 제퍼슨에 비교하면서 애도 담화를 발표했다.

17 | 그 아버지에 그 아들
대를 이어 친일한 민병석·민복기 부자

친일파 가운데는 부자, 형제, 부부, 사돈간 등 일가족이 집단으로 친일을 한 경우도 더러 있다. 부자간에 친일을 했던 인물로는 '조선어 전폐론'을 폈던 현영섭과 그의 부친 현헌(중추원 참의), 일진회 회장으로 '병합청원서'를 제출했던 이용구와 그의 아들 이석규, 부자가 모두 일제하 고급관리를 지낸 손지현·손영목 부자가 대표적이다.

형제간에 친일을 했던 인물로는 고급관리 출신의 송문화·송문헌, '밀정 형제'로 악명을 떨친 선우순·선우갑 형제 등이 있다.

부부간에 친일을 했던 인물로는 만주에서 일본군 밀정을 지낸 이종형·이취성 부부와 초기에 애국부인회 간부로 활동하다 변절해 밀정 노릇을 한 오현주·강낙원 부부가 유명하다.

사돈간에 친일을 한 집안으로는 매국노 송병준과 을미사변의 주역으로 나중에 중추원 참의를 지낸 구연수가 사돈지간이며, 구연수의 아들 구용서는 일제하 은행원 출신으로 해방 후 초대 한국은행 총재를 지냈다. 구한말 대신 이하영은 '한일병합' 후에 중추원 고문을 지냈는데, 그의 손자인 이종찬은 일본 육사 49기생으로 나중에 육군참모총장을 지냈다.

부자 간에 친일을 한 집안 가운데는 민병석·민복기(전 대법원장) 부자도 빼놓을 수 없다.

민병석(閔丙奭, 1858~1940)은 여흥 민씨 출신으로 명성황후의 척족이다. 좌찬성 민영휘의 손자이며 민경식의 아들로 충남 회덕에서 태어났다. 1879년에 문과에 급제하여 이듬해에 예문관 검열로 벼슬길에 나선 민병석은 1882년 임오군란 때 명성황후를 호위한 공로로 척족 중에는 일찌감치 권력의 핵심에 들었다. 1884년, 성균관대사성에 이어 승정원도승지, 예조참판, 규장각직제학을 거쳐 1889년 11월에는 평안감사로 임명돼 1894년까지 재직했는데 당시 당오전을 남발하여 백성들로부터 원성을 샀다. 평안감사 시절 민병석은 대원군 계열로 몰려 당시 평남 순천에 유배 중이던 우범선을 알게 돼 그를 장위영 영관으로 천거했다. 우범선은 나중에 훈련대 대대장으로 '명성황후 살해 사건', 이른바 을미사변의 주역이 되었다. 그를 추천한 사람이 민씨 집안의 척족이었으니 역사의 아이러니가 아닐 수 없다.

나라 팔아 돈도 받고 작위도 받다

1895년 명성황후가 시해된 후 민씨 척족의 위세는 급격히 쇠퇴했다. 그러나 민병석만은 지위를 보전했다. 민병석은 이듬해 2월 정2품 궁내부특진관에 임명됐으며, 1898년 이후에는 농공상부·궁내부·학부·내부대신 등 요직을 두루 거쳤다. 처세술에 비범한 재간이 있었던 그는 친일·친러 정권을 넘나들며 승승장구했다. 이런 그를 두고 고종은 "민병석은 짐이 부르려고 할 때는 이미 와 있고, 내치려고 할 때는 이미 떠나 있다."고 이야기한 바 있다.

민병석의 대표적인 친일은 대한제국 황실의 척족으로서 을사조약과 한일병합에 앞장선 사실이다. 을사조약 강제 체결에 앞서 민병석은 조정의 반대를 무릅쓰고 일본으로 건너가 한국 침략의 원흉인 이토 히로부미를 초빙해왔다. 그리고 1905년에 을사조약이 체결되자 그 공로로 육군부장, 표훈원 총재, 시종원경 내대신 등을 역임했으며 1907년 10월에는 대훈이화대수장(大勳李花大綬章)을 받았다. 1909년 이토 히로부미가 안중근 의사의 손에 처단되자 민병석은 궁내부대신으로서 정부 측 조문 사절로 일본으로 건너가 이토의 장례식에 참석하기도 했다. 1912년에는 이강 공(李堈 公)을 수행하여 일왕 메이지의 장례식에도 참석했다.

1910년 한일병합 당시 그는 궁내부대신, 오늘날로 치면 청와대 비서실장 자리에 있었다. 당시 청와대 경호실장 격인 시종원경은 낙선재 윤비(순종의 황후)의 백부 윤덕영(尹德榮)이었는데, 이 둘은 이완용과 통감 데라우치의 회유와 사주를 받아 '병합반대론'을 무마,

을사늑약과 한일병탄에 앞장선 민병석.

조정하는 임무를 맡고 있었다. 이완용이 정부대신 담당이었다면 이 둘은 궁중 담당이었다. 한일병합의 1등공신인 이들은 '병합' 후 모두 일왕으로부터 작위와 은사금으로 매국공채를 하사받았다. 이 때 민병석은 훈1등 자작과 매국공채 10만 엔(현재 시가 10억 원 정도)을 받았다.

1911~1919년까지 이왕직 장관을 지낸 그는 1925년 7월부터 14년 3개월 동안 중추원 고문을 지내다가 1939년에 중추원 부의장으로 승진했다. 그리고 이듬해 사망하기까지 평생을 일제에 빌붙어 살았다. 공직 이외에 틈틈이 친일 단체에서 활동하기도 했다. 중일전쟁 직후 귀족·고급관리 부인들의 금비녀 수집을 목적으로 결성된 애국금차회의 발기인으로 참가하기도 했고, 조선사편수회 고문, 왕공족심의회 심의관, 조선귀족세습재산 심의회원도 지냈다. 서예, 특히 행서에 일가견이 있던 민병석은 선전(鮮展. 조선전람회)의 심사위원도 지냈다. 사망 직전에는 종2위 훈1등까지 올

일제 때 판사를, 박정희 정권 하에서 대법원장을
지낸 민복기.

랐던 그는 1940년 8월 6일에 도쿄 스가모의 한 병원에서 암으로
사망했다. 82살이었다. 그의 자작 작위는 같은 해 11월 15일 장남
민홍기(閔弘基)가 이어받았다.

해방 후 역대 정권에서 법무차관·장관, 검찰총장, 대법원 판사,
대법원장(5·6대 연임) 등 행정·사법부를 넘나들며 고위직을 지낸
민복기(閔復基, 1913~2007, 창씨명 岩本復基)는 민홍기의 동생이다. 민복
기는 1937년 경성제국대학 법과를 졸업한 후 고등문관시험 사법
과에 합격했고, 1938년 3월 사법관 시보로 법조계에 몸을 담았다.
이후 경성지방법원 판사를 거쳐 해방 직전인 1945년 6월에 경성
복심법원(오늘날 서울고등법원) 판사로 승진했다.

민복기는 평소 이야기할 때 입가에 거품이 생겨 '민(閔)사이다'
라는 별명을 갖고 있었는데 해방 전후를 통틀어 법조계에서 가장
관운이 좋은 사람으로 불린다. 그는 법조계 내외에서 비교적 온화
하고 겸손한 성품의 소지자로 알려져 있다. 그러나 사법부의 수장

민병석 부부가 순종황후 윤씨와 함께 친잠실 앞에서 기념촬영한 모습. 앞줄 왼쪽부터 세 번째
는 윤씨의 백부 윤덕영이며 네 번째가 민병석이다. 둘째 줄 가운데 앉은 사람이 순종황후 윤씨
이며 윤씨의 오른쪽 두 번째, 간판 아래 사람이 민병석의 부인이다. 촬영 시기는 한일병합 직후
로 추정된다.

으로서는 그의 말대로 '제사상의 대추·밤' 정도의 역할밖에 하지
못했다는 평가를 받고 있다. 2대에 걸친 이 친일 집안이 과연 '명
문가'로 불릴 자격이 있는지는 역사가 판단할 것이다.

18 '황국신민의 서사'로 오른 출세가도

해방 전 경북도지사 김대우

1949년 2월 18일. 아직은 봄이라 부르기엔 쌀쌀한 계절이었다.

반민특위의 이원용 조사관은 특경대원 3명과 함께 친일파 김대우 검거에 나섰다. 서울 삼청동 꼭대기에 있는 김대우의 집에 도착해 문을 두드렸으나 안에서는 답이 없었다. 일행 가운데 한 명이 꾀를 냈다.

"전보요, 전보요!"

그래도 여전히 묵묵부답이었다. 급기야 특경대원 한 사람을 무등을 태워 안으로 들여보내자 그제야 한 사람이 나타났다. 김대우의 부인이었다. 그때 김대우는 안방에 있었다. 이 조사관이 신분을 밝히고 김대우에게 동행을 요구하자 그는 순순히 응하면서 딸에게 "준비한 보따리를 가져오라."고 했다. 보따리에 든 것은 감옥

경북도지사 시절의 김대우.

에서 입을 솜바지와 솜저고리였다. 김대우는 이날이 올 것을 예감하고 있었던 것이다.

집을 나서기 직전 김대우는 "10분만 시간을 달라."고 부탁하고는 건넌방으로 건너갔다. 그러나 30분이 지나도 소식이 없자 이 조사관은 자살이라도 한 것 아닌가 살며시 방문을 열어보았다. 김대우는 방바닥에 꿇어앉아 엎드려 있었다. 그의 머리 위에는 노인의 초상화 하나가 걸려 있었다.

순순히 동행에 응했다고 김대우가 자신의 죄를 깨닫거나 인정한 것은 아니었다. 「서울신문」에 따르면 김대우는 첫 공판에서 "법정이 떠나갈 듯 큰 소리로 소리를 질러가며 교만한 태도를 보였다." 당시 반민 피고들 가운데는 검찰의 기소 사실을 부인하는 자는 물론 재판부를 모독하는 행위를 한 자도 더러 있었다. 김대우도 그중 하나였다.

우리 반민특위 출입기자단은 반민법 실시 이래 온갖 잡음과
애로를 무릅쓰고 오로지 민족정기를 살리기 위한 일념에서

반민 재판에 불려나온 김대우가 재판정에서 소란을 피우자 당시 출입기자들이 재판부의 맹성을 촉구하며 성명서를 발표한 사실을 보도한 1949년 5월 4일자 「서울신문」기사.

특위 사업을 전적 협조 추진시켜왔다. 그러나 오늘에 이르기까지 계속된 반민자(反民者) 공판의 심리를 지켜보건대 너무나 미온적이며 오히려 재판관이 피고에게 심리를 당하는 듯한 광경을 왕왕히 보았으며 더욱 작(昨) 3일 김대우 공판에 있어서는 완전히 설분(雪憤)에 타는 민족의 숙원을 무시하고 또한 혁명선열과 민족의 자존심을 모욕함에 비추어 민의를 대표하는 본 기자단은 본래의 반민자 처단 정신과는 배치(背馳)됨을 통감하고 이 이상 더 좌시할 수 없어 분연 공판장에서 퇴석하는 바이며 앞으로 특별재판부의 맹성을 촉구하는 바이다.

_「서울신문」1949년 5월 4일자

반민특위 출입기자단이 1949년 5월 3일에 발표한 성명서다. 반민 피고들이 기고만장한 태도로 공판에 임하고 있는데도 불구하고 재판부가 미온적인 대처를 하고 있다며 재판부의 반성을 촉구하는 내용이다. 재판부 상황이 오죽 한심했으면 기자단에서 재판부를 비판하는 성명서를 발표하고 취재 현장인 법정에서 뛰쳐나갔을까.

'황국신민의 서사'로 일제의 총애를 듬뿍 받다

김대우(金大羽, 1900~?)는 평안남도 강동(江東) 출신으로 경성제1고등보통학교를 나와 경성공업전문학교(서울대 공대의 전신) 광산학과에 진학했다. 일제하 대부분의 조선인 친일 관료들이 법학과나 인문계 출신인데 김대우는 기술자 출신이라는 점이 특이하다.

전문학교 2학년 시절에 3·1의거가 일어나자 김대우는 동창생 몇 명과 3월 1일 오후 2시 파고다공원(오늘날 탑골공원)에서 학생들이 주최한 독립선언식에 참여했다. 김대우는 이날 시위에 참가했다가 일경에 체포되어 징역 7월을 선고받고 옥살이를 한 것으로 알려져 있다. 그도 한때는 혈기 넘치는 애국청년이었던 것이다. 그러나 문제는 이후의 행적이다.

감옥살이를 마치고 나온 김대우는 일본으로 건너가 규슈제국대학 공학부 응용지질학과에 입학하여 1925년에 졸업했다. 당시 제국대학 입학은 성적보다는 출신과 사상성을 중시했음을 감안하면 김대우의 규슈제대 입학은 출옥 후 일제와 타협한 결과물이었을 것이다. 이후 그의 출세가도가 그것을 뒷받침한다.

1935년 당시 경북도청 청사 입구 모습. 김대우 는 해방 직전 2개월간 이곳에서 도지사로 근무했다.

일제하 고급관료 대부분이 고등문관시험을 거쳐 군수나 사법관으로 출발한 반면 김대우는 대학 출신이면서도 말단부터 시작했다. 그는 1928년 2월에 총독부 산하 임야조사위원회 서기 겸 총독부 속(屬. 하급관리의 하나)으로 관료생활을 시작했다. 그러나 곧바로 평안북도 박천군수로 옮겨 2년 만에 평안북도 내무부 산업과장으로 승진했다. 1932년부터 2년 동안 경상남도 산업부 산업과장을 역임한 그는 다시 중추원 통역관 겸 중추원 사무관을 거쳐 총독부 학무국 사무관에 취임했고, 1936년에는 총독부 학무국 사회교육과장에 올랐다. 여기서 만 3년을 재임한 뒤 1939년 3월에는 전라남도 참여관 겸 도(道) 사무관(내무부장), 1940년에는 경상남도 참여관 겸 도 사무관(산업부장)을 거쳐 1943년에는 전라북도 지사에 취임했다. 일제 패망 직전인 1945년 6월 16일에는 경상북도 지사에 임명되었다.

말단 관리로 시작하여 15년 만에 도지사에 올랐으니 고등문관시험에 합격하여 고등관으로 출발한 자들보다 빠른 출세였다. 한 예로 1923년에 조선인 최초로 고등문관시험에 합격한 이창근(李昌根)이 충북 도지사로 승진한 것은 군수로 출발한 지 19년 만이었다. 일제 말기에 전남 도지사를 지낸 야기 노부오(八木信雄)는 그의 저서 『한국과 일본』에서 "김대우는 고문(高文) 합격자는 아니지만 민완(敏腕)을 발휘하여 고문 출신 후배로부터 존경을 받았다."고 쓴 바 있다.

여기서 하나 감안해야 할 점은 그가 승승장구하던 때는 조선인에 대한 차별이 극심하던 '일제하'였다는 점이다. 당시 조선인 가운데는 극소수 열혈 충성파만이 출세 대열에 낄 수 있었다. 김대우가 이 같은 일제의 관료 사회에서 출세가도를 달릴 수 있었던 것은 남다른 능력에다 일제에 탁월한 충성심을 발휘했기 때문이다. 당당한 풍채에 뛰어난 언변, 그리고 도지사 가운데 드물게 영어회화도 잘했던 김대우가 주목받을 만한 인물이었음은 분명하다. 그러나 김대우는 다른 무엇보다도 일제에 대한 충성심에서 타의 추종을 불허했다. 그런 그가 결정적으로 일제의 눈에 든 계기는 총독부 사회교육과장 재직 시절 '황국신민의 서사(誓詞)'를 만든 공로(?)였다.

일제 패망 소식에 하염없이 눈물을 흘리다

'황국신민의 서사'는 조선의 남녀노소가 황국의 충량(忠良)한 신민이 되겠다는 것을 다짐한 내용으로, 요즘으로 치면 '국기에 대

皇國臣民ノ誓詞

皇國臣民ノ誓詞 (其ノ一)
一、私共ハ大日本帝國ノ臣民デアリマス
二、私共ハ心ヲ合ハセテ天皇陛下ニ忠義ヲ盡シマス
三、私共ハ忍苦鍛錬シテ立派ナ强イ國民トナリマス

皇國臣民ノ誓詞 (其ノ二)
一、我等ハ皇國臣民ナリ忠誠以テ君國ニ報ゼン
二、我等皇國臣民ハ互ニ信愛協力シ以テ團結ヲ固クセン
三、我等皇國臣民ハ忍苦鍛錬力ヲ養ヒ以テ皇道ヲ宣揚セン

朝鮮敎育の三大綱領
一、國體明徴
二、內鮮一體
三、忍苦鍛錬

친일파 김대우가 만든 '황국신민의 서사'.

한 맹세' 같은 것이다. 당시 미나미 지로 총독이 '내선일체'를 내걸고 황국신민화 정책을 전개할 무렵에 국민정신 함양을 표방하면서 탄생한 것으로, 1937년 10월 2일에 미나미가 결재한 것이다. '황국신민의 서사'는 아동용·성인용 두 종류로 되어 있다. 친일파 전문가인 고(故) 임종국 선생의 주장에 따르면 '황국신민의 서사' 창안자는 친일파 이각종(李覺鍾)으로 알려져 있다. 그러나 이를 수용, 입안하여 총독의 결재를 받아 시행한 실무 담당자는 김대우였다. '황국신민의 서사'를 만든 사람을 김대우로 보는 것은 이 때문이다. 이 같은 공로로 김대우는 도 참여관을 거쳐 전북·경북도지사로 승승장구할 수 있었다. 1964년에 『조선 종전(終戰)의 기록』을 펴낸 일본인 모리타 요시오(森田芳夫)는 김대우를 두고 "해방 당시 조선인 도지사 가운데 가장 실천력이 있는 인물로 평가받았다."고 지적하고 있다.

[성인용]

1. 우리들은 황국신민이다. 충성으로서 황국에 보답한다.
2. 우리들 황국신민은 신애협력(信愛協力)하여 단결을 굳게 한다.
3. 우리들 황국신민은 인고단련(忍苦鍛鍊)하여 힘을 길러 황도(皇道)를 선양한다.

[아동용]

1. 우리들은 대일본 제국의 신민(臣民)입니다.
2. 우리들은 마음을 합하여 천황 폐하에게 충의(忠義)를 다하겠습니다.
3. 우리들은 인고단련하고 훌륭하고 강한 국민이 되겠습니다.

1945년 8월 15일 정오, 라디오에서 일제의 패망 소식을 들은 김대우는 하염없이 눈물을 흘렸다. 그는 10월 18일자로 미 군정으로부터 해임되고 나서도 도지사 자리에 버티고 앉아 있었다. 이를 두고 당시 「영남일보」는 '누가 진실인가, 알지 못할 지사 1명'이란 기사를 통해 그의 파렴치한 처사를 비난했다. 결국 도지사 자리에서 쫓겨난 김대우는 재임시 공금 횡령 혐의로 입건되자 서울로 도망 와서 숨어 지냈다. 검찰의 출두 요구에는 당시 마포경찰서장으로 있던 동생 김호우(金虎羽)를 대신 내보냈다.

　해방 후 김대우는 반민특위에 검거돼 재판에서 '공민권 정지 3년'을 선고받았으나 결심 공판에서 증거불충분으로 무죄 석방됐다. 1960년 5대 총선 때 경남 양산에서 출마했으나 낙선했고 이후로는 세간에서 잊혀졌다.

19 | 항일군 토벌에 앞장선 권력 엘리트
만주 특무책임자 김창영

친일파 가운데 김창영이라는 다소 낯선 이름이 하나 있다. 김창영은 일제하에서 총독부 군수·경시 등을 거쳐 만주에서 김일성부대 등 항일군의 귀순공작 책임자를 지냈다. 그러나 친일문제 연구자들 중에서도 그를 아는 사람은 많지 않다. 지난 1993년 도서출판 다락방에서 『반민특위 재판기록』을 영인해 출간하지 않았더라면 그의 이름은 한동안 더 묻혀 있었을지도 모른다.

김창영(金昌永, 1890~1967)은 평안북도 강계 출신이다. 1911년에 평양고보 사범과를 졸업하고 강계보통학교에서 2년 동안 초등학교 교사 생활을 했다. 공부를 더 할 욕심으로 교사를 그만둔 그는 1913년 4월에 일본으로 건너가 교토에 있는 리쓰메이칸(立命館)대학 법과에 진학하여 1916년에 졸업했다. 졸업 후 귀국한 그는 그

만주국 치안부 이사관 시절 김창영이 쓴 글씨.

해 10월쯤 동향 출신인 강계군수 유진호의 추천으로 강계군 공북면 면장에 임명돼 말단 지방행정 책임자로 첫발을 내디뎠다. 그는 반민특위 조사 과정에서 당시 새로 발표된 면제(面制) 시행에 따라 신교육을 받은 자신이 면장에 임명된 것이라고 밝혔다.

공북면장으로 4년여를 보낸 김창영은 1921년 4월에 돌연 강원도 경찰부 경무과 경부보로 자리를 옮겼다. 공북면장 재직 시절에 친분을 쌓아두었던 평안북도 지방과장 다케이(武井秀吉)가 강원도 경찰부장으로 전직하면서 그를 추천하여 데려간 것이다. 경부보 생활 8년 만에 경시(警視, 오늘날 총경)로 승진한 김창영은 경찰부 생활위생과장으로 재직하다가 1932년에는 전북 금산군수로 발령을 받았다. 당시 경찰 출신 가운데 근무 성적이 좋은 자는 더러 군수로 나갔는데 이는 '영전'에 해당하는 승진 인사였다.

중일전쟁 발발 직후인 1937년 8월 김창영은 총독부로 불려갔다. 그 자리에는 도 이사관, 도 경시, 군수, 판사 등 30여 명이 모여 있었다. 당시 총독부는 그해 12월을 기해 만주국이 치외법권을 철폐함에 따라 만주 거주 조선인들을 지도·관리할 책임자로 간도성(間島省) 성장(省長) 1인과 사무관 5인을 선발할 계획을 세워놓고 있었다. 그 자리에 모인 사람들은 후보자들이었다. 총독부의 최종 심사를 거쳐 만주국 치안부 사무관으로 임명된 김창영은 짐을 꾸려 만주로 떠났다.

수백 명의 항일조선군 체포, 사살하여 훈장을 받다

김창영은 만주 시절의 대부분을 치안부에서 사무관, 독찰관(督察官), 이사관으로 근무했는데 이사관 가운데 조선인은 그가 유일했다. 당시 치안부의 주요 업무는 조선인 치안 단속과 항일군 귀순·토벌공작이었다. 반민특위 조사 과정에서 그는 경찰관의 비리를 감찰하는 직책인 독찰관 시절 만주 동북지구 일대에서 공산당의 항일투쟁 거두 양정우(楊靖宇)부대의 대원 700여 명을 귀순시켰고 양정우의 부하로 당시 8사단장이었던 김일성(金日成, 전 북한 주석) 외 수백 명에 대한 귀순공작을 시도했으나 실패했다고 밝혔다. 김창영은 또 자신이 파견했던 박차석(김일성 친구)을 통해 "김일성부대를 정탐한 결과 당시 김일성부대는 산중에 천막 4개에 나뉘어

120명이 포진하고 있었는데 조선인 약 40명, 만주인 80명의 2개 중대였고, 제7단장은 만주인 손장상이며 제8단장은 조선인 최현이라는 보고를 받았다."고 증언했다.

반민특위 조사 결과 김창영은 1942년 10월부터 6개월간 안광훈(독립군에서 귀순·통화성 공작반장), 유홍순(간도성 차장), 김송열(밀정·연길 공작반장), 계난수(전 간도성 사무관·왕청 공작반장) 등 조선인 친일파와 일만(日滿) 군경 등과 더불어 동만(東滿)지구 일대에서 김일성부대 참모장 임수산 외 30명, 양정우 군사령부 총무부장 오성륜 외 10여 명, 동 군사령부 경위여장 박득범 외 6명, 동 사령부 소속단장 김백산, 김일성부대 정치주임 김재범 외 6명 등 수백 명의 항일조선군을 체포, 사살하는 데 참여한 것으로 드러났다. 이 같은 공로(?)로 김창영은 1943년에 조선총독부로부터 고등관 3등, 종5위, 훈6등을 서훈하였다.

조사 과정에서 김창영은 자신의 친일 행적은 물론 당시 만주에서 같이 활동한 친일 조선인들의 명단과 행적도 소상히 털어놓았다. 그가 밝힌 내용에 따르면, 김일성부대 참모장으로 있던 임수산은 귀순 후에 헌병공작반의 전위대가 되어 귀순 전에 자신을 도와주었던 촌민들을 통비죄(通匪罪, 간첩 내통죄)로 몰아 협박한 후 무수한 불의를 저지르고 금품을 탈취했고, 일본 육사 출신 박두영(일본 육사 15기생)은 일제의 명을 받아 간도성 내에 있는 독립군에게 박해를 가했으며, 이기권은 관동군의 특명을 받아 자비로 간도성 중심으로 일제에 충성을 다한 자이며, 이용걸과 황재호(통화성 경좌) 등은 통화성 일대 숙청공작에 종사한 자였다고 밝혔다. 이밖에도 김학성(안도현 경무과장)은 안도현 경찰대대장으로 안도지구 숙청공작에 종사했고, 김승식과 김응두는 군수공장을 책임경영하며 전쟁에 적극 협조했다고 밝혔다.

김창영은 만주 시절에 만주인 2,000여 명과 김일성 부하 이외 간부급 50~60명의 목숨을 구해준 일이 있다고 특위에 진술했다. 그리고 총독부 당국을 설득해 조선독립군 총사령부 대대장을 지낸 문학빈과 계난수, 공작반에 체포돼 귀순한 박득범 등의 목숨을 구해주었다고 밝혔다.

만주국 치안부에서 항일군 토벌 작전에 혁혁한 성과를 올린 그는 총무청 참사관으로 자리를 옮겨 6개월간 근무한 후 8년간의 만주 생활을 청산하고 1943년 10월 전라남도 참여관 겸 산업부장으로 전직했다. 이 무렵 일제는 태평양전쟁을 일으켜 마지막 발악을 하고 있었는데 해방 당시 김창영의 직책은 전남 광공부장이었다. 당시 김창영이 맡고 있던 일은 화순 무연탄 채굴 사업·목재 반출과 제재(製材)·송탄유(松炭油) 산출, 도로 건설 등과 군수품 광산 지휘·감독이었다. 조선소 시설 원조와 기타 방공시설 등 전쟁에 필요한 사업을 지휘·감독하여 원조하는 일도 맡고 있었다. 이일에 그는 전남 지역 조선인 50만 명 이상을 동원하여 일제에 충성을 바쳤다. 해방 직후에는 일제하 경력을 인정받아 미 군정하에서 경성부(오늘날 서울) 민정관 겸 경성부윤(오늘날 서울시장) 직무대행을 3개월간 지냈다. 그의 인생을 통틀어 마지막 공직생활이었다.

식민지의 엘리트 관료, 조국의 운명은 나 몰라라

1949년 4월 13일, 김창영은 반민특위에 체포됐다. 김창영에 대한 조사는 반민특위의 신정호 조사관이 맡았는데 김창영은 신 조사관이 만주에서 관리를 지냈다고 폭로한 바 있다.

김창영에 대한 최종 선고 공판은 7월 28일 열렸다. 조병한 특별 검찰관은 반민법 제4조 9항(관공리였던 자로서 그 직위를 악용하여 민족에게 해를 가한 악질적 죄적이 현저한 자)을 적용, 공민권 정지 1년을 구형했다. 이에 대해 김병우 재판관은 "증거 자료와 피고의 진술 내용, 검찰관의 피의자 신문 조서 등을 종합해보건대 피고는 민족에게 해를 가한 악질적인 형적(形跡)이 현저하다."며 검찰의 구형보다 많은 '공민권 정지 3년'을 선고했다.

일제하 고급관료 출신 가운데 상당수가 해방 후에도 권력 엘리트로 변신, 공직에서 활동한 것과 달리 김창영의 이름은 어디에서도 발견되지 않는다. 호적에 따르면 1967년 4월 2일 성북구 돈암동 자택에서 77살로 사망한 것으로 되어 있다. 평생을 일제의 개 노릇을 하면서 살았던 김창영의 말년이 어땠을지 궁금하다. 1890년생이니 한창 나이에 3·1의거와 6·10만세의거 등을 목격하거나 접했을 것은 분명하다. 엘리트 관료로서 식민지 조국의 운명에 대한 일말의 고뇌나 한 조각 양심의 가책도 없었을까?

20 | 생선을 미끼로 출세길 잡은 '애국옹'
영덕 갑부 문명기

일제 때 경북 영덕 읍내 영덕경찰서장 집에는 아침마다 마당에 팔뚝만한 삼치 한 마리가 떨어져 있곤 했다. 이를 이상히 여긴 그 집 식모가 어느 날 아침 이를 서장에게 고하자 서장은 주인공을 찾아보라고 했다. 며칠 뒤 식모가 아침마다 삼치를 떨어뜨리고 가는 주인공을 찾아냈다. 지게에 생선을 지고 다니며 파는 생선 장수였다. 이 얘기를 들은 서장이 나와서 생산 장수에게 물었다.

"무슨 연유로 매일 아침 마당에 생선을 놓고 가느냐?"

생선 장수는 이렇게 말했다.

"서장님께서 치안을 잘 유지시켜주시니 덕택에 저 같은 사람도 생업에 종사할 수 있습니다. 달리 보답할 길은 없고 해서 제가 파는 생선이나마 드려서 아침 밥상에 올리고 싶었습니다."

생선 장수의 말에 감복한 서장이 물었다.

"내가 뭐 도울 것은 없소?"

"특별한 부탁은 없습니다만……, 밑천이 달려 물건을 많이 받아 올 수가 없어서 겨우 지게꾼 행상을 하는 것이……."

생선 장수는 말끝을 흐렸다. 그러자 서장이 말했다.

"그럼 내가 생선도매점에 소개장을 하나 써주겠소."

당시만 해도 거의 생사여탈권을 쥐고 있던 경찰서장의 소개장 덕에 그는 이 일대에서 생선 장사로 큰돈을 벌게 되었다. 생선을 미끼로 출셋길을 튼 이 사람은 일제 당시 경북 영덕 일대 최대의 부자 문명기였다. 일제로부터는 '애국옹(愛國翁)'이라는 찬사를 받았지만 민족사에서 친일 반민족 행위자로 낙인찍힌 그의 삶을 따라가보자.

일제에 애국한 생선 장수

문명기(文明琦, 1878~1968, 창씨명 文明琦一郎)는 1878년 평안남도 안주에서 문승환의 장남으로 태어났다. 문씨 부자가 언제, 어떤 경로로 경북 영덕에 뿌리를 내리게 됐는지는 알 수 없다. 조선총독부가 편찬한 『조선공로자명감』에 따르면, 문명기는 29살 때인 1907년 무렵에 제지업을 시작한 것으로 나와 있다. 생선 장사로 돈을 모은 그가 제지업에 눈을 돌린 것은 영덕 일대의 풍부한 종이 원료들이 계기가 된 듯하다. 그는 자신의 공장에서 종이를 생

일제로부터 '애국옹'이라는 찬사를 받은 문명기(『매일신보』 1940년 1월 5일자).

산하면서 다른 공장의 종이를 사서 이를 만주에 내다팔기도 했다. 사업이 번창하자 문명기는 제지업계의 발전을 도모한다는 명목으로 '광제회(廣濟會)'라는 재단법인을 만들어 종이 생산·판매에서 주도권을 확보했다. 그는 이 같은 이권단체를 통해 일제 관헌과 조직적으로 유착관계를 형성했다.

수산업과 제지업으로 자본을 축적한 문명기는 당시 유행하던 금광사업에 손을 댔다. 일제 당시 대부분의 기간산업은 일본인들이 독차지하고 있어서 조선인들이 진출할 수 있는 분야는 운(運)을 담보로 한 금광사업 정도였다. 따라서 이 분야는 조선인 사업가들이 비교적 일제로부터 별 간섭 없이 진출할 수 있던 분야이자 조선인 토착자본의 집중 투기 대상이기도 했다. 문명기는 1932년에 영덕군 지품면 도계에 있던 금은광산을 인수하고는 자신의 이름을 따 '문명광산'으로 명명했는데, 이 광산에서 '노다지'를 캐 향후 사업에 하나의 전기를 마련했다.

문명기가 헌납한 〈보국 73호(문명기호)〉.

경북 지방의 귀퉁이인 영덕에서 사업을 하고 있던 문명기가 중
앙무대에 등장한 것은 1935년 4월 육·해군기 각 1대씩의 비용으
로 10만 원을 헌납하면서부터였다. 그는 자신이 경영하고 있던 금
광을 일제의 주선으로 일본 유수의 기업인 미쓰코시(三越) 측에 12
만 원을 받고 매각하고는 그 대금 가운데 10만 원을 비행기 헌납
금으로 내놓았다. 어림잡아도 오늘날 10억 원 규모의 거액을 비행
기 헌납금으로 내놓은 것은 문명기가 처음이었다.

일제는 그를 '애국옹'이라고 치켜세우며 대대적으로 선전에 활
용하면서 그가 헌납한 돈으로 구입한 비행기 〈보국-73호〉를 〈문
명기호(號)〉로 명명했다. 경성비행장에서 열린 명명식에는 일본의
해군대신 대리가 참석했으며, 행사 후에는 해군기 6대가 축하비행
을 하는 등 요란을 떨었다.

이후 문명기는 곧바로 영덕국방의회 회장에 취임했고 다시 재
향군인회 특별회원, 일본적십자사 특별회원 등에 선임되었다. 일
약 지역의 유명인사로 등극한 그는 뒤이어 경북도회 의원, 중추원

참의에 피선돼 마침내 전국적인 인물로 부각되었다.

'헌납병 환자', 비행기도 바치고 군함도 바치다

명성이 높아짐에 따라 문명기의 친일 행위는 더욱 노골화되어
갔다. 그는 조선 전역에서 '1군(郡) 1대(臺) 헌납운동'을 펴자고 주
창했다. 그 자신이 앞장서서 '조선국방비행헌납회'를 만들어 여기
에 1만 원을 기부하면서 대대적인 헌납운동을 벌였다. 이후 전국
에서 군 단위나 단체별로 헌납 주체의 이름을 딴 '애국기 헌납운
동'이 꼬리를 물었다. 한 예로 밀양 지역의 '밀양호 헌납운동'의
경우 총 모금액은 10만 원, 모금 대상은 전 밀양 주민인 것으로
나와 있다.

당시 '헌납병 환자', 또는 그의 이름을 빗댄 '야만기(野蠻琦)' 등
으로 불린 문명기는 두 차례의 헌납에 이어 다시 육군과 해군에
각각 2만 원과 4만 원을 헌납했다. 또 태평양전쟁이 막바지로 치
닫던 1943년에는 비행기로는 부족하다고 생각했던지 이번에는
'헌함(獻艦)운동', 즉 군함 헌납운동을 제창하고는 솔선하여 자신이
소유하고 있던 구리광산 3개를 기부했다.

대부분의 친일파들이 일제의 강요나 기득권 유지를 위해 수동
적·소극적 친일을 했다. 그러나 문명기는 다분히 의도적·적극적
친일을 했다. 1937년에 중일전쟁이 발발하자 그는 황군 위문 차
북지(北支, 북중국)로 가는 도중 평양에서 강연회를 개최하여 전쟁

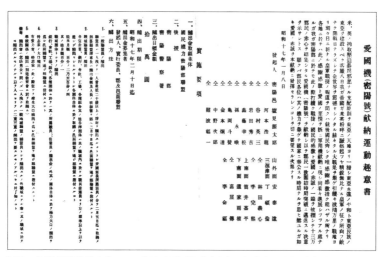

'1군 1대 헌납운동' 취지서. 1942년 경남 밀양군에서 '애국기 헌납운동'을 위해 작성한 취지서로, 이 운동은 문명기가 '1군 1대 헌납운동'을 펴자고 주창함으로써 시작됐다.

미화를 골자로 한 친일 연설을 했다. 돌아오는 길에는 경부선 주변 각 도시를 순회하며 위문 결과 보고대회도 가졌다. 이듬해에는 의남(義男) 단원을 강제로 모집해 수많은 조선 청년을 북지의 전쟁터로 내몰았으며, 조선임전보국단 경북지부 상임이사, 국민총력조선연맹 평의원, 일어판 친일지 「조선신문」 사장, 중추원 참의 등을 지내면서 일제의 침략 전쟁 협조에 광분했다.

자식들이 조선말을 하면 두들겨패다

문명기의 대표적 친일 행각 중 하나는 황도(皇道) 선양을 목적으로 조선의 각 가정에 '가미다나(神棚) 비치운동'을 전개한 점이다.

'진주만 기습' 호외. 문명기가 창간한 일어판 친일지 「조선신문」이 1941년 12월 8일에 태평양전쟁의 발발을 알리는 일본군의 호놀룰루 공습을 보도한 호외다.

'가미다나'란 일본의 개국신(開國神)으로 불리는 아마테라스 오미카미(天照大神)의 영부(靈符)를 안치한 소형 감실(龕室)을 말한다. 문명기는 이를 전국에 보급하기 위해 광제회라는 단체를 조직해서 자신이 이사장에 취임하고 당시 경성부윤(오늘날 서울시장)을 명예회장으로 추대했다. 남산 조선신궁에서 가미다나 분포식을 갖고 서울 시내 각 정회 총대(町會 總代, 오늘날 동장) 130여 명에게 가미다나를 나눠주었다. 이후 조선의 각 가정에서는 아침저녁으로 가미다나를 향해 절을 해야 했다.

평소 일본 신도(神道)의 철저한 맹신자였던 문명기는 생활 속에서도 신도를 실천한 것으로도 유명하다. 집안 장식이나 의복, 언어는 물론 생활 방식까지도 전부 일본식으로 개조하여 철저한 일본인이 되고자 했다. 더러 자식들이 조선말을 하면 "이 못된 비

⒂국민아!"라고 고함을 치면서 기절할 정도로 두들겨 팼다. 1943년 7월에는 친일 단체인 황도선양회(皇道宣揚會)를 만들어 회장에 취임했다.

1949년 1월 29일 반민특위에 체포돼 심판대에 오른 문명기는 '공민권 정지 2년'을 선고받았으나 5월 24일 병보석으로 풀려났다. 이후 한국전쟁이 터지면서 재판은 흐지부지되고 말았다. 그는 천수를 누리다가 1968년 10월 6일 90살로 사망했다.

의사 출신인 문명기의 장손 문태준은 고향인 영덕에서 네 차례나 국회의원에 당선됐으며 보건사회부 장관과 대한의사협회장, 세계의사협회장 등을 지냈다.

21 | 독립군 때려잡던 관동군에
군량미를 제공하다

전 문교부 장관 이선근

대동아공영권의 가장 건실한 신(新)질서를 건설해야만 될 것
은 유구한 인류 역사가 우리에게 부과한 중대 사명으로……
좀 더 솔직하고 좀 더 용감하게 신체제 건설에 희생하여 달라
는 것입니다. …… 특히 동남지구특별공작후원회의 활동
은…… 민족협화(民族協和)의 신흥제국(新興帝國. 만주국)에 있어
서 가장 솔직한 자기반성으로 이 운동의 광휘 있는 실천은 장
래 선계(鮮系. 조선인) 국민에게 정치적으로, 사회적으로, 정신
적으로 반드시 좋은 영향을 가져오리라고 봅니다.

_「삼천리」1940년 12월호

일제의 괴뢰국인 만주국 건설에 조선인들의 적극적인 동참을

호소하는 글이다. 그런데 이 글을 쓴 사람은 일본인이 아니라 당시 만주에서 활동하던 조선인이었다.

문교부 장관(오늘날 교육부 장관)과 서울대·성균관대·영남대·동국대 등 여러 대학의 총장을 지낸 이선근(李瑄根, 1905~1983)이 글을 쓴 장본인이다. 정말로 그가 이 글을 썼을까 의문이 갈 정도다. 왜냐하면 이선근의 해방 후 경력은 '민족적인' 냄새로 온통 분칠이 돼 있기 때문이다. 이선근은 화랑도 연구로 서울대에서 박사학위를 받았으며, 『한국독립운동사』를 저술하기도 했다. 언뜻 보면 친일과는 거리가 먼 사람 같다. 그러나 한 꺼풀만 벗겨보면 그는 오래전부터 소문난 친일파였음을 알 수 있다.

일제 당시 총독부 기관지였던 「매일신보」는 해방으로 미 군정에 접수된 후 10월 25일 조선인 주주총회를 열고 사장 오세창, 부사장 이상협, 전무 김형원 등 새 경영진을 발표했다. 이선근도 주필 겸 편집국장으로 명단에 들어 있었다. 그러나 이 인사는 중도에 좌절되고 말았다. 새로 임명된 주요 간부 대다수가 친일 경력자라는 이유 때문이었다.

'야망의 남자', 만주로 가다

이선근은 과연 친일파인가?

구체적으로 언제, 어디서, 어떤 활동을 했기에 역사는 그를 친일파로 기록하는가. 이 의문을 풀기 위해서는 반세기 이전의 만주

땅을 찾아가볼 필요가 있다.

이선근은 경기도 개풍(開豊, 오늘날 개성) 사람으로 본관은 전주다. 부유한 가정에서 태어난 데다 일찍 신학문에 눈을 떠 1922년에 휘문고등보통학교를 졸업하고 이듬해 일본 유학길에 올랐다. 1929년에 와세다대학 서양사학과를 졸업하고 귀국한 이선근의 첫 직장은 조선일보사였다. 당시 24살이었다. 그는 입사 1년 반 만에 최연소 정치부장을 거쳐 이듬해 약관 25살로 국장이 공석인 국장대리로 승진함으로써 사실상 편집국장이 되었다. 그 시절을 두고 이선근은 "입사 한 달 만에 사설을 쓰기도 했다."고 자랑한 바 있다. 그러나 그의 신문사 생활은 3년 만에 막을 내렸다.

1937년 이선근은 '만주행'에 올랐는데 이 일로 인생에서 전환기를 맞게 됐다. 당시 만주는 '동양의 서부'로 불렸다. 만주는 출세욕에 불타는 군인과 지식인, 일확천금을 노린 모리배와 협잡꾼들이 앞을 다퉈 모여들던 신개척지였다. 특히 일본인과의 차별대우로 야망을 좌절당한 조선 청년들에게 '무법지대'인 만주는 오히려 '기회의 땅'이었다.

문경보통학교 교사였던 박정희 전 대통령은 "긴 칼 차고 싶어" 만주로 가서 군인이 되었고, 조선인 일본 유학생 상당수는 만주로 가서 고급관리가 되었다. 야망에 찬 청년 이선근의 '만주행' 역시 당시 시대상황에서 자연스러운 것이었는지 모르지만, 아무튼 그로서는 놀라운 변신이었다. 결론적으로 말해 그가 만주에서 보낸 8년은 결국 그에게 '친일파'란 오명을 안겨주었다.

1940년 9월 21일자 「만선일보」를 보면, 이선근은 그해 만주국

협화회(協和會) 전국연합회 조선계 대표 16명 중 한 사람으로 소개돼 있다. 이선근의 당시 직책은 빈강성(濱江省) 오상현(伍常縣) 안가촌(安家村) 분회 부분회장이었다.

「조선일보」를 나와 잠시 고향에서 교편을 잡던 이선근은 이 지역 출신 공진항(孔鎭恒, 전 농림부 장관)과 의기투합해서 1937년에 만주로 갔던 것이다. 공진항은 개성 백만장자의 아들로 일본 와세다 대학 영문과를 나와 파리와 런던에서 유학한 지식인이었다. 그는 유럽 유학 후 귀국길에 시베리아와 만주를 거쳐 오게 되었는데 이때 만주에 대규모 농장을 만들 계획을 세웠다. 그는 후에 계획대로 만몽(滿蒙)산업주식회사를 설립하고 사장에 취임했다. 이 회사가 조선인 유랑민을 동원해서 만주에 개척한 안가(安家)농장은 총면적 7,000만 평, 수용 가구만도 4,000가구의 대규모였다.

지난 1994년 이선근의 친일 행적을 조사하기 위해 안가농장 현지를 답사한 구양근 교수(성신여대 중문과 교수·총장 역임)는 당시 안가농장의 성격을 두고 "관동군의 군량미 보급기지나 마찬가지였다."고 지적하고 "이 지역에서 생산되는 '오상대미(五常大米)'는 지금도 중국 최고의 쌀로 소문나 있다."고 밝혔다.

이선근의 친일 활동은 만몽산업의 상무 이사로 있으면서 관동군의 군량미 충당에 협조한 점이 그 첫째다. 밥을 주식으로 하는 일본군에게 있어서 쌀은 총포(銃砲) 이상 가는 전쟁 물자였다.

한 걸음 더 나아가 이선근은 당시 만주에서 활동하던 조선인 친일파들과 어울려 친일 대열에 가세했다. 그의 대표적인 친일 행적의 하나로 동남지구특별공작후원회 활동을 들 수 있다. 1940년

10월 만주국 수도 신경(新京. 오늘날 창춘)에서 발족된 이 단체는 선비(鮮匪. 조선인 항일세력), 토비(土匪. 만주 토착 항일세력) 등 이 지역의 항일세력들을 토벌하던 관동군을 측면에서 지원한 조선인 주축의 대표적 친일 조직이었다.

당시 만주 건국대학 교수로 있던 최남선은 이 단체에서 고문으로 활동했다. 이선근은 당시 협화회 봉천성 대표 서범석(徐範錫) 등과 함께 상무위원을 지냈다. 나중에 만주국의 국회격인 협화회 협의원에 발탁된 것도 이런 공로 때문이었다.

해방 후 이선근은 이승만 정권 하에서 문교부 장관, 성균관대 총장 등을 거쳐 박정희 정권에 다시 줄을 대는데 여기에는 '만주경력'이 작용한 점이 없지 않다. 박정희 정권은 만주군관학교와 만주국 관리양성소인 대동학원(大同學院) 출신 등 만주 인맥에 권력 기반의 한 줄기를 두고 있었다. 박정희 정권 말기 총리를 지낸 최규하 전 대통령도 대동학원 출신으로 만주국에서 관리를 지낸 바 있다.

"역사학자? 권력자의 전위대!"

1968년 '국민교육헌장' 제정에 참여한 것을 계기로 이선근은 박정희 정권 하에서도 승승장구했다. 문화재위원장(1969년), 영남대 총장(1969년), 동국대 총장(1974년), 대한교련 회장(1976년), 초대 정신문화연구원장(1978년) 등 교육·문화계 요직을 두루 거쳤다. 이선근

동국대 총장 시절 고려대장경 영인본을 가지고 청와대로 박정희 대통령(왼쪽)을 찾은 이선근.

이 이처럼 초특급 대우를 받은 것은 유신 체제 홍보의 나팔수를
자임한 공로 때문으로 보인다. 그의 동국대 총장 취임사 한 구절
을 보자.

> 민족, 국가가 총력을 기울여 추진하고 있는 유신정신, 새마을
> 정신으로 우리 동대의 발전을 위해 서로 협력하고…….
>
> _「동대신문(東大新聞)」1974년 7월 30일자

이선근은 대학 총장 시절에도 대놓고 유신 체제를 선전한 인물
이다. 정식으로 '유신 옹호' 논문도 쓰고 강연도 여러 차례 다녔
다. 박정희 정권 말기인 1978년에 문을 연 정신문화연구원(오늘날

한국학중앙연구원)은 사실상 이선근의 주도로 설립됐다. 초창기에는 대만의 '중앙연구원'을 모델로 순수 학술연구기관을 만든다고 선전했지만, 결과적으로는 '유신이념의 한국 사상사적 체계화'라는 설립 취지 그대로 체제 옹호용 기관이었다.

권력자를 향한 그의 '아부 기질'은 이승만, 박정희에 이어 전두환 시대까지 계속됐다. 광주의 상처가 채 아물지도 않은 시점인 1980년 8월 이선근은 「서울신문」과의 인터뷰에서 "전두환 장군은 위기 상황 극복의 최적임자"라고 추켜세우고는 "전두환 장군을 다음 대통령으로 선출해야 된다는 데 국민의 여망이 모아지고 있다는 사실은 우리 국민의 의식수준이 높음을 단적으로 나타낸 것"이라고 아부를 떨었다. 만약 지금 살아 있다면 그는 뭐라고 변명을 할까.

해방 후 대다수 친일파들이 그러했듯이 이선근 역시 정권이 바뀔 때마다 전천후형 인간으로 살다가 생을 마쳤다. 역사학계의 한 중진 교수는 이선근을 두고 "자신의 과거 경력을 위장하기 위해 그는 『한국독립운동사』와 같은 책을 의도적으로 썼다."며 "그는 역사학자가 아니라 권력자의 전위대였다."고 혹평했다.

항일 단체를 토벌하는 관동군 후원단체에서 활동했으며, 관동군에 군량미를 보급하며 일제의 침략 전쟁을 도왔던 이선근은 해방 후에는 정권을 넘나들며 몰염치한 삶을 살았다. 그러나 그는 1983년 사망할 때까지 자신의 과거 행적에 대해 단 한 번도 뉘우치거나 사죄한 적이 없다. 오히려 국가유공자로 지정돼 서울 동작동 국립묘지 국가유공자 묘역에 묻혔다. 그의 외아들은 우리나라에서

손꼽히는 원자력공학자이며, 두 손녀는 대학 교수와 방송사 아나
운서로 활동하고 있다.

22 | "나를 손가락질해다오"
전 홍익대 총장 이항녕

'참회'는 아름답다. 진솔한 참회는 숭고하기조차 하다. 왜냐하면 보통 사람들은 하기 어려운 일이기 때문이다. 일제하에서 고관대작을 지냈거나 일제의 앞잡이 노릇을 한, 이른바 '친일파'로 불리는 사람들 중에서 더러는 자신의 친일 전력을 참회했다. 민족대표 33인 중 1인으로 나중에 변절한 최린은 반민특위 재판에서 법정을 온통 울음바다로 만들었다.

"민족의 이름으로 이 최린을 광화문 네거리에서 처단해주십시오."

최린의 진실한 한마디가 사람들을 울렸다.

장편서사시 「국경의 밤」을 쓴 시인 김동환은 반민족행위를 뉘우치며 반민특위에 자수했다. 일제 말기 충남 광공부장을 지내고

2공화국에서 국방장관을 지낸 현석호(玄錫虎, 1907~1988)도 회고록 『한 삶의 고백』(1986)을 통해 친일 행적을 고백한 바 있다.

자신의 친일 행적을 한 번도 아닌 여러 차례에 걸쳐 공개적으로 참회, 사죄한 인사도 있다. 홍익대 총장을 지낸 이항녕(李恒寧, 1915~ 2008) 박사가 주인공이다.

죽창을 앞세운 공출 독려

"일제 말 27세의 젊은 나이로 하동군수를 지내면서 저 자신의 출세와 보신에 눈이 어두워 (군민들을) 죽창으로 위협까지 했던 저를 너그럽고 따뜻하게 맞아주신 하동군민들에게 진심으로 사죄드립니다."

지난 1991년 7월 19일 이항녕은 바르게살기운동 하동군 협의회 초청으로 하동에서 강연회를 가진 적이 있다. 위 내용은 그때 한 말이다. 주최 측에서 이런 얘기를 해달라고 주문한 것도 아니었다. 한때 군수로 근무한 적이 있는 하동에 가니 그때 일이 생각나 자신도 모르게 이런 얘기를 한 것이다. 그동안 더러 하동을 지나친 적이 있었지만 '죄의식' 때문에 군민들을 찾아볼 용기가 없었던 것이다. 그러던 참에 이런 기회가 생겼다.

이항녕이 말하는 '죄'는 무엇일까?

1915년 충남 아산서 출생한 그는 경성 제2고보(오늘날 경복고)를 졸업하고 1934년 경성제국대학에 입학하여 예과 3년, 본과 3년의 6년 과정을 마치고 1940년에 졸업했다. 본과 3학년 때인 1939년에 고등문관시험 행정과에 합격한 그는 대학을 졸업한 후 1년간 시보(일종의 수습) 생활을 거쳐 1941년 6월 하동군수로 첫 발령을 받았다. 1년 뒤인 1942년 7월, 창녕군수로 전보돼 그곳에서 3년을 근무하다 해방을 맞았다. 그가 고백한 '죄'란 일제 말기 하동·창녕군수 재직 시절 일제 앞잡이 노릇을 하며 군민들을 괴롭힌 것이다.

당시 대학을 나와도 마땅한 취직자리가 없었다. 그래서 대학생 중에는 재학 중에 고시 공부를 해서 공무원이 되려는 사람이 많았다. 취직하기 어렵자 청년들이 공무원시험으로 몰리는 요즘 세태와 크게 다르지 않았다. 그때나 지금이나 고시 공부는 직장을 얻기 위한 방편이기도 하지만 입신출세라는 목적 또한 적지 않다. 일제 강점기라면 더했을 수도 있다.

1941년 6월 그는 하동군수로 첫 발령을 받았다. 대우는 썩 좋았다. 봉급도 많은데다 일본인에게만 주던 가봉(加俸)을 조선인들에게도 지급해 봉급 차이도 없었다.

그런데 일제가 조선인 군수들에게 이런 대접을 한 데는 다 이유가 있었다. 당시 일제는 태평양전쟁을 치르면서 조선에서 대대적으로 인력과 물자를 징발했다. 이항녕이 군수로 부임한 이듬해인 1942년부터 조선에서 공출제도가 시행됐다. '공출(供出)'이란 국가의 수요에 따라 국민이 곡식이나 기물을 의무적으로 정부에 내놓도록 하는 제도를 말한다. 사실상 강제로 뺏는 것과 다름없었

태평양전쟁 시작 후 일제는 전쟁 물자 조달을 위해 '공출제도'를 실시하였다. 주요 대상은 군량미 조달을 위한 미곡과 쇠붙이. 이항녕은 하동군수로 있을 당시 군량미 공출 등을 독려했다고 고백했다. 사진은 공출된 쇠붙이.

다. 총독부는 이 일을 조선인 군수들에게 맡겼다.

경상남도에서는 산업부장으로 있던 김대우가 군수회의를 소집해 각 군수에게 공출량을 강제 할당했다. 하동군에 할당된 공출미는 3만 석이었다. 당시 하동군이 보유하고 있던 쌀이 6,000석이었으니 무려 5배나 되는 양이었다. 공출량을 다 채우기란 절대적으로 불가능했다. 최종적으로 하동군이 공출한 양은 할당량의 1할 정도인 3,000석 정도였다. 다른 군은 대개 할당량의 절반 정도는 달성했다. 하동군이 경상남도에서 꼴찌를 했다. 총독부 당국으로서는 대단히 불만스러웠겠지만 하동군민 입장에서 보자면 다행이었다고 할 수 있다.

그런데 '죽창' 이야기는 왜 나온 걸까?

공출독려반이 가가호호를 돌며 공출을 압박하자 주민들은 집안 곳곳에 쌀을 숨겨두곤 했다. 심지어 마당을 파서 땅에 묻기도 했다. 그러다보니 공출반원 가운데는 죽창을 들고 다니며 창고나 벽 같은 쌀을 숨겨둘 만한 곳을 쿡쿡 찔러보기도 했다. 죽창으로 사람들을 해친 경우는 없었다. 그러나 공출독려반원들이 죽창을 들고 다니니까 군민들에게 적잖은 위협은 됐으리라는 것은 불문가지다. 이항녕은 휘하 공출반원들의 이런 행위만으로도 군민들에게 '죄'를 지었다고 생각한 것이다.

공출 성적이 꼴찌를 하자 이항녕은 부임 1년 만에 창녕군수로 발령이 났다. 물자가 풍부한 하동군과 내륙의 두메인 창녕군은 군세(郡勢) 면에서 차이가 컸다. 말하자면 부진한 공출 실적 때문에 좌천을 당한 셈이다.

"고등관 이상의 관리는 모두 친일파"

일제하의 공직자 관등(官等)은 네 종류였다. 최상급은 일왕이 직접 임명하는 친임관(親任官)으로 조선 내에서는 조선총독과 정무총감 두 사람뿐이었다. 그 다음이 칙임관(勅任官) – 주임관(奏任官) – 판임관(判任官) 순서였다. 주임관 이상을 흔히 고등관(高等官)으로 쳤는데, 오늘날 사무관(5급) 이상에 해당하는 직위라고 할 수 있다.

군수는 판임관(오늘날 9~6급)에서 내부승진을 하거나 고등문관시험 행정과(오늘날 행정고시) 합격자가 임용됐다. 고문 출신자의 경우 1년간의 시보 시절에는 판임관 6급(오늘날 군청 과장급) 대우를 받다가 군수로 정식 임용되면 주임관 7등급 대우를 받았다. 당시 군수 초임의 연봉은 1940년 7월 1일을 기준으로 1,650원(당시 초등학교 교사 초봉은 45원)이었다.

군수는 면장 이하 군청 직원에 대한 인사권을 가진 군 행정의 최고책임자였다. 당시 세간에서는 군수를 흔히 '영감님'이라고 불렀는데 부인은 '마님' 소리를 들었다. '각하'라는 용어는 도지사급의 칙임관 이상의 고위직에게 붙였다. 이항녕은 "사법과 출신 법관들은 판결문 작성 등 잡무가 많았으나 군수는 도장 찍는 일밖에 없어 편했다."고 회고했다.

이항녕은 여러 차례의 참회를 통해 자신은 친일파라고 했다. 그의 친일 행위는 구체적으로 어떤 것일까? 1998년에 그의 자택에서 가진 인터뷰에서 그는 이렇게 말했다.

"식량 공출이나 노무자 징용, 학병 권유, 징병제 독려 등에 대한 방침이 도 군수회의에서 결정이 되면 군수는 다시 면장회의를 소집하여 그 내용을 하달, 독려했습니다. 결국 일제의 앞잡이 노릇을 한 셈이지요."

당시 군수라면 이 같은 일을 수행하는 것은 기본이었다. 이에 대해 그는 "그 같은 직무를 수행하는 군수 자리를 직업으로 택했

자신의 친일 죄과를 진솔하게 참회한 이항녕 박사.

다는 자체가 '친일'입니다."라고 잘라 말했다.

항간에는 일제 말기에 군수 노릇 몇 년 한 사람을 '친일파'로 보는 것은 지나치다는 주장도 있다. 그럴 수도 있다는 투로도 들린다. 당시 취직이 어려워 고시 공부를 해서 군수 노릇 몇 년 했는데 그게 매국노라도 되느냐고 따진다면 답변이 궁색해질 수 있다. 그의 생각은 어떨까?

"도덕적 평가 이전에 지식인의 민족의식 문제라고 봅니다. 아무 생각 없이 상부기관의 결정 사항을 집행한 것도 그렇지만 더러는 출세 목적으로 부풀려 집행한 사례도 있었습니다. 당시 군수는 일선 행정기관의 실질적 책임자로 지금보다 훨씬 권한과 재량이 많았습니다. 어려운 시험을 거쳐 자발적으로 그런 자리에 앉았다면 이는 재임 기간이 문제가 아니라고 봅니다. 적어도 고등관 이상의 관리는 친일파로 볼 수 있습니다."

나를 손가락질해다오

해방 후에도 그는 1945년 10월까지 창녕군수로 계속 근무하다 미 군정청으로부터 경남도청 사회과장으로 발령을 받았다. 그러나 불과 한 달 만에 사표를 쓰고 나왔다. 자신은 일제 때 총독부 관리를 지낸 '친일파'라는 것이 이유였다. 이항녕 이외에 이런 사례는 찾아보기 어렵다.

이후 자리를 옮긴 곳은 부산 동래구 범어사 입구에 있는 청룡 초등학교였다. 속죄 차원에서 승려가 되려고 생각한 것이었다. 그러나 현실은 녹록지 않았다. 이미 딸린 아이가 다섯이나 돼 혼자 이 문제를 결정할 수가 없었다. 그래서 낮에는 교사로 근무하면서 밤에는 범어사 하동산 스님 밑에서 수행을 했다. 지난 1981년 홍익대 총장을 그만둘 때까지 이항녕은 35년 동안 교육계에만 몸담았다. 그 나름의 '근신'이었다.

물론 그의 삶이 여기서 머문 것은 아니다. 이후 동아대, 고려대, 성균관대 등에서 법학을 강의했고 「경향신문」 논설위원, 문교부 차관, 홍익대 총장(1972~1980) 등을 거쳐 말년에는 헌정회 이사장을 맡기도 했다.

그는 1955년부터 수년간 「경향신문」 논설위원을 지냈는데, 1960년대 초 수필과 신문에 연재한 자전적 소설을 통해 자신의 친일 행적을 참회하기 시작했다. 또 1980년 1월 26일에는 「조선일보」에 '나를 손가락질해다오'라는 글을 발표해 지식인 사회에 큰 파문을 일으켰다. 그의 '참회'는 앞뒤, 체면 안 가리고 솔직하다. 사실 왜곡이나 자신을 미화한 구석도 없다.

참고로 그가 「조선일보」에 기고한 '나를 손가락질해다오' 전문은 다음과 같다.

나를 손가락질해다오

역사의 전환점에 서 있는 오늘에 있어서 나의 심정은 매우 착잡합니다. 온 세상이 민주화를 위한 정치발전 작업에 들떠 있지만, 나는 그것보다도 나 자신이라는 인간이 싫어졌고 나의 처세에 구토를 느낍니다.

민주주의를 위해 온갖 어려움을 무릅쓰고 갖은 고난을 겪은 사람들이 이제 내 앞에 서 있습니다. 그들이 어려움을 참을 때에, 그들이 지조를 지킬 때에, 그들이 순교하고자 할 때에 나는 도망을 쳤습니다.

많은 사람들이 먹을 것이 없을 때 나는 입맛이 없다고 아내가 정성껏 마련해준 음식을 타박하고, 유명한 음식점을 찾아 식도락을 즐겼고, 많은 사람이 생계비도 못 되는 보수를 받고 허덕일 때 나는 판공비가 모자라서 일류 요정에 나가 미인의 손을 자주 못 만져보는 것을 불만스럽게 생각했고, 많은 사람이 버스도 제대로 못 타고 교통지옥에 시달릴 때 나는 고급 승용차의 폭신한 쿠션에 앉아서 그 교통지옥을 영화처럼 감상했습니다.

나는 고작해야 잡문 나부랭이나 쓰는 주제에 다른 동료들이 학문적 연구가 부족하다고 짜증을 내었고, 나는 내가 조석으로 직접 거느리고 있는 친자식들에게조차 아무런 감화를 못 미치면서도 다른 교수들이 학생지도를 소홀히 한다고 나무랐고, 나에게는 나라를 생각하고 부모를 중히 여기는 생각은 없으면서 학생들에게는 충-효를 강조했습니다. 이렇게 해서 나는 대학 총장이라는 영화를 잘 누려왔습니다.

생각해보면 희극이요, 만화입니다. 첫째는 내가 학자랍시고 강단에서 행세했다는 것이 희극입니다.

아니 희극이라기보다는 오히려 비극이라는 것이 옳겠지요. 나는 학자로서의 소양을 갖추지 못한데다 게을러서 내 전공 과목에 관한 기초적인 지식도 불충분합니다. 나는 대학에서 영어나 독일어를 배우기도 하였지만, 통 공부를 안 해 외국 원서를 독파할 능력이 없어서 고작해야 일본어 책에서 겨우 얻은 얄팍한 밑천으로 억지로 학자 행세를 해왔습니다. 나에게는 아무런 새로운 학문 체계도 없고 어떠한 독창적인 견해도 없으면서, 조그만 밑천을 값싸게 팔아넘기고는 오히려 세태를 초월하여 성실하게 진리만을 탐구하는 독학자를 시세에 어둡다고 얕잡아보고 비웃었습니다.

나는 겸손보다는 오만스럽게 구는 것이 나의 권위를 높인다고 생각했습니다. 이런 사람이 버젓하게 학자 행세를 할 수 있었고, 이런 사람이 이 교육계의 원로라고 떠받침을 받아왔으니 어찌 비극이 아니겠습니까!

내가 학생을 교육한다는 것도 희극입니다. 교육한다는 것은 조금이라도 나은 사람이 조금이라도 모자라는 사람에게 모범을 보여 그대로 따라오게 하는 것입니다.

그런데 나는 명색이 교육자이지 학생보다 눈곱만큼이라도 나은 것은 없을 뿐 아니라 오히려 그들만도 훨씬 못하며 아무것도 모범을 보일 것이 없습니다. 내가 누구에게 가르쳐주며 누가 나에게 무엇을 배우겠습니까!

나는 학생들처럼 순진하지 못하고 너무나 타산적입니다. 나는 학생들처럼 솔직하지 못하고 너무나 위선적입니다. 나는 학생들과는 달리 세속적 출세경쟁에 바쁩니다. 나는 학생들처럼 인류와 나라와 학문에 큰 관심이 있는 것이 아니라, 나 자신의 이해관계가 더 큰 관심사입니다. 그런 나 같은 사람을 모범으로 하여 학생들이 그것을 닮는다면 장차 우리나라가 어떻게 될 것이며, 인류의 장래가 어떻게 되겠습니까!

내가 소위 사회의 지도층에 속한다고 하는 것도 만화요, 웃기는 일입니다. 나는 멸사봉공이라는 말은 자주 했어도 그것을 실행한 일은 없습니다. 나는 한 푼의 세금이라도 덜 낼 궁리는 쉴 새 없이 했어도 사회를 위하여 단 한 푼의 희사를 한 일이 없습니다. 나는 의식주의 걱정이 없건만 나보다 더 잘사는 사람을 미워했고, 나는 한 끼의 점심 값으로 수천 원을 쓰고도 하루 종일 뼈아프도록 일하고 겨우 1천 원도 못되는 삯을 받는 청소부 아주머니를 동정해본 일이 없습니다. 이런 내가 무슨 지도층에 속한단 말입니까!

나의 최대 관심사는 어떻게 하면 하루라도 더 오래 안일한 생활을 계속할 수 있느냐 하는 것입니다.

이 더러운 욕망은 하필 오늘의 나의 철학이 아니라 일제시대부터 내가 만고불멸의 철칙으로 알고 내려온 나의 확신입니다. 지금 이 순간에 나는 이 확신을 저주합니다. 나   한일합방 때에 절개를 지킨 애국자의 자손들이 곤궁하게 ▯ ▯ 있는데 친일파의 자손이 지금까지도 잘사는 것을 보고   ▯니다. 나는 일제시대에 그들에게 아부한 사람들이 잘살▯▯. 그 자손들이 좋은 교육을 받아 지금까지도 영화를 누리고 있는 사실을 잘 알고 있습니다. 나 자신이 바로 그 한 사람입니다.

나는 일제 때에 그들에게 붙어서 민족의식을 상실한 것을 해방 직후에는 부끄럽게 생각했었으나 그 뒤 얼마 안가서 나의 일제 행각에 대한 정당한 변명을 마련했습니다.

그것은 시세는 어쩔 수 없는 것이라는 것이었지요. 나는 4·19 이후에 그때까지의 비교육자적인 처신을 일시 후회했었습니다. 다시는 역사와 민족 앞에 부끄럽지 않은 사람이 되겠다고 맹세하기도 했습니다. 그러나 오래지 않아 나는 다시 곡학아세의 길을 걸었습니다.

나는 학원의 영원한 발전보다도 일시적 무사를 택했습니다.

오늘의 우리나라에 진정한 학문이 없고 진정한 교육이 없는 것은 모두 나와 같은, 파렴치한 때문입니다. 나는 이것을 깊이 참회하고 있습니다. 그리고 새사람이 되기를 결심도 합니다. 그러나 이 결의가 과연 얼마나 오래갈는지 도무지 자신이 없습니다. 나는 심한 건망증 환자이기 때문입니다. 내가 또 다시 그 더러운 처세철학을 소생시켜 추한 사람이 되지 않도록 동료들은 나를 꾸짖어주시고 제자들은 나를 손가락질해주기를 바랍니다.

_ 이항녕(전 홍익대 총장)

23 끝내 일제에 굴복한 '직필'

2·8독립선언 주역 서춘

1996년 10월 보훈처는 서춘(徐椿), 김희선(金羲善), 박연서(朴淵瑞), 장응진(張膺震), 정광조(鄭廣朝) 등 5명에 대해 독립유공자 예우를 박탈했다.

그러자 1997년 8월 독립유공자 후손 한 사람이 국가보훈처장을 상대로 '독립유공자 적용배제 취소청구소송'을 서울고법에 냈다. 보훈처가 선친의 독립유공자 예우를 박탈한 것은 부당하다는 것이었다.

소송을 낸 사람은 서춘의 아들 서인창 씨. 서씨는 소장에서 "아버지는 2·8독립선언을 주도한 혐의로 금고 9개월의 형을 받은 공적으로 1963년 대통령표창을 받은 애국지사임이 명백하다."며 "기자 출신인 아버지가 일제 때 쓴 기사 5,000여 건 중 16건의 기사를 문제 삼아 (독립)유공자에서 배제한 것은 부당하다.”고 주장했다.

1심에서는 서씨가 승소했다. 2심 재판부도 “‘예우 배제’에 앞서 유족의 의견을 듣지 않은 것은 절차상 하자로 인정된다.”며 역시 서씨의 손을 들어주었다. 이에 대해 보훈처는 1998년 12월에 대법원에 상고했는데 2001년 2월 대법원은 ‘서훈 취소처분 취소’ 소송을 기각했다.

2·8독립선언 주역에서 친일 언론의 주필로

서춘(1894~1944, 창씨명 大川慈種)은 어떤 사람인가?

그의 아들이 소장에서 언급한 대로 그는 일제하 언론인 출신으로 2·8독립선언의 주역 가운데 한 사람이다. 초기 그의 활동에 대해서는 독립유공자로서의 공적을 인정할 만하다. 특히 2·8독립선언에 참가한 사실이나 초창기 일제의 통치 정책, 특히 경제 정책을 비판한 사실 등은 인정된다. 그러나 그는 일제 말기에 변절하여 친일 논조의 글을 여럿 썼다.

서춘은 1894년 평안북도 정주에서 태어났다. 「매일신보」(1944년 4월 6일)에 난 그의 부음 기사에 따르면, 그는 정주 오산학교를 거쳐 도쿄고등사범 박물학과에 적을 두었다가 중퇴했다. 이후 도요(東洋)대학 철학과를 졸업한 후 다시 교토제대 경제학부에 입학하여 1926년에 졸업한 것으로 나와 있다. 2·8독립선언의 동지이자 나

2 · 8독립선언에 참가했던 서춘.

중에 같이 친일 대열에 섰던 이광수는 "그는 재사(才士)이기보다는 근면한 사람이었다."고 평한 바 있다.

일본 유학 시절에 서춘은 조선유학생학우회에 가입하여 활동했는데 그 무렵 그는 민족의식이 강한 청년이었다. 1917년의 연말 송년회 모임에서 그는 도요대학 재학생 이종근(李琮根) 등과 함께 독립운동을 전개하자고 역설했다. 이듬해 연말 그는 도쿄기독청년회 주최 도쿄 YMCA 강당에서 열린 웅변대회에서 연사로 나서서 미국 대통령 윌슨이 주장한 '민족자결' 원칙 아래 독립운동을 벌이자고 외쳤다.

그 후 그는 와세다대학의 최팔용(崔八鏞) 등과 함께 1919년 2월 8일을 기해 독립선언서를 발표하기로 결의하고 국내 민족지도자들과 연락을 취하기 위해 1월 중순 송계백(宋繼白 · 와세다대학)을 서울에 파견했다. 도쿄 YMCA 강당에서는 2월 8일 예정대로 독립선언식이 열렸고, 서춘은 현장에서 체포돼 9개월의 금고형을 선고받고 도쿄형무소에서 옥고를 치렀다.

2·8독립선언의 주역들. 앞줄 왼쪽부터 최원순, 두 사람 건너 장영구, 가운데줄 왼쪽부터 최팔용, 윤창석, 김철수, 백관수, 서춘, 김도연, 송계백, 뒷줄 왼쪽부터 한 사람 건너 변희용, 강종섭, 이종수 등.

형기를 마치고 출감한 서춘은 1926년 교토제국대학 경제학부를 졸업한 후 그해에 귀국하여 10월에 동아일보사에 입사했다. 이듬해인 1927년 2월에 입사 4개월 만에 경제부장에 임명되었는데, 이후 일제시대를 통틀어 가장 유명한 경제평론가로 자리를 굳히게 된다.

초창기에 서춘은 일제의 경제 정책을 비판하는 글을 주로 썼다. 「동아일보」는 물론 각종 잡지에도 활발히 경제평론을 기고하면서 각종 사회단체에서 주최하는 강연회에 초빙되어 경제와 교양·상식에 관한 계몽활동을 하기도 했다. 그러나 1931년의 만주사변과 1937년 중일전쟁을 계기로 국내 민족진영 인사들의 변절 행진이

시작되자 서춘도 합류했다. 그는 일제의 침략 전쟁을 공공연히 찬양했다.

> 현대전에서 교전국간의 경제전이라는 것은 환언하면 협력전이다. 협력! 이것은 정신의 힘이다. 정부가 국민정신총동원 주간을 설치했으므로 한 사람 한 사람이 총후(銃後, 후방) 용사다. 국민총력이 있고서야 총후가 공고하다.
>
> _「사해공론(四海公論)」 1938년 6월호

이 무렵 서춘은 '내선일체'를 주장하는 조선인들로 구성된 방송선전협의회의 강사로 일하면서 친일파로서의 모습을 본격적으로 드러냈다. 1938년에는 목요회에 가입했다. 목요회는 일제가 황국신민화 정책을 추진하기 위해 내건 내선일체를 실천하고 국민정신총동원 조선연맹을 후원하기 위해 군관민 각 방면의 유력자들로 조직된 친일 단체였다. 1940년대 들어서는 국민총력조선연맹 문화위원, 조선임전보국단 평의원 등 주요 친일 단체에서 간부로도 활동했다. 지원병 제도가 실시되자 지원병 출진을 적극 권유하기도 했다.

> 반도 청년 제군, 제군에게는 이제 절호의 기회가 온 것이다. 내선일체, 이것이 제군이 취할 절호의 기회다. …… 1. 대군(大君, 일왕)을 위해 태어나고, 2. 대군을 위해 일하고, 3. 대군을 위해 죽는다는 정신을 갖지 않는 자는 대일본제국의 신민이 될 수 없는 것이다. …… 우리 일본의 대화혼(大和魂)에서 말한다면 대군을 위해 죽는 일은 신자(臣子)된 자의 본분임과 동시에 죽는 그 사람에게는 더없는 행복이다.
> _「총동원」 1939년 10월호

1943년 징병제가 실시되자 서춘은 '성은에 감읍하며'라는 글을 통해 "쇼와 18년(1943) 5월 13일! 징병제 실시를 앞두고 멸사봉공의 열의에 불타는 반도 1,500만 민중은 이날 또 다시 광대무변한 성은에 감읍하여 마지않을 감격과 광영에 우레 같은 환성을 폭발시켰다."(「춘추(春秋)」 1943년 6월호)라며 일제의 침략 전쟁 선전에 앞장섰다.

약육강식 논리에 빠진 나약한 지식인

학도병 권유 역시 빠지지 않았다. 서춘은 학도병 지원 권유 조직인 경성익찬회 산하 종로익찬위원회에 위원으로 참여했고, 학도 출진 격려대회에 연사로 나서기도 했다. 그는 일제가 벌인 침략 전쟁 때마다 조선 청년을 사지로 내모는 데 앞장선 대표적인 인물이었다.

서춘의 변절은 '약육강식'을 합리화한 제국주의의 논리를 수용한 데서 비롯됐다. 그는 일본 유학 당시에도 "러시아가 침략하자 일본은 자위상 드디어 조선을 병합하기에 이르렀다. 요컨대 약자가 강자에게 병탄되는 것을 면할 수 없는 것은 생물상의 원칙이다."며 이 같은 의식세계를 드러낸 바 있었다.

그런 그는 일본이 청일·러일전쟁에 이어 만주사변과 중일전쟁에서 승리하자 조선 독립의 희망을 접고 말았다. 그리고 한 발짝 더 나아가 일제와 타협하여 일신의 안위를 도모하는 쪽으로 삶의 방향을 틀었다. 겉으로는 '실력양성론'을 표방했지만 사실상 일제의 강압 통치를 인정한 것이며, 식민지하 나약한 지식인의 전형인 셈이다.

「동아일보」에 입사한 지 10개월 만인 1927년 8월 서춘은 평안도 출신들이 대세를 이루던 「조선일보」로 자리를 옮겨 취체역(取締役, 중역) 겸 주필이 되었다. 1940년에 동아·조선이 폐간되자 다시 총독부 기관지인 「매일신보」 주필로 자리를 옮겨 친일 언론의 최고 책임자가 되었다. 그리고 1944년 4월 5일 간암으로 죽을 때까

대전국립묘지 애국지사 묘역에 있던 서춘 묘의 묘비가 강제로 뽑힌 모습. 이후 서
춘의 묘는 유족이 이장했다

지 그 자리를 지켰다.

보훈처에서 독립유공자들의 공적을 기록한『공적조서』에는 '변
절 여부'를 확인하는 항목이 있다. 서춘은 명백히 이 항목에 저촉
된다. 따라서 1963년에 그에게 추서된 대통령표창은 심사 과정에
하자가 있다. 친일문제는 유족의 주장대로 친일 기사의 건수로만
따질 것이 아니다. 그런 논리대로라면 이광수와 최남선도 포상을
해야 한다. 이광수는 2·8독립선언서 작성자이고 최남선은 기미년
독립선언서를 기초한 인물이기 때문이다.

서춘 아들과 보훈처 간의 소송은 엄밀히 말해 서춘이 친일을
했느냐, 안 했느냐 하는 본질적인 문제보다는 '예우 박탈'을 둘러
싼 행정절차 문제에 관한 것이다. 재판 결과에 관계없이 서춘의
친일 행적에는 아무런 변화가 없는 셈이다.

대전 국립묘지 애국지사 묘역에 있던 서춘의 묘는 1996년에 서 훈이 취소된 지 8년 뒤인 2004년 후손이 이장했다. 국립묘지 안 장자 가운데 친일파라는 이유로 이장한 최초의 사례였다.

24 | '일장기 말소'에 분노한 '민족지' 창업주
「동아일보」 창업주 김성수

「동아일보」 창업주인 김성수(金性洙, 1891~1955)가 일제하 민족주의자였는지 어떤지를 보여주는 단적인 사례가 하나 있다. 흔히 「동아일보」가 '민족지' 운운하면서 내세우는 단골 메뉴는 1936년의 이른바 '일장기 말소 사건'이다. 이 사건은 동아일보사 차원에서 행해진 것이 아니라 당시 체육부 소속 이길용(李吉用) 기자 개인의 애국심에서 비롯한 것임을 먼저 밝혀둔다.

"일장기 말소는 몰지각한 소행"

급히 동아일보사로 오는 자동차 속에서 인촌은 히노마루(일장기) 말소는 몰지각한 소행이라고 노여움과 개탄을 금할 수 없었다. 사진에서 일장기를 지워버리는 데서 오는 쾌(快)와 「동아일보」가 정간되거나 영영 문을 닫게 되는 데서 나는 실(失)을 생각하여 그 답은 분명했다.

_ 인촌기념회, 『인촌 김성수전』, 1976, 388쪽

사건을 처음 접한 김성수의 태도는 이러했다. 또한 당시 사장 송진우는 "성냥개비로 고루거각(高樓巨閣)을 태워버렸다."며 이길용 기자를 사장실에 불러놓고 크게 꾸짖었다. 당시 총독부와 밀월관계에 있던 「동아일보」에 이런 '불경스런 사태'가 발생했으니 두 사람이 펄펄 뛰는 것은 당연했다.

더욱 가관인 것은 일장기 말소는 「동아일보」에 앞서 여운형이 사장으로 있던 「조선중앙일보」에서 먼저 행한 것이었음에도 불구하고 마치 「조선중앙일보」가 「동아일보」 지면을 모방하여 일장기를 말소한 것처럼 역사적 사실을 왜곡하고 있다는 점이다. 결국 '일장기 말소 사건'을 「동아일보」의 '민족운동'의 일환으로 보는 것은 어불성설이다. 이 사건에서 김성수가 한 일은 사건 관련 기자 10여 명을 해직시킨 것뿐이었다.

이번에 건강이 좋지 않아 조선을 떠나시게 된 것은 정말로 유감스럽습니다. 각하가 조선에 계시는 동안에 여러 가지로 후정(厚情)을 입었습니다. 그중에서도 경성방직회사를 위해 특별한 배려를 받은 것은 감명해 마지않으며 깊이 감사 말씀 올

「동아일보」 창업주 김성수.

립니다. 석별의 정으로 별편(別便)에 조촐하지만 기국(器局)을
하나 보냅니다. 기념으로 받아주신다면 더할 나위 없는 영광
으로 여기겠습니다.

김성수가 조선 총독을 지낸 사이토 마코토에게 보낸 편지다. 이
에 대해 사이토는 김성수에게 다음과 같은 답신을 보냈다.

나는 작년 겨울 병으로 갑작스레 경성(京城)을 떠나 도쿄로 오
게 된 바, 의사가 진단하기를 수개월의 정양이 필요하다고 합
니다. (총독으로) 재직한 채로 오래 틀어박혀 있는 것은 본의가
아니라고 여겨 사직하게 되었으며, 지금은 병실에서 한가로이
쉬고 있습니다. 병환은 만성 기관지염으로 서두르지 않고 장
기간 정양하면 완쾌된다고 하므로 염려 놓으시기 바랍니다.
그런데 이번에 간독(懇篤)한 당신의 편지와 기국(器局)을 기증

김성수가 사이토 전 조선총독에게 보낸 편지.

받아 정말로 감사합니다. 후의를 기념하여 오래오래 귀중히
하겠습니다.

　김성수의 편지는 1930년 12월 30일자이며 사이토의 답신은 이
듬해 1월(일자 미상)에 보낸 것이다. 잘 알려진 대로 사이토는 3·1
의거 후 하세가와 요시미치(長谷川好道)에 이어 제3대 총독으로 부
임했다가 1929년에 다시 제5대 총독으로 부임했던 인물이다. 역
대 조선총독 가운데 두 차례나 조선총독을 역임한 자는 사이토가
유일하다. 처음 부임해서는 이른바 '문화통치'를 표방하며 오히려
이전의 '무단통치' 때보다도 더 악랄한 고등 수법으로 식민 통치
를 했던 장본인이다.
　「조선일보」, 「동아일보」 등 민간지가 탄생한 시기는 그가 3대
조선총독으로 부임한 지 얼마 되지 않아서였다. 김성수의 편지는
'은인' 사이토가 1930년 겨울에 병으로 갑자기 총독직을 사임하

고 도쿄로 건너가자 그의 문병을 겸해서 쓴 안부편지다. '민족지' 「동아일보」의 사주인 김성수가 조선 식민 통치의 최고 책임자였던 총독에게 보낸 이 편지에는 김성수가 평소 사이토를 어떻게 생각하고 있었으며 두 사람의 관계가 어떠했는지, 그리고 총독으로부터 어떤 은혜를 입었는지를 구체적으로 보여주고 있다.

지난 1993년 7월 8일에 국가보훈처는 역대 독립유공 서훈자 가운데 친일의 흠이 있는 자는 가려내 서훈을 취소하겠다고 밝힌 바 있다. 그때 보훈처는 대상 인물로 8명의 명단을 공개했는데, 그 가운데는 '민족지' 「동아일보」를 창간, 경영한 공로로 건국훈장 대통령장(2등급)을 받은 김성수도 포함돼 있었다.

문제는 그 다음이었다. 대다수 신문들이 보훈처의 처사를 환영한 반면 「동아일보」는 이틀 뒤인 7월 10일자 '친일 혐의 독립유공자 명단 근거 없이 작성 유출'이라는 기사를 통해 보훈처의 민족 정기 확립 노력에 찬물을 끼얹었다. 창간 이래로 '민족지'를 부르짖어온 「동아일보」의 입장과는 정면으로 배치되는 셈이다. 「동아일보」로서는 그럴 수밖에 없었는지도 모른다. 창업자가 문제의 8명에 포함됐기 때문이다. 아직도 진실을 은폐하고 있는 「동아일보」의 비열하고도 초라하기 짝이 없는 모습이라고 하지 않을 수 없다.

김성수가 일제 때 어떤 삶을 살았는지, 또 일각의 주장대로 그를 과연 '민족주의자'로 볼 수 있을지 그의 생애를 살펴보자.

지주의 아들, 교육자에서 사업가로

김성수는 1891년 전북 고창에서 지주 김경중(金暻中)의 장남으로 태어났다. 그러나 3살 때 백부 김기중(金祺中)의 양자로 입적되면서 호적상으로는 김기중의 아들로 돼 있다. 김기중·경중 형제는 인근에서 천석꾼으로 통하는 부자였다. 이들이 부를 축적한 경위를 두고서는 비판적 주장도 제기되고 있다. 대표적으로 두 형제가 벼슬자리에 있을 때 관권을 이용하여 백성들의 재물을 수탈했다는 주장도 있고, 심지어는 중국, 일본과 밀수를 해 돈을 모았다는 주장(위기봉, 『다시 쓰는 동아일보사사』, 1976)도 있으나 구체적인 자료로 확인된 것은 아니다.

부유한 집안에서 태어난 김성수는 일본으로 유학을 떠나 1914년에 와세다대학을 졸업했다. 귀국해서 이듬해인 약관 25살에 당시 대표적 사립학교인 중앙학교를 인수해 세인들을 놀라게 했다. 중앙학회의 부속학교로 경영난에 처해 있던 이 학교를 인수한 후 그는 1917년에 교장으로 취임했다. 당시 일본 유학생들은 약소국의 실력 양성의 두 축으로 교육과 산업 부문을 설정했는데 김성수가 우선 손댄 분야는 교육이었다. 이해에 그는 조선인 중소기업가들이 합자하여 운영하던 경성직뉴(京城織紐) 주식회사를 인수함으로써 마침내 산업 분야에도 진출한다. 이듬해에는 송진우에게 중앙학교 교장 자리를 넘기고 사업가로 변신했다. 3·1의거 직후에는 회사명을 경성방직으로 바꾸고 초대 사장에 박영효를 영입했다. 당대의 거물 친일파 박영효를 '얼굴마담'으로 내세워 총독부와 조선의 유지들을 사업에 끌어들이려는 의도에서였다. 「동아일보」가 초대 사장에 박영효를 앉혔던 것과 동일한 맥락이다. 1924년에 동생 김연수(金秊洙)가 일본에서 공부를 마치고 귀국하자 경성방직을 맡기고 김성수는 경영 일선에서 물러났다.

'3·1의거 방관자'가 최대의 수혜자로

김성수가 당대의 거물로 등장한 사회적·물적 기반은 단연 「동아일보」였다. 이는 광산 거부 출신의 방응모(方應謨)가 1932년에 「조선일보」를 인수하면서 하루아침에 유명 인사로 등장한 것과 유사하다.

일제의 민간지 발행 허가 계획에 따라 창간된 「동아일보」는 근본적으로는 민족주의 노선을 지향했다. 그러나 당시 식민지 상황 속에서 기본적으로 한계를 가질 수밖에 없었다. 특히 사주인 김성수의 '개량주의' 노선은 「동아일보」 노선의 사상적 골간이 되었다고 할 수 있다.

전 민족 차원의 의거로 일컬어지는 3·1의거 당시 김성수는 중앙학교 교장이었다. 그러나 '민족교육'의 기치를 내걸고 교육 사업에 투신한 그가 보인 면모는 딴판이었다. 『인촌 김성수전』에는 3·1의거를 두고 "단판승부는 자폭 행위이며 운동은 2선, 3선으로 이어져야 하고 중앙학교를 살려야 한다는 주위의 강권에 의하여 인촌은 2월 27일 고향 줄포로 낙향했다."고 나와 있다. 이는 같은 사립학교인 보성학교의 교주 의암 손병희(孫秉熙)와 교장 윤익선(尹益善)이 3·1의거에 가담했다가 체포·투옥된 사실과 극명한 대조를 이루는 사례다.

결국 김성수는 학교를 살린다는 명목으로 민족적 거사를 외면하면서 동시에 일제와의 정면 대립을 교묘하게 피했다. 그리고 3·1의거 직후에는 전국의 유지들을 찾아다니며 "독립운동 자금으로 생각하고 출자하라."며 자금을 모집해 그해 10월에 경성방직을 설립했다. 당시 그는 3·1의거 직후 고조된 민족의식을 바탕으로 비교적 수월하게 거액의 자금을 모집할 수 있었다. 결국 3·1의거의 '방관자'였던 그가 3·1의거의 최대 '수혜자'가 되었으니, 역사의 아이러니가 아닐 수 없다.

당시 김성수는 고향 친구 송진우를 앞세워 「동아일보」를, 와세다대학 동문인 장덕수(張德秀)를 앞세워 보성전문을, 그리고 친동생 김연수를 앞세워 경성방직 등 기업군을 관리한 '거물 기업인'이었다. 그는 막대한 부를 바탕으로 호남 인맥, 와세다대학 인맥 중에서 당대의 최고 엘리트들을 대량으로 휘하에 두고 있었다. 일제 당시 이들이 김성수의 '악역'의 상당 부분을 대리수행, 즉 '바람막이' 역할을 해줌으로써 그는 역사의 회오리를 대부분 피해갈 수 있었다.

한편 민족기업, 민족언론, 민족교육을 표방하며 오늘날 '재벌총수'급으로 성장한 김성수는 1922년부터 '물산장려운동'을 표방하고 나섰다. "입어라 조선 사람이 짠 것을, 먹어라 조선 사람이 만든 것을"이라며 저변에 민족감정을 깐 이 캐치 프레이즈는 근본적으로는 가동을 앞두고 있던 경성방직의 영업 정책의 일환이었다. 당시 사회주의자들이 거세게 반발했던 것은 이 때문이었다.

해방 후 반민특위에 끌려온 경성방직 사장 김연수는 당시 경성방직이 생산한 광목에 태극성 마크를 새긴 것을 두고 '민족적'이었다고 항변했지만 이는 설득력이 약하다. 당시 경성방직의 광목은 생산지만 조선이었을 뿐 사실상 일본 제품이나 마찬가지였다. 방직기계는 총독부의 후원과 일본계 은행들의 금융 지원을 받아 들여온 일본제 도요타(豊田) 방직기계였고, 원사(原絲)는 오사카의 야기(八木)상회에서 장기계약으로 공급받았다. 경성방직의 광목은 단지 조선 사람들의 노동력을 빌린 데 불과한 것이었다(앞의 책). 당시 김성수는 일본의 광고주들에게 금강산관광, 기생관광 등의 향응을 베풀기도 했다. 일본인 기생관광의 뿌리가 '민족지' 「동아일보」에서 비롯된 것임을 아는 사람은 많지 않다. 한 언론학자는 "당시 「동아일보」는 '민족지'를 표방한 채 계열기업의 선전지 역할을 한 것에 불과한 것이었다."고 혹평했다.

물산장려운동이 성공을 거두지 못하자 김성수는 1924년 자치운동의 일환으로 연정회(研政會) 설립을 추진했다. 이는 이른바 '민족개량주의' 또는 '실력양성론'이라는 미명 하에 일제의 '문화정치'에 발맞춰 일제와의 타협 속에 추진된 것으로, 비타협 민족세력의 반발로 중단되고 말았다. 이 무렵 이광수가 「동아일보」에 쓴 '민족적 경륜' 역시 이 같은 맥락에서 나온 것이었다. 사이토 총독이 남긴 『사이토 마코토 일기』에 따르면, 이 무렵 김성수와 그의 오른팔격인 송진우는 한 달에 한 번꼴로 사이토를 만났다. 연정회 설

김성수가 「매일신보」 1943년 11월 7일자에 기고한 학병 권유 기고문.

립과 관련하여 이들과 총독부 사이에 사전교감은 물론 총독부의 내락이 있었음을 쉽게 추측할 수 있다. 김성수는 1926년에 '연정회 부활운동'을 다시 전개했으나 이는 도리어 민족주의자들의 단결을 촉진하는 계기가 돼 이듬해인 1927년 좌우합작 민족단체인 신간회가 창립되었다. 김성수는 송진우를 앞세워 신간회를 주도하고자 했으나 사회주의 민족세력의 반발로 신간회에는 발도 붙이지 못했다.

중일전쟁을 고비로 일제의 전시체제 강화와 함께 국내 지식인들의 변절 바람이 대대적으로 불었다. 김성수 역시 시국강연 연사로 참여하면서 노골적으로 친일 대열에 동참하기 시작했다. 이듬해 6월에는 국민정신총동원 조선연맹의 발기인으로, 1940년에는 이 단체의 후신인 국민총력연맹의 이사로 참여했으며, 흥아보국단과 임전대책협의회의 통합단체인 조선임전보국단의 감사로 참여했다. 이 단체들은 모두 전시협력단체로 조선의 물자·인력 동원의 첨병 역할을 한 단체였다. 결국 그는 징병·학병 동원과 관련해 몇 편의 친일 논설을 남겼다. 인촌기념회가 발행한 『인촌 김성수전』은 당시 김성수가 쓴 글들은 모두 「매일신보」가 조작해서 썼다고 강변하고 있지만 납득하기 힘들다. 그동안의 행위로 보면 사정이야 어쨌든 직접 썼거나 묵인했다고밖에 볼 수 없다.

그의 동생 김연수는 형을 대신해 경성방직을 경영하면서 만주국 명예총영사, 중추원 참의 등을 지냈다. 만주에서 사업을 하고 있던 그로서 이 같은 감투를 제의한 총독부의 요구를 거절하기도 힘들었겠지만 이 때문에 사업에 도움이 됐음을 부인할 수는 없을 것이다. 반민특위에 검거된 김연수가 무죄 판결을 받고 석방되자 「동아일보」는 호외까지 발행하여 이를 대대적으로 보도했다.

"김성수, 친일파 맞다"

김씨 일가는 아직도 '민족지' 「동아일보」, '민족사학' 고려대, 삼양사 등의 거대 세력으로 건재하다. 민족문제연구소가 펴낸 『청산하지 못한 역사』(1994)에서 '김성수' 편만 필자명이 없는 것도 한 증표일 것이다.

참여정부 시절에 활동한 친일반민족행위 진상규명위원회(친일규명위)에서는 2009년 친일반민족행위자 2,006명을 최종 선정, 발표했다. 이 가운데는 김성수와 방응모도 포함돼 있다. 김성수의 증손자인 김재호「동아일보」회장은 친일규명위의 친일반민족행위자 결정 취소 소송을 냈다. 2011년 11월 항소가 제기된 지 4년 2개월 만에 이뤄진 2016년 1월의 항소심에서 재판부는 "1심의 판단이 맞다."며 원고의 항소를 모두 기각했다. 마침내 김성수의 친일 행위가 인정된 것이다.

25 | 일제 '문화정치'의 조력자
언론인 진학문

1974년 2월 8일자 「동아일보」 광고란에 이색광고가 실렸다.

그동안 많은 총애를 받았사옵고, 또 적지 아니한 폐를 끼쳤습니다. 감사합니다. 나는 오늘 먼저 갑니다. 여러분 부디 안녕히 계십시오. 1974년 2월 3일. 秦學文

고인의 뜻에 따라 화장으로 하고 여러분의 염려하여주신 덕택으로 모든 일을 무사히 끝마쳤음을 충심으로 감사드립니다. 1974년 2월 7일. 미망인 秦壽美, 우인 崔承萬

광고의 주인은 언론인 진학문으로 2월 3일에 그가 죽자 5일자

「동아일보」 1974년 2월 8일자 5면 광고란에 실린 진학문 부음 광고.

로 장례를 치르고 8일자로 광고를 낸 것이다. 부고는 죽은 진학문이 미리 써놓은 것이고 사망 날짜는 친구 최승만이 나중에 넣은 것이다. 이 광고는 죽은 사람이 자신의 부음 광고를 냈다고 하여 장안의 화제가 된 바 있다. 죽기 전에 자신의 부음 광고를 남긴 사람은 진학문이 처음이자 마지막이 아닌가 싶다. 어쨌든 별난 데가 있는 사람이었다.

진학문(秦學文, 1889~1974).

그는 서울 태생으로 해방 전후를 통틀어 언론계, 관계, 경제계 등 다방면에서 활동한 재사(才士)였다. 그러나 영문학자이자 소설가인 조용만(趙容萬)의 지적처럼 "어떤 한 방면에서도 뚜렷한 업적을 남기지 못한 사람"이었다고 할 수 있다. 그의 평생 친구였던

언론계, 경제계 등에서 두루 활동한 진학문.

언론인 김을한(金乙漢)은 그의 다양한 생애를 언론계 시대, 만주국
시대, 경제계 시대의 3기로 나누고 있다. 그의 초년 시절에 대해선
별로 알려진 것이 없다.

기자로 사회 첫발, 「동아일보」 창간 멤버

진학문은 1907년에 일본으로 건너가 이듬해 게이오의숙(慶應義
塾) 보통부에 입학했지만 학비 조달을 못해 귀국하고는 보성고보
에 입학하여 1912년에야 이 학교를 졸업했다. 진주에서 잠시 교
편을 잡던 그는 이듬해 다시 도일해 와세다대학 영문과에 입학했
으나 역시 중퇴했다. 1916년에 다시 도쿄외국어학교 러시아어학
과에 입학했지만 이 역시 졸업하지는 못했다. 일본 유학 시절 진
학문은 최남선, 최두선, 신익희 등과 교류하면서 조선유학생학우

회 회원으로 김병로, 신익희, 장덕수, 최승만 등과 함께 1914년 4월에 「학지광(學之光)」이란 잡지를 만들면서 총무로 일했다.

이 무렵 진학문은 최남선이 창간한 「소년(少年)」과 「청춘(靑春)」 등에 수필이나 번역문을 싣기도 했는데, 한마디로 초창기에는 문학 청년이었다고 할 수 있다. 1917년 「청춘」 11월호에 인도의 시성 타고르의 「패자(敗者)의 노래」라는 시가 실렸는데, 이는 도쿄외국어학교에 재학 중이던 진학문이 당시 일본을 방문한 타고르를 만나 부탁하여 실리게 된 것이었다.

진학문이 사회에 첫발을 내디딘 분야는 문단이 아닌 언론계였다. 그는 총독부 기관지인 「매일신보」에 자리가 있다는 이야기를 듣고 귀국했으나 여의치 않자 일단 총독부의 일어판 기관지인 「경성일보」에 입사했다. 그러나 얼마 되지 않아 상사와의 불화로 그만두고 당시 「경성일보」 사장 아베의 소개로 1918년에 「오사카 아사히신문」 경성지국의 문을 두드려, 1920년 4월 「동아일보」가 창간될 때까지 이곳에서 근무했다. 이 기간 동안 그는 총독부와 그 산하 각급 기관을 취재차 출입하면서 고급관리들과 사귀게 되는데 그가 친일파로 성장하는 토양은 이때 마련되었다고 할 수 있다.

3·1의거 후 새로 부임한 사이토 총독은 이른바 '문화정치'를 표방하며 조선인에게도 민간지 발행을 허가했다. 이는 언뜻 보면 조선인을 위한 것 같지만 사실은 이를 통해 친일 세력을 육성하고 민족운동 계열을 대립, 분열시키려는 고도의 술책이었다. 다시 말해 그동안 지하에 숨어서 활동하던 민족운동 계열의 언론 활동

을 양성화시켜 겉으로는 조선인들에게 생색을 내면서 속으로는 감시권 내에 두겠다는 속셈이었다. 당시 민족 계열 신문의 창간 계획을 총지휘한 사람은 사이토 총독의 정치참모인「경성일보」 사장 아베였다. 진학문은 아베와 친밀한 사이였던 관계로 중간에서 심부름을 했다. 그는 또한 사이토 총독과도 친분이 있었다. 사이토가 부임하던 날 경성역(오늘날 서울역)에서 강우규 의사의 폭탄 세례를 받은 다음 날, 진학문이「아사히신문」특파원 자격으로 남산 총독 관저로 찾아가 일본인에 대한 조선인의 민족감정 문제를 놓고 담론을 벌인 것이 계기가 됐다.

총독부로부터 민간지 창간 허가를 얻어낸 그는 최두선을 통해 호남 거부 김성수를 물주로 잡고는 4월에「동아일보」를 창간했다. 진학문은 창간을 주도한 공로로「동아일보」의 정경부장 겸 학예부장, 논설위원 등 핵심요직을 겸했다. 그러나 6개월 만에 별다른 이유 없이「동아일보」를 퇴사하고 러시아로 떠났다. 표면적인 이유는 전공인 러시아 문학을 좀 더 공부하고 싶다는 것이었다. 그러나 정작 러시아까지 가지도 않고 블라디보스토크에 들렀다가 귀국하고 만다. 이 과정에서 상해 임정의 조소앙, 홍명희, 이광수, 안창호 등을 만났는데 총독부의 밀명을 받은 모종의 정탐 행위가 아니었나 짐작할 뿐이다.

한편 귀국하여 도쿄로 건너가 있던 진학문은 1922년에 3·1의 거로 투옥됐다가 가출옥(1921년 10월 19일)으로 석방된 최남선으로부터 '출옥 후 초(初) 집필'이라고 시작되는 편지 한 통을 받았다. 이 편지에서 최남선은 그가 경영해오던 신문관(新文館)을 공공성을 띤

기관으로 운영하고 싶으니 귀국해서 자신을 도와달라고 했다. 이 요청을 받아들여 귀국한 그는 총독부와 협의하여 제호를 「동명」으로 바꾼다는 조건부로 잡지를 재창간했다. 그러나 「동명」은 자금난으로 창간 1년도 못 돼 1923년 6월에 자진 휴간했고, 다시 「시대일보」로 제호를 바꿔 일간지로 재창간했으나 이 역시 오래가지 못했다.

실직자가 된 진학문은 딸의 학비를 벌기 위해 수송동 집에 '문화상회'라는 문구점 겸 잡화상을 차렸으나 이 역시 여의치 못하자 1927년에는 브라질로 이민을 떠났다. 그러나 브라질에 정착하지 못하고 딸만 잃은 채 1년 만에 빈손으로 귀국했다. 그는 어느 잡지에 쓴 글에서 "그 뒤 약 10년간 나는 거의 하는 일 없이 두문불출했다."고 적었는데, 1930년대 전반기 그의 행적은 이 때문에도 별로 알려진 것이 없다.

'문화정치' 협력하다 만주국으로

1936년 진학문은 돌연 만주국 국무원 참사관에 임명돼 다시 세상 밖으로 나왔다. 국무원 참사관은 오늘날로 치면 내무장관에 해당하는 고위직이었다. 그러나 그가 만주국과 인연을 맺은 것은 이보다 훨씬 앞선 것으로 보인다. 그는 만주국 고관으로 임명되기 전에 관동군의 촉탁을 지내면서 협화회(協和會) 촉탁과 친일 「만몽일보(滿蒙日報)」 고문도 지냈다. 관동군사령부 소속 정보장교 쓰지

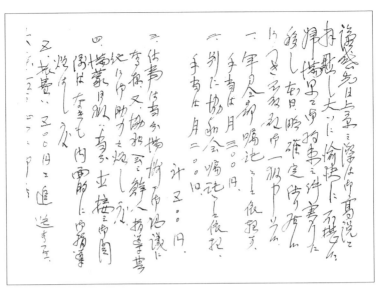

진학문이 관동군사령부 정보장교 쓰지 대위로부터 받은 편지.

(註) 대위는 그에게 다음과 같은 내용의 편지를 보낸 바 있다.

만주로 돌아와 서둘러 약속하신 건을 실행에 옮겨 오늘 대략 확정하게 되었는 바 우선 간단히 알려드립니다.

1) 군사령부 촉탁으로 의뢰함. 수당은 월 300엔.

2) 별도로 협화회 촉탁으로 의뢰하며 수당은 월 200엔, 합계 500엔.

3) 일은 당분간 만주에 관해 인식할 수 있도록 하고 또 협화회의 조선인 지도와 그 밖의 협력을 부탁하고자 함.

4) 「만몽일보」는 당분간 직접적인 관계는 없더라도 내면적으로 지도를 부탁드리고자 함.

5) 여비는 500엔을 추후 보낼 것임. 대체로 위와 같음. 곧 정
   식 발령이 있을 것이며 추후 전보로 알리게 될 것임. ……
   가족을 동반하는 문제는 건강에 지장이 없다면 괜찮다고
   생각함.

　편지를 보낸 시기는 정확치 않으나 1930년대 중반 무렵 그가 만주국 관리로 들어가기 전으로 보인다. 이 편지에 이어 "(관동)군 촉탁을 오늘부로 발령됨. 여비 500엔을 발송함. 도만(渡滿) 날짜가 확정되는 대로 통지해주기 바람", "전직(轉職)하게 되어 매우 유감임", "관복(官服)을 벗고 난 감회가 어떻습니까? 생활필수품이 갑자기 싸진 듯한……" 등의 전보나 편지가 잇따른 것으로 보아 그는 관동군 촉탁에 부임, 근무했던 것이 확인된다. '전직'은 그가 1936년에 만주국 국무원 참사관으로 자리를 옮긴 것을 말한다.

일제의 하수인, 해방 후에도 그 경력으로 떵떵거리다

　1939년부터 진학문은 다시 만주생필품주식회사의 상무 이사로 자리를 옮겼다. 이 회사는 만철(滿鐵)소비조합과 만주국관리소비조합에 대한 물자공급기구로 조직한 것을 개편한 일제의 국책회사였다. 그는 전반기 3년은 만주 본사에서, 후반기 3년은 경성지사에서 근무하면서 일제의 전시하 통제경제정책 관리자로 활동했다. 진학문이 해방 후 경제계에 몸담은 터전은 여기서 활동한 경력이

었다. 경성 주재 이사 시절 그는 조선 내 친일 기업인은 물론 각
계 친일파들과 교류하면서 각종 전쟁 협력 모임과 강좌에 얼굴을
내밀기도 했다. 친일 단체인 대화동맹의 이사도 지냈다.

　해방 후 진학문은 한동안 두문불출하다가 처가가 있는 일본으
로 건너갔다. 반민특위의 활동이 끝난 후인 1952년에 한국무역진
흥공사 부사장, 한국무역협회 일본지부장(1955년)을 시작으로 활동
을 개시한 그는 1957년에 완전히 귀국하여 1960년대에는 전국경
제인연합회 상임 부회장, 서울시 자문위원회 건설위원장, 이민공
사 사장, 한일협회회장 등을 지내면서 재계의 거물로 변신, 경제
계 요직을 두루 섭렵했다. 일제의 하수인으로 활동한 것이 문제가
되기는커녕 해방 후 오히려 경제 분야 경력자로 감안돼 그 덕(?)
을 다시 보게 된 것이다.

26 | '팔굉일우' 외친 '불놀이' 작가
시인 주요한

아아 날이 저문다. 西便 하늘에, 외로운 江물 우에, 스러져가
는 분홍빗놀…… 아아 해가 저물면 해가 저물면, 날마다 살구
나무 그늘에 혼자 우는 밤이 또 오것마는, 오늘은 四月이라
파일날 큰 길을 물밀어 가는 사람 소리는 듯기만 하여도 흥성
시러운 거슬 웨 나만 혼자 가슴속에 눈물을 참을 수 업는고?

_ 「창조」창간호(1919년 2월)

4월 초파일 저녁 대동강변에서 벌어진 불놀이 장면을 보고 죽
은 애인을 그리는 애상조의 이 시는 주요한(朱曜翰)의 대표작 「불
놀이」다. 우리 문학사상 '최초의 자유시'이기도 한 이 시는 일제하
우리 민족의 아픔과 시대상황을 민족정서로 표현했다 해서 오랫

1937년 '동우회 사건'으로 구속돼 죄수번호 2089번
을 달고 있는 주요한의 모습.

동안 사랑받아왔다. 우리 역사에 처음 등장한 '시인 주요한'의 출
발은 이처럼 좋았다.

　주요한(1900~1979, 창씨명 松村紘一)은 1900년 10월에 평양 목사 집
안의 8남매 중 막내로 태어났다. 1912년에 숭덕소학교를 마치고
부친을 따라 일본으로 건너간 그는 메이지학원에서 중등 과정 5
년을 마치고 도쿄 제1고등학교에 진학했다. 당시 문학에 심취해
있던 주요한은 이 무렵 도쿄 유학생이자 같은 문학 청년인 김동
인을 만나 우리나라 최초의 순수문예 동인지 「창조」를 탄생시킨
다. 3·1의거가 터지기 꼭 한 달 전의 일이다. 대표작 「불놀이」도
여기서 첫선을 보였다.

　「창조」 2호가 나올 무렵, 고국에서 3·1의거가 일어나자 주요한
은 서둘러 짐을 싸서 귀국했다. 그러나 부친은 도쿄로 돌아갈 것
을 강권했다. 동생 요섭(耀燮, 작가)이 몰래 전단지를 복사해서 돌리

다가 체포되자 장남에게까지 화가 미칠 것을 우려했던 것이다. 결국 도쿄로 되돌아온 그는 한동안 방황하다 한인 YMCA 총무 최승만을 만나 상해행을 권고받는다. 시인이자 애국청년으로서 보낸 주요한의 상해 생활 9년은 이렇게 시작됐다.

상해는 주요한을 반겼다. 당시 임시정부에서는 기관지 「독립신문」 발간을 준비 중이었는데 그와 같은 문사(文士)가 필요했다. 「독립신문」은 그해 8월 21일에 창간호를 냈는데 사장 겸 주필은 이광수였고 주요한은 이광수 밑에서 편집국장 겸 기자로 있었다. 상해 임정에서 처음 만난 두 사람은 오랜 세월을 동지로 함께했다. 나중에 '동우회 사건'으로 변절해 친일의 길로 들어서면서도 둘은 행동 일치를 보였다. 상해 시절 주요한은 자신이 기자로 있던 「독립신문」에 '송아지'라는 필명으로 「조국」 등 여러 편의 애국시를 발표하기도 했다('송아'라는 아호는 필명 '송아지'에서 따온 것이다).

1927년, 주요한은 돌연 9년간의 상해 생활을 청산하고 경성(오늘날 서울)으로 돌아왔다. 귀국 동기는 분명치 않지만 귀국 후 곧바로 「동아일보」에 둥지를 틀었다. 입사 2년 만에 편집국장이 된 그는 그해 광주학생의거 관련 민중대회 발기인으로 참여한 것이 말썽이 돼 일제로부터 곤욕을 치렀다. 1933년에는 「조선일보」로 자리를 옮겼으나 사주와의 갈등 끝에 이광수에게 편집국장 자리를 물려주고 퇴사했다. 같은 해에 화신 사장 박흥식의 권유로 '화신산업'에 입사해 언론인에서 회사 중역으로 일대 변신을 꾀했다.

한편 이 무렵 주요한은 이광수와 함께 도산 안창호가 1913년 미국에서 설립한 '흥사단'의 국내 단체인 수양동우회(1929년 11월 동우회로 개칭)의 핵심간부(이사장)로 활약하고 있었다. 이 단체는 친목 단체로 위장한 민족 단체였는데 당시에는 합법 단체였다. 회원들은 교육자, 목사, 변호사, 의사 등 부르주아 민족주의자들이었다. 중일전쟁을 앞두고 이 단체는 일제의 표적으로 떠오르게 된다.

충성서약 표시로 국방헌금을 바치다

중일전쟁 발발 한 달 전 일제는 동우회 해산 명령과 함께 동우회원 일제 검거에 나섰다. 민족주의 계열 인사에 대한 대대적인 검거 작전의 신호탄이었다. 뒤이어 흥업구락부 사건, 천도교 인사 탄압, 조선어학회 사건 등이 뒤따랐다. 이때 검거된 동우회 회원은 150여 명에 이르렀다. 4년여에 걸친 재판 기간 동안에 2명은 옥사했고 주요한을 포함해 「화수분」의 작가 전영택, 작곡가 현제명·홍난파 등 18명이 '전향서' 발표와 함께 친일 단체인 대동민우회 가입을 선언했다.

1938년 11월 5일에 경기도 경찰부가 작성한 비밀문건(제2494호)에 따르면 이광수, 주요한 등 보석출소자 28명은 11월 3일에 경성 시내 효자동 소재 이광수의 집에 모여 사상 전향에 관한 회의를 열고는 충성서약의 표시로 11월 말까지 동우회 입회금 300원을 포함, 총 2,888원을 국방헌금으로 바치기로 결의했다. 헌금 전달자는 주요한으로 결정되었다. 상해 임정에서 「독립신문」을 만들고 애국시를 쓰던 주요한은 이렇게 변절했다.

주요한의 친일성을 엿볼 수 있는 대표적인 사례 중 하나는 마쓰무라 고이치(松村紘一)라는 그의 유별난 창씨명이다. 이름에 해당하는 고이치(紘一)는 일본의 건국이념인 '팔굉일우(八紘一宇)'에서 따온 듯한데 실지로 그는 「팔굉일우」라는 시도 썼다.

'팔굉일우'는 어디서 비롯된 말일까?

일본의 역사서인 『일본서기(日本書紀)』에 따르면, 일본의 초대 천황인 진무(神武)가 야마토(大和)에 도읍을 정하면서 "육합(六合)을 겸하여 도(都)를 개(開)하고 팔굉(八紘)을 병(倂)하여 우(宇)로 한다'6대양 8대주를 병합하여 한 집으로 한다'는 뜻)."는 내용의 조칙을 내렸는데, 여기서 생겨난 말이 '팔굉일우'다. 1940년 8월 제2차 고노에(近衛) 내각이 기본국책 요강에서 대동아 신질서 건설을 위해 "황국의 국시(國是)는 팔굉을 일우로 하는 건국정신에 근거한다."고 밝혔는데, 이때 '팔굉일우'라는 용어가 처음 공식적으로 사용됐다. 그 후 이 용어는 '대동아 공영권 건설'의 기치를 내건 일제의 군국주의적 이데올로기의 구호로 널리 유포되었다.

폐하를 위해 죽는 것만이 사는 것

철저한 일본정신으로 무장한 주요한은 친일잡지 「삼천리」(1940년 12월호)에 '동양해방(東洋解放)' 기고를 시작으로 각종 매체에 다수의 친일시와 논설을 발표했다. 또한 조선문인협회, 문인보국회, 조선임전보국단, 언론보국회, 대의당, 대화당 등 당시의 대표적인 친일 단체 간부로도 활동했다.

주요한의 대표적인 친일 문장 몇을 만나보자.

태평양전쟁 개전(1941년 12월 8일) 직후인 1941년 12월 14일 조선 임전보국단 주최 '미영(美英)타도 대강연회'에서 주요한은 '루스벨트여 답하라'라는 제목으로 강연하면서 미국의 루스벨트 대통령과 영국의 처칠 총리를 '위대한 어릿광대'라고 지칭하며 "반도의 2,400만은 혼연일체가 되어 대동아 성전의 용사되기를 맹세하고 있다."고 포효했다. '조선임전(朝鮮臨戰)'(「신시대」 1941년 3월)이라는 글에서는 "지금 시국이 요구하는 것은 행동이요, 희생이요, 무조건의 헌신"으로 "동아의 성전이 조선에 구하는 것은 땀과 피와 살과 생명"이라며 "오직 우리는 (천황이) 부르실 때 바칠 뿐"이라고 했다. 일제의 징병제 실시를 맞아서는 "오늘에야 우리를 / 부르시는 높은 뜻을 / 서로 전해 말하며 / 눈물 흘리는 것을⋯⋯"(「오늘에야」 제1절)이라며 감격했다. 또 조선인 지원병으로서 최초의 전사자인 이인석(李仁錫)의 죽음을 두고는 "보아라, 너들의 피가 / 내 핏줄을 통해 / 여기 뿜는다. 2천 3백만의 / 뜨거운 피가 / 1억의 피로 / 한 덩어리가 되는 / 처음의 피가 / 지금 내 핏줄에서 / 콸콸 솟는다⋯⋯"(「첫 피」 제3연)고 했다. 「동의어」라는 시에서는 "죽음을 두려워하지 않는 것은 사는 것이 아니다 ⋯⋯ 폐하를 위해 살고, 또 죽는 것만이 즉 사는 것이다."라고 했다.

이쯤 되면 그를 조선 사람으로 보기 힘들다. 이 시들은 대부분 일본어로 번역되어 『손에 손을』이라는 그의 시집에 실렸다. 주요한은 이 시집으로 제4회 조선문예상 문학상을 받았다. 이렇듯 해

서울 세종로공원에 있는 주요한 시비.
친일 경력은 단 한 줄도 적혀 있지 않다.

방 때까지 그의 친일 행각은 계속됐다.

해방 후 반민특위에 불구속 기소됐다가 풀려난 후 주요한은 대
한상공회의소 특별위원, 대한무역협회장, 국회의원(재선)을 거쳐
4·19혁명 이후 장면 정권에서 부흥부·상공부 장관, 다시 5·16
이후에는 경제과학심의회 위원, 「대한일보」 사장, 대한해운공사
사장 등 승승장구하며 화려한 경력을 쌓았고 1979년 사망하자 정
부는 국민훈장 무궁화장을 안겼다.

지난 1993년 서울의 도심 세종로공원에 주요한의 시비(詩碑)가
세워졌다. 시비 뒷면 약력란에는 1937년 수양동우회 사건으로 체
포된 이후 해방 때까지의 친일 경력에 대해서는 단 한 줄도 언급

되어 있지 않다. 주요한에 대한 서훈과 시비 건립이 과연 적절한 것이었는지에 대한 평가는 오롯이 역사의 몫으로 남았다.

27 | "학도여, 성전에 나서라"
시인 김동환

"아하, 無事히 건넜을까 / 이 한밤에 男便은 / 豆滿江을 탈없이 건넜을까? / 저리 국경 강안을 경비하는 / 외투 쓴 검은 巡査가 / 왔다- 갔다- / 오르명 내리명 분주히 하는데 / 발각도 안 되고 무사히 건넜을까"

소곰실이 密輸出馬車를 띄워놓고 / 밤새가며 속태이는 젊은 아낙네 / 물레 젓던 손도 脈이 풀려서 / 파! 하고 붓는 魚油 등잔만 바라본다. / 北國의 겨울밤은 차차 깊어가는데

······

_ 서사시 「국경의 밤」 제1부 첫머리

새벽마다 / 고요히 꿈길을 밟고 와서 / 머리마테 찬물을 쏴-

퍼붓고는 / 그만 가슴을 드듸면서 멀니 사라지는 北靑물장수.
물에 저즌 꿈이
北靑물장수를 부르면 / 그는 삐걱삐걱 소리를 치며 / 온 자쵀
도 업시 다시 사라진다.
날마다 아츰마다 기대려지는 / 北靑 물장수.

_「북청 물장수」 전문

친숙한 두 편의 시를 읽으면서 우리는 기억의 저편으로 사라진
한 시인을 그리워하게 된다. 김동환(金東煥)이 바로 그 주인공이다.

시인은 가도 시는 영원한가?

흔히 김동환을 '북국(北國)의 시인'이라고도 부르는 것은 그가
함경북도 경성(鏡城) 출신인데다 북방의 정서를 담은 시를 여럿 썼
기 때문이다.「국경의 밤」은 우리 국문학사에서 '최초의 장편 서사
시'로 평가받고 있다. 당시 북방 지역 조선인들의 애환을 담은 이
시는 작품 저변에 흐르는 민족적인 색채로도 특별한 평가를 받고
있다.「북청 물장수」는 '북청(北靑)'이란 지명을 단숨에 유명하게
만들었다. 당시 경성에는 물장수를 하면서 아들이나 동생의 학비
를 대는 북청 사람들이 많았다.
토속적인 정서로 식민지 조선인들의 삶과 애환을 노래한 '민족
시인' 김동환. 일제 말기 그의 변절은 더욱 안타깝다.

장편서사시「국경의 밤」으로 유명한 김동환.

김동환(1901~1958. 창씨명 白山靑樹).

그의 첫 출발은 신문기자였다. 서울 중동중학교를 마치고 1921년에 일본 도요대학에 입학한 그는 1923년 9월 1일 도쿄 일대를 강타한 간토대지진이 나자 학업을 중단하고 귀국했다. 1924년 고향인 경성에서 발행되던 「북선일일신문(北鮮日日新聞)」 기자로 입사해 사회에 첫발을 내디뎠다. 이 신문은 일본인이 발행하던 지방신문으로 일어판과 조선어판을 발행하고 있었는데 김동환은 여기서 조선어판 기자로 있었다. 입사 한 달 만에 「동아일보」로 자리를 옮겼는데 여기서도 1년을 채우지 못했다. 당시 좌익 기자들이 주도하던 파업에 참여했다가 「동아일보」를 떠나야 했던 것이다. 이후 「시대일보」, 「중외일보」를 거쳐 1927년 5월 「조선일보」에 자리를 잡았다. 김동환의 5년 남짓한 신문기자 생활은 「조선일보」에서 막을 내렸다.

김동환은 신문기자보다 시인, 문필가로 더 유명하다. 그의 문단 활동은 신문기자 생활보다 앞선다. 그는 1924년 5월 양주동의 추천으로「금성(金星)」지에「적성(赤星)을 손가락질하며」를 발표하면서 문단에 데뷔했다. 그의 대표작 중 하나인「북청 물장수」는「동아일보」에 입사한 지 1주일 만인 1925년 10월 13일자「동아일보」지면에 발표한 것이다. 첫 시집『국경의 밤』은 이듬해 3월에 한성도서에서 출간됐다. 1920년대 중반부터 시작된 그의 시작(詩作) 활동은 1940년대 초반까지 계속됐다.

신문기자, 시인에 이어 그를 상징하는 말이 또 하나 있다. 잡지「삼천리」발행인(사장)이 그것이다.「삼천리」는 1929년 6월에 창간하여 1942년 1월까지 통권 152호를 발행한 종합 월간지다.「삼천리」창간 배경에는 재미있는 일화가 있다. 원래 김동환은 자본가는 아니었다. 그가 이 잡지를 창간한 밑천은 '촌지'였다. 당시 그는「조선일보」사회부 기자(차장)로 총독부를 출입하고 있었다. 그해 가을 조선총독부가 경복궁에서 '조선박람회'를 개최하면서 출입기자들에게 300원씩(액수에 대해선 일부 주장이 엇갈림) '촌지'를 돌렸는데 쌀 한 가마가 13원 하던 시절이니 꽤 큰돈이었다. 대부분의 기자들은 '공돈'이라며 옷을 사 입거나 유흥비로 날렸다. 그런데 김동환은 이 돈을 '사업 자금'으로 활용했던 것이다.

초창기「삼천리」는 우리 국토를 상징하는 제호(題號)만큼이나 민족적 색채가 강한 잡지였다. 당대의 거물 문사와 논객들이 단골 필자로 참여하여 조선의 역사, 문화와 당대의 시대상을 주요 테마로 다루곤 했는데,「삼천리」는 당시 민간 신문사들이 발행하던 종합지인「신동아」,「조광」등과 어깨를 겨룰 만큼 인기가 높았다.

1938년 어느날 삼천리사에서 문우들과 함께 찍은 사진. 앞줄 왼쪽부터 노천명, 최정희, 장덕조, 뒷줄 왼쪽에서 두 번째 팔짱 끼고 있는 사람은 모윤숙, 오른쪽 끝이 김동환이다. 최정희는 한때 삼천리사의 여기자로 근무했었다.

　김동환과 여류소설가 최정희(崔貞熙)의 '불륜'은 한국 문단에서 유명한 얘기다. 두 사람 모두 문인이자 일제 말기 친일 행적도 똑같이 남겼다. 「시대일보」 기자 시절인 1926년에 원산(元山) 출신 신여성 신원혜(申元惠)와 결혼한 김동환은 3남 1녀를 두었다. 김동환이 최정희를 처음 만난 것은 1931년 초가을이었다. 중앙보육학교장 박희도(朴熙道, 3·1의거 민족대표 33인 중 1인으로 나중에 친일로 변절)의 취직 부탁을 가지고 삼천리사를 찾아온 최정희를 김동환은 당일로 부인기자(여기자)로 채용했다. 당시 최정희도 결혼한 몸이었다.

　두 사람이 동거를 시작한 것은 1943년 초였는데, 이 무렵 최정희는 남편과 사별한 상태였다. 두 사람은 1950년 김동환이 납북될 때까지 7년간 동거하면서 딸 둘을 낳았다. 최정희는 생전에 전 남편과의 사이에 태어난 아들을 김동환의 호적에 올렸다가 신원

혜 측으로부터 피소된 적도 있다.

　1934년에 '프롤레타리아예술동맹사건'으로 9개월간 옥고를 치르기도 했던 최정희 역시 결전부인대강연회(1941년 12월 27일)에 연사로 참여하는 등 일제 말기 친일로 전향했다. 최정희의 대표적 친일 작품으로는 소설 「장미의 집」과 「야국초(野菊抄)」, 수필 「동아(東亞)의 새아침」 등이 있다.

학도여, 성전에 나서라

　김동환은 잡지 발행 이외에도 신문과 다른 잡지 기고를 통해 왕성한 문필 활동을 하고 있었는데 때는 바야흐로 1930년대 후반으로 접어들기 시작했다. 그에게도 이른바 '시국(時局)'의 검은 그림자가 드리워지기 시작했다. 중일전쟁의 발발을 분수령으로 일제의 황국신민화 정책이 전개되자 김동환도 여타 문사들과 마찬가지로 친일 대열에 합류하게 된다.

　　시국은 점점 긴장하여가고 장기전(長期戰)의 체제는 점점 굳어가고, 그리하여 국민총동원의 추(秋) 다다랐도다. 우리는 일체의 힘을 합하여, '전쟁에 이깁시다. 국책(國策)의 선(線)에 연(沿)하여 일체의 동작을 합시다'.

　1938년 5월에 발간된 「삼천리」 창간 10주년호 '편집후기'에서 김동환은 자신의 향후 노선을 공개적으로 천명했다. 같은 호 기명 칼럼 '시평(時評)'에서는 "이제 제국은 아세아의 번영과 행복을 위하여 대지(對支) 응징의 전쟁을 기(起)하고 있다. …… 자식과 조카를 단 한 사람이라도 더 많이 군문(軍門)에 보내야 할 것"이라며 지원병으로 나갈 것을 독려했다. 김동환이 친일로 전향한 배경에는 「삼천리」의 재정난이 한 요인이라는 주장도 있지만 그보다는 기득권 유지와 '대세순응주의'가 주된 요인이었을 것이다.

그의 친일시는 이듬해부터 노골적으로 시작된다. 지원병을 찬양한 「1천 병사의 삼(森)」에서는 "저마다 폐하의 무궁한 성대(聖代)를 노래 부르는 젊은 건아"로, 「고란사에서」라는 시에서는 "대화(大和)의 처녀가 사라져 가버린 뜰에 나 홀로 서성거리며 어조영(御造營)의 망치소리에 천년 역사를 회상"하며 부여신궁(扶餘神宮) 근로봉사의 감격을 읊었다. 조선인 학병 동원이 시작되자 「매일신보」에 「권군취천명(勸君就天命)」이라는 시를 통해 "번듯하게 사는 길이란-제 목숨 나라에 바쳐, …… 군국에 바칠 때일세"라며 '성전'에 나서라고 촉구했다. 이밖에도 각종 친일 매체에 다수의 친일 논설과 평론 등을 남겼다.

김동환의 대표적인 친일 행적으로는 그가 주동이 돼 1941년 8월 25일 임전대책협의회를 발족시킨 사례가 꼽힌다. 이 단체는 임전(臨戰) 체제 하에서 자발적으로 황민화운동을 실천하기 위해 조선 내 친일 인사를 총망라하여 구성한 단체다. 9월 들어 이 단체는 윤치호 중심의 친일 단체인 흥아보국단 준비위원회와 통합, 조선임전보국단으로 재출발했다. 김동환은 이 단체의 핵심요원인 상

「매일신보」1943년 11월 7일자에 실린 김동환의 학병 권유 친일시. '시로야마 세이주(白山靑樹)'는 김동환의 창씨명이다.

무 이사로 활동했다. 이밖에도 조선문인협회 발기인, 조선문인보국회 상임이사, 국민총력조선연맹 문화위원, 대화동맹 위원 등을 지내면서 일제 말기 친일 대열에서 주도적인 역할을 했다.

친일로 변절한 후 그는 1942년 5월 1일자로 「삼천리」를 「대동아(大東亞)」로 개제(改題)했다. 민족적 색채가 짙은 제호를 친일 냄새가 물씬 나는 것으로 바꾼 셈이다.

반민특위에 자수, 그리고 납북

해방 후 김동환은 친일 행각을 뉘우치면서 반민특위에 자수했다. '공민권 정지 5년'을 선고받은 그는 한국전쟁 때 납북되었다. 그의 셋째아들 김영식은 1994년 부친의 평전을 펴내면서 부친의 친일 행적에 대해 대신 사죄한 바 있다. 선대를 대신해 후손이 사죄한 것은 김영식이 처음이다. 「산 너머 남촌에는」 등 김동환이 남긴 시는 노래로도 만들어져 여전히 세인의 사랑을 받고 있다.

> 문인이 지켜야 할 절개에 2가지가 있다. …… 믿던 부류의 사람까지 이(利)에 팔리고 지위에 움직임을 받아서 부끄러운 처신을 취한다면 대중이 그를 버릴 것이요, 예술은 그를 타기(唾棄)할 것이다.

아직 민족혼이 살아 숨 쉬던 시절 김동환이 쓴 한 구절이 가슴을 친다.

28 | 사라진 선구자의 꿈

시인, 작사가 윤해영

일송정 푸른 솔은 늙어 늙어 갔어도

한 줄기 해란강은 천년 두고 흐른다

지난날 강가에서 말 달리던 선구자

지금은 어느 곳에 거친 꿈이 깊었나

가곡 「선구자」의 1절 가사다. 노랫말이 담고 있는 비극적 서사성과 장중한 선율, 가사 구절마다 배어 있는 조국 광복의 웅지가 어우러져 부르는 이와 듣는 이 모두를 숙연케 하는 노래다. 가히 '국민가곡'이라 부를 만하다.

일송정(一松亭)에 오르면 멀리 동쪽으로 용정(龍井) 시내가 한눈에 들어온다. 발아래 북쪽으로는 해란강이 서쪽에서 동쪽으로 유

1930년대 용정 시내 모습. 3·1의거 후 한국인들이 이곳으로 모여들기 시작해 용정은 간도의 교육, 문화, 상업의 중심지이자 항일운동의 본거지가 되었다.

유히 흐른다. 여기가 바로 '선구자'의 고향이다. 그러나 유구한 세월 속에서 산천은 의구하되 인걸은 간 데 없다. 말 달리던 선구자도, 활을 쏘던 선구자도.

'선구자'의 주인공들이 '역사의 뒤안'으로 사라진 지 오래다. 오직 그들이 부르던 노래만 남아 입으로, 가슴으로 전해오고 있을 뿐이다.

태극기 대신 오색기를 너울너울?

1932년 10월의 어느 날 저녁에 만주 하얼빈에 살고 있던 청년 작곡가 조두남(趙斗南)에게 낯모르는 한 청년이 찾아왔다. 키가 작고 마른 체구의 청년은 조두남에게 시 한 편을 내놓으며 곡을 붙여달라고 하고는 홀연히 사라졌다. 조두남은 작곡을 해놓고 청년을 기다렸으나 그는 끝내 나타나지 않았다. 조두남은 청년이 주고 간 시의 내용으로 미루어 그 청년을 독립군 정도로 여겼다. 이 내용은 조두남이 '선구자' 작곡에 얽힌 비화를 소개하면서 작사자 윤해영에 관해 언급한 내용이다.

윤해영(尹海榮)의 일제하 행적이 밝혀진 것은 1990년대 초반이다. 한동안 윤해영은 '신비에 싸인 인물'로 여겨져왔다. 지난 1990년 한국을 방문한 연변대학의 권철 교수는 "윤해영은 독립군이 아니라 시인이었다."고 밝힌 바 있다. 권 교수에 따르면 윤해영은 1909년 함경도에서 출생, 소학교 교사를 하다가 시인이 됐다는 것이다. 초창기 그의 시는 「선구자」에서 엿보이듯 민족적 색채가 강했다. 그러나 그는 식민지 시대를 겪으면서 훼절해 친일로 전향했고 해방 후에는 공산주의를 찬양하는 시를 썼다고 권 교수는 말했다. 그의 주장대로라면 윤해영은 결국 만주 친일파의 한 사람으로 기록되는 셈이다.

친일파 가운데 행적 입증이 가장 쉬운 부류는 단연 문사(文士)들이다. 곳곳에 친일의 흔적(기록)이 뚜렷하게 남아 있기 때문이다. 윤해영 역시 예외가 아니다. 일제 당시 만주에서 간행된 『만주시인집(滿洲詩人集)』(1943)과 『반도사화(半島史話)와 낙토만주(樂土滿洲)』에 남아 있는 그의 친일시 몇 편을 살펴보자.

오색기 너울너울 낙토만주 부른다 / 백만의 척토들이 너도나 도 모였네 / 우리는 이 나라의 복을 받은 백성들 / 희망이 넘치누나 넓은 땅에 살으리……

_「낙토만주」제1절

　운율이 「선구자」와 똑같다. 형식은 「선구자」를 본떴으나 속생각은 정반대다. 우선 '오색기(五色旗)'는 일제의 괴뢰국인 만주국의 국기다. 만주국은 만주족, 몽골족, 한족, 일본족, 조선족 등 5족으로 구성돼 있었다. 만주국 국기의 다섯 색깔은 다섯 민족을 상징한다. 만주국의 통치이념인 '오족협화(五族協和)' 역시 여기서 나온 말이다. 이 무렵 윤해영은 태극기 대신 오색기를 들고 있었던 것이다.

　바로 다음의 '낙토만주'는 반민족 정서의 정수라 할 만하다. 당시 만주는 조선 땅에서 건너간 유랑민들이나 독립운동가들의 가족들이 숨어서 은거하던, 말 그대로 '고난의 땅'이었다. 이를 두고 '낙토' 운운한 것은 그가 이미 우리 민족의 입장과 정반대편에 서 있었음을 보여주는 대목이라고 할 수 있다. 시에 흐르는 전체적인 분위기는 지극히 낭만적이고 평화롭다. "말 달리던 선구자"를 외치던 정신은 온데간데없고 그는 만주국을 이상향으로 미화하고 있다. '유사품' 한 편을 더 소개하자.

흥안령(興安嶺) 마루에 서설(瑞雪)이 핀다 / 4천만 오족(五族)의 새로운 낙토 / 얼럴럴 상사야 우리는 척사(拓士) / 아리랑 만주가 이 땅이라네……

_「아리랑 만주」 중에서

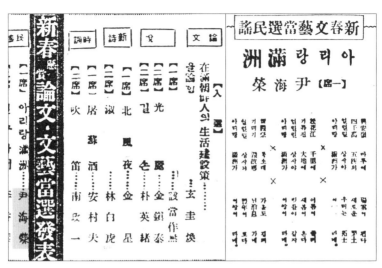

「만선일보」 1941년 1월 1일자에 실린 윤해영의 친일시. 윤해영은 1941년도 「만선일보」 신춘 현상 논문·문예 모집에서 민요 부문 1등으로 당선됐다. 사진은 부문별 당선자 '사고(왼쪽)'와 윤해영의 당선작 「아리랑 만주」 원문 기사.

이 시는 윤해영이 만주국 기관지 「만선일보」의 신춘문예 민요 부문에 1등으로 당선된 작품이다. '심사평'에서 평자는 이 시의 3연 2행 "기러기 환고향(還故鄕) 님 소식 가네"를 두고 극찬을 아끼지 않고 있다. 귀에 익은 「아리랑」에다 전통 타령조까지 가미한 것이 흥겨운 민요 한 편을 만난 기분이다.

문제는 시가 나온 때와 장소다. 1939년 10월 조선에는 국민징용령이 내려졌고 두 달 뒤인 12월에는 창씨개명령이 공포되었다. 그 무렵 만주에서는 '선만일여(鮮滿一如)', 즉 '만주와 조선은 하나'라는 캐치 프레이즈를 내걸고 일제는 대륙 침략을 위해 조선의 물자와 인력을 총동원하고 있었다. 이 형국에 척사(개간꾼)들 앞에서 '얼럴럴', '낙토' 운운한 것이 당시 윤해영의 시 정신이요, 민족관이었다. 제목이 '아리랑'이지 우리의 전통민요 「아리랑」과는 거리가 멀다. 윤해영은 1940년대에 만주국 친일 조직인 협화회 간부를 지내기도 했다. 친일 의식이 행동으로 형상화된 것이다.

「선구자」의 진짜 작사자는 누구인가

윤해영이 1941년에 쓴 시 가운데 「발해고지(古址)」라는 시가 있다. 윤해영이 발해의 유적을 답사하면서 민족의 비극을 돌아보는 내용을 담고 있다. '변절자' 윤해영이 정신적 방황을 거듭했음을 보여주는 한 사례라 하겠다. 윤해영의 시세계를 연구해온 오양호 인천대 교수는 "일제 말기 우리나라 지식인들이 운명적으로 겪어야 했던 비극의 편린을 보는 느낌"이라고 밝힌 바 있다. 또 지난 1996년 중국 연변에 거주하는 조선족 음악가 김종화 선생이 "음악가의 양심을 걸고 「선구자」의 진실을 밝힌다."며 "「선구자」의 원제목은 「용정의 노래」로 가사도 현재와는 전혀 다른 내용이었다."고 주장한 바 있다. 김종화 선생은 해방 직전 2년간 「선구자」 작곡가 조두남과 같이 음악 활동을 했으며 한동안 작사가와 작곡가로 일한 인물이다.

김 선생에 따르면, 「용정의 노래」에는 「선구자」에 나오는 "활을 쏘던 선구자"나 "조국을 찾겠노라 맹세하던 선구자"와 같은 구절은 없었고 대신 "눈물의 보따리", "흘러온 신세" 등 유랑민의 설움이 주조를 이루었다는 것이다. 두 곡이 곡조는 같지만 「선구자」

는 「용정의 노래」를 가사·제목까지 바꾼 것이라는 것이 김 선생의 주장이다. 또 「선구자」 작곡 연대와 관련해서도 그는 "흔히 1932년에 창작된 것으로 알려져 있으나 「용정의 노래」가 1944년 봄에 조두남의 '신작발표공연' 때 첫선을 보인 만큼 1932년으로 보는 것은 근거가 없다."며 "조 선생과는 허물없이 지낸 사이인데도 1944년 '공연' 이전에는 그런 곡을 만들었다는 이야기를 한 적이 없다."고 밝혔다. 그의 주장대로라면 「선구자」의 작사자도 윤해영이 아니라 다른 사람이라는 이야기가 된다. 윤해영이 1932년에 조두남 선생을 찾아와 시 한 편을 건넸다는 이야기 자체가 허위일 수도 있다는 이야기다.

「선구자」를 따라 부를 수 없는 이유

1998년 가을 이스라엘에서는 해묵은 논쟁으로 나라가 시끄러웠다. 리하르트 바그너의 곡 연주를 둘러싼 찬반론이었다. 이스라엘은 1948년 건국 후 아직도 공식석상에서 바그너 곡 연주를 금하고 있다. 히틀러가 총애한 바그너의 노래가 유대인의 민족감정에 맞지 않다는 것이 '연주 금지' 이유다. 유대인 수용소에서 바그너 음악을 반복적으로 들려주었고, 그래서 수용소의 기억을 트라우마로 가진 사람들이 바그너의 음악을 들으면 당시의 고통을 떠올리기 때문이라고 한다. 국립오케스트라단이나 국립오페라단에서도 연주를 기피해왔고, 바그너의 곡을 연주하려는 지휘자가 봉변을 당하기도 했다.

그러나 엄격하게 따지자면 바그너는 1883년에 사망했으므로 20세기에 자행된 유대인 탄압과 직접적인 관계는 없다. 그럼에도 이스라엘은 아직도 바그너를 해금하지 않고 있다. 일각에서는 해금을 요구하는 목소리도 있지만 이후로도 바그너의 해금 조치 소식은 들려오지 않고 있다. 이스라엘 민족이 편협해서일까?

예술작품의 참된 가치는 기교가 아니라 정신에 있다.「선구자」를 공식 석상에서 부르는 문제는 이래서 재검토가 필요한 것이다.

29 | 내선일체와 황도선양에 바친 시
시인 김용제

1994년 6월 22, 23일자 국내 일간지 몇 군데서는 85살을 일기로 타계한 한 원로시인의 부음 기사를 게재했다. 그에 따르면, 그는 "도쿄에서 반일 프롤레타리아 시운동으로 3년간 투옥되기도 했으며 해방 뒤에는 민족시·서정시에 주력했다."고 나와 있다. 어떤 신문은 "일제하에서 민족시·서정시에 주력했다."고 썼다.

일제 때 애국시를 썼고, 감옥에 간 시인이라면 우리 문학사에서 겨우 몇 사람을 꼽을 수 있다. 언뜻 떠오르는 인물로는 만해 한용운, 이육사, 윤동주 정도다. 그런데 그런 사람이 또 있다면 이건 '발굴인물'감이다.

신문에 난 대로라면 그는 항일시인, 민족시인임이 분명하다. 대체 그는 누구인가. 신문에 난 이름은 김용제다. 해방 이후 우리 문학사에서는 그의 이름을 찾기가 쉽지 않다. 사정이 이러하니 일반 대중이 그를 알아보기는 더더욱 어렵다. 그러나 그의 일제하 이력을 들춰보면 김용제는 이광수 수준의 대표적 친일 문인으로, 급수를 따지면 1급 친일파에 해당되는 인물이다. 신문이 한 인물의 삶, 나아가 문학사를 이렇게 왜곡해도 되는지 모르겠다. 김용제의 일제하 반민족행위를 추적해보자.

"당근과 채찍으로 전향을 강요했다"

김용제(金龍濟, 1909~1994, 창씨명 金村龍濟)는 1909년에 충북 음성에서 지주 김용하의 아들로 태어났다. 18살 되던 해인 1927년 9월 일본으로 건너간 그는 2년 뒤인 1929년 주오(中央)대학 전문부 법과에 입학했으나 1930년에 학교를 그만두었다. 이 무렵 그는 고학과 노동생활을 체험하면서 당시 일본 사회에서 유행하던 프롤레타리아 문학에 관심을 가지게 됐다. 1929년에는 처녀작 「압록강」을 좌익작가 사노가 편집하던 문학잡지 「신흥시인(新興詩人)」에 발표하면서 일본 프로문단에 등단했다. 이후 그는 일본 프롤레타리아작가동맹의 기관지인 「나프」(1931년 10월호)에 일본어로 된 「사랑하는 대륙아」를 발표하는 등 좌익 성향의 문학잡지를 통해 활발한 창작 활동을 했다. 한때 「나프」의 서기와 동인지의 간사를 지내기도 했으며 일본 문단의 유명인사들과도 교류했다.

「나프」에서 활동하던 시절의 김용제는 「나프」 내의 비밀그룹인

좌익 성향의 작가에서 친일로 전향한 김용제.

일본공산당청년동맹 세포의 일원으로 동료 이토(伊藤信吉) 등과 함께 프락치 활동을 했으며 이로 인해 두 차례 검거되기도 했다. 1932년 6월에는 "작가동맹 중앙위원회 서기국장 및 조선·대만위원회 책임자로 활동"한 혐의로 세 번째 검거되어 4년형을 선고받았다. 1938년 3월 만기 출소한 그는 문학안내사(文學案內社)의 기자로 근무 중 도쿄 조선예술좌(座) 문예부의 고문으로 활동한 혐의로 입사 반 년 만에 다시 검거돼 구류 29일을 살고는 조선으로 강제추방됐다.

그러던 김용제는 그해(1938년) 후반에 친일로 전향했는데 이는 일본에서 강제추방될 당시 이미 약속됐던 것으로 보인다. 그는 경성보호관찰소에서 "보호관찰 대상이므로 법적으로 예방구금이 가능하다는 것을 명심하고 시국을 좋게 인식하라. 만약 '선량'한 '황국신민'이 되면 좋은 직장도 마련해주고 생활안정도 보장해주겠다."며 "당근과 채찍으로 전향을 강요했다."고 밝힌 바 있다. 이 내용은 한국문학 연구자인 일본인 문학평론가 오무라 마스오(大村益

夫)의 저서 『사랑하는 대륙이여-시인 김용제 연구』(1992)에 실려 있다.

내선일체와 황도선양의 한길로

김용제가 친일로 전향한 뒤 1938년 11월에 처음 맡은 직책은 친일 잡지 「동양지광(東洋之光)」의 주간 겸 편집장이었다. 그는 이 회사 전속 극단인 협동예술좌의 문예부 객원과 사업부장을 지내기도 했다. 1942년 9월 조선문인협회(회장 이광수)의 총무부 상무로 자리를 옮겨갈 때까지 약 4년 동안 이 회사에 근무했다. 「동양지광」은 민족대표 33인의 1명으로 나중에 변절한 박희도가 경영하던 것으로 내선일체와 황도선양을 부르짖은 대표적인 친일 잡지였다.

김용제는 「동양지광」을 편집하는 한편 직접 여기에 글을 쓰기도 했다. 이 잡지 1939년 3월호에 실린 '전쟁문학의 전망'이라는 글에서 그는 "'전쟁문학'은 일반 국민에게 시국의 인식을 효과적으로 심대시키는 것"이라며 이 글은 "전쟁문학에 관한 최초의 발언"이라고 자랑했다. 그의 말대로 이 글은 뒤이어 쓴 수필 「황군위문 문사부대」(1939년 4월 9일), 「전장의 미(美)」(「인문평론」 1940년 1월호) 등과 함께 조선에 전쟁문학의 필요를 논한 선구적인 글로 평가받고 있다.

「동양지광」과 함께 김용제가 주로 글을 발표한 매체는 녹기연맹(綠旗連盟)의 기관지 「녹기(綠旗)」였다. 녹기연맹은 조선 거주 일본인들의 친일 단체이고 「녹기」는 좌익 성향의 잡지 「적기(赤旗)」에 대항해 만든 잡지였다. 김용제는 전향 직후인 1939년부터 여기에 글을 발표해왔는데 1943년부터는 이 잡지의 편집에 참가하기도 했다. 1942년의 경우 1년간 총 18편의 글을 쓴 것으로 나와 있는데 그가 이 잡지에 쓴 글은 총 31편이라는 연구 결과가 있다. 이 수치는 '조선어 전폐론'으로 유명한 친일파 현영섭에 이어 두 번째다.

김용제는 일제하에서 총 세 권의 시집을 출간했다. 일제의 침략 전쟁을 찬양한 첫 번째 시집 『아세아시집(亞細亞詩集)』으로는 제1회 국어문예총독상을 수상했는데 그 상금 가운데 300원을 조선군 애국부에 국방헌금으로 기탁하여 경성대화숙으로부터 '모범사상전사' 표창을 받기도 했다. 1944년 6월에는 세 번째 시집 『보도시첩(報道詩帖)』을 출간했는데 이는 그가 1943년 5월 말부터 6월에 걸쳐 조선군 보도반원으로 활동하면서 느낀 소감과 각오를 담은 것이다.

김용제의 친일문학은 전쟁문학과 함께 내선일체를 강조한 황도문학으로 대별될 수 있다. 『친일문학론』(1966)의 저자인 친일파 연구가 임종국 선생은 「김용제론」에서 그의 작품 활동을 몇 가지 유형으로 나눈 바 있다.

첫째는 1943년 5월에 간행된 두 번째 시집 『서사시어동정(敍事詩御東征)』 등 일본의 건국사화(史話) 및 창업을 예찬한 것, 둘째는 『아세아시집』에서 지나사변(중일전쟁)과 대동아전쟁·대동아공영권

김용제가 제1회 국어문예총독상을 수상한 사실을 보도한 1943년 4월 4일자 「매일신보」 기사.

을 노래한 경우, 세 번째는 일제 말기 전시체제하의 인적·물적 동원에 조선인들의 적극 동참과 각오를 담은 여러 글들이다. 임종국 선생은 김용제를 "박희도를 도와 이 땅에 내선일체와 황도선양의 실현을 위해 진력한 시인"이라고 규정했다.

김용제는 각종 친일 단체에서도 간부로 활동했다. 1939년 10월에 열린 조선문인협회 결성식 때는 이광수의 회장 취임사에 이어 답사를 할 정도로 적극 참여했으며 1942년부터는 아예 이 단체의 총무부 상무 간사로 근무했다. 또 1943년 4월에 조선문인협회, 국민시가연맹 등 4개 단체가 발전적으로 해산, 조선문인보국회로 재탄생하자 여기서도 상무 간사를 맡았는데 이 단체는 해방 당일까지 존속했던 친일 문인단체였다.

김용제의 친일은 해방 당일까지 계속됐다. 이날 오전 10시 무렵 그는 조선문인보국회 상무 이사 자격으로 핵심 회원 10여 명과 이른바 '산업전사위문단 파견 문제'를 논의했다. 이튿날에는 모윤숙과 함께 조선군사령부 주최 이우(李鍝, 영친왕 동생)의 장례식에도 참석한 것으로 알려져 있다.

'고백적 일본문학론'이라는 궤변

해방 후 제헌국회에 반민특위가 구성되자 김용제도 역사의 심판대에 서지 않을 수 없었다. 1949년 8월 12일 그는 친일 문학잡지「국민문학」의 주간을 지낸 최재서와 같이 반민특위에 체포돼 마포형무소에 수감됐다. 그러나 반민특위의 중도 와해로 1주일 만에 풀려나고 말았다. 한국전쟁 와중에 김용제는 미군부대 산하 민병유격대 정훈학교 고문을 시작으로 반공투사로 변신했다. 그 후 「청산무정」, 「임꺽정전」, 「김립(金笠)방랑기」, 「김소월방랑기」 등 시 몇 편을 남겼다.

그는 지난 1978년에 발간된 「한국문학」 8월호에 '고백적 친일문학론'이라는 글을 통해 자신의 친일은 독립운동을 위한 '위장'이었다며 심지어 박희도를 중심으로 한 「동양지광」이 항일 지하단체의 본거지였다는 얼토당토않은 궤변을 늘어놓은 바 있다. 김용제와 박희도는 1939년까지 이광수와 같이 '민족실리 쟁취' 촉진을 위해 합법적 활동에 주력했으나 그 후로는 가망이 없음을 깨닫고 '민족 무차별'을 주장하며 「동양지광」을 이른바 동아연맹 조선지부의 본거지로 삼아 항일 활동을 했다는 것이다.

동아연맹은 원래 일본 극우파가 주동이 돼 황도사상을 기반으로 만든 단체다. 또 김용제가 조선본부의 후견인이라고 거명한 이시하라와 이타가키는 각각 일본군 교토지구사령관, 조선군사령관이다. 앞뒤가 맞지 않는 허무맹랑한 이야기가 아닐 수 없다. 김용제의 일제하 반민족 행각은 해방 후 제대로 심판받지 않은 탓으로 반성과 사죄는커녕 오히려 파렴치한 역사 왜곡까지 서슴지 않고 있다. 그의 아들은 모 중앙 일간지의 논설위원을 지냈다.

30 일본인보다 더 일본인스럽게 살리라
조선인 첫 신직 이산연

35년에 걸친 일제 강점기 동안에는 실로 다양한 형태의 친일파들이 준동했다. 배운 자는 지식을 팔아 출세길에 나섰고 부자는 돈을 바쳐 재산을 보전했다. 이도 저도 없는 자들은 매신(賣身)을 통해 일제의 식민 정책에 부화뇌동했다. 그런 자 중에서 더러는 일본인으로 행세하면서 조상까지도 아예 일본인 조상으로 바꾸자고 주장하기도 했다. 이산연이 그런 부류 중의 하나다.

이산연(李山衍, 1917~?)은 친일파로선 생소한 이름이다.

해방 후 반민특위 시절 잠시 거론된 이후로는 단 한 번도 친일파의 명단에 그의 이름이 오르내린 적이 없다. 이유는 그가 특수한 분야에서 활동한 '숨은' 친일파이기 때문이다. 그는 일제하 한국인으로서 최초로 신직(神職)을 지냈다. 신직이란 일본인들의 조

신직은 신사 내의 각종 제사를 주관하고 사무를 담당하는 사람을 말한다.
사진은 조선신궁의 한 행사장으로 들어서고 있는 신직들의 모습.

상을 모신 신사(神社)에 근무하는 사람을 말하는데 사찰로 치면 스님에 해당하는, 일종의 종교인이다.

일제는 황국신민화 정책의 일환으로 조선에도 신사를 세워 참배를 강요했다. 신사는 도(道) 지방과에서 관리했다. 신사에 근무하는 '출사(出仕)'는 낮은 직급이었으나 신직부터는 정식 관리로 임명돼 판임관 대우를 받았다. 신직은 신사에서 행하는 각종 제사를 주관하는 자로 일제 당국으로부터 물자 배급과 신분에서 특별 대우를 받았다. 신직 가운데 궁사(宮司)는 메이지신궁이나 남산 중턱에 있었던 조선신궁과 같은 대형 신사에 근무한 신직의 장(長)으로, 일왕이 직접 임명하는 친임관급이었다.

1949년 5월 22일 오전 10시 40분, 반민특위 충청북도 조사부 소속 김상철 조사관은 청주부(오늘날 청주시) 석교동 50번지 자택에서 이산연을 체포해 당일로 청주형무소에 구속시켰다. 이산연의 죄명은 반민법 제4조 11항 위반(종교·사회·문화·경제 부문 친일 행위자)이었다. 6월 1일 첫 신문이 시작된 이래 두 차례의 구속 기간 연장 끝에 7월 8일 이산연은 최종 불기소로 풀려났다. 죄상은 인정되나 '악질성'은 없다는 것이 석방 이유였다. 이로써 이산연에 대한 사법적인 판단은 끝났는지 모른다. 그러나 '역사의 법정'은 아직 그에 대해 심판을 내린 적이 없다. 반민특위와 특별검찰부가 피의자 신문 과정에서 밝혀낸 사실을 토대로 이산연의 죄상을 살펴보자.

조상을 일본인으로 바꾼 조선인

이산연은 1917년에 서울 사간동에서 태어났다. 그의 부친 이원우는 충북 경찰부를 비롯해 청주, 충주 등지의 경찰서에서 20여 년간 사법주임을 역임했다. 이산연이 신직이 된 배경에는 집안의 친일적 분위기가 작용했다고 주위 사람들은 증언한 바 있다.

1937년 청주고보를 졸업한 이산연은 상급학교로 진학하기 위해 몇 군데 시험을 보았으나 모두 떨어졌다. 집에서 놀고 있던 그는 당시 신문에서 신직 양성기관인 조선황전강습소(朝鮮皇典講習所)에서 강습생을 모집한다는 광고를 보고 서울로 올라가 조선신궁 부설 조선황전강습소에 지원했다. 당시 조선황전강습소는 관할 도

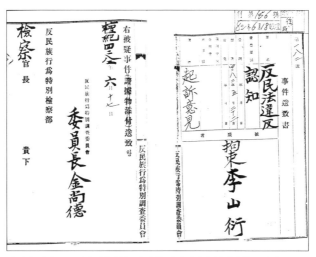

반민법 위반으로 이산연을 구속, 수감한 반민특위가 특별검찰부에 기소를 요청하면서 제출한 '사건송치서' 사본.

지사의 추천이 있어야 입소할 수 있었다. 이산연은 부친을 통해 당시 충북도지사 김동훈(金動勳)의 소개장을 가지고 이듬해 5월에 입소한다. 입소생은 그를 포함해 조선인 3명, 일본인 4명 등 모두 7명이었다. 입소 후 이산연은 일본 역사를 비롯해 제관(祭官)으로서의 기본교육에 해당하는 축문, 제차(祭次) 등을 교육받고 이듬해 (1939년) 3월에 졸업했다. 그러나 당장 자리가 나지 않아 잠시 청주군 사회계의 고원(雇員, 임시보조원)으로 있다가 2개월 후에 청주신사의 출사(出仕)로 첫 발령을 받았다. 한국인인 그가 일본인들의 조상을 모신 신사의 제관으로 첫발을 내디딘 것이다.

이산연이 신직을 자원한 동기 가운데 하나는 파격적인 채용 조건이었다. 당시 일제는 신직에 한해 봉급 외 6할 가봉(加俸) 지급, 일본인과 동등 대우 등을 내세웠다. 일제는 대부분의 조선인들이

이산연이 신직으로 근무한 청주신사의 모습.

꺼리는 신직에 조선인을 채용하기 위해 이처럼 파격적인 조건을
내건 것으로 보인다.

이 무렵 일제는 중일전쟁 발발을 계기로 대륙 침략을 본격 추
진하면서 조선 전역에서 황민화 정책을 전개하고 있었다. 일제는
황민화 정책의 슬로건으로 내선일체, 동조동근(同祖同根, 일본과 조선은
같은 조상을 둔 한 뿌리) 등을 내걸고 조선인의 일본인화를 강요했다.
창씨개명, 일본어 사용, 내선통혼(內鮮通婚, 조선인과 일본인의 결혼), 신
사참배 등이 이때 추진된 대표적인 황민화 정책이다. 특히 신사참
배와 창씨개명은 조선인의 혼을 빼려는 조선민족 말살정책의 대
표적인 사례로 꼽힌다. 이산연은 이 대열의 선봉에서 활동했다.

청주신사에서 출사로 근무한 지 2년 만에 이산연은 조선인 최
초로 정식 신직으로 승진했고, 이후 해방 때까지 5년 동안 일본신
을 모셨다. 매일 평균 1~2회씩 신사 내의 대소 제사를 주관해 집

행했으며 틈틈이 일본 가정을 순회하며 집안의 제사를 지내주기도 했다. 또 전쟁 기간 중에는 황군의 무운장구(武運長久)를 비는 기원제를 주관했으며, 충북 지역 내 각 군(郡)의 신사 낙성식 때마다 진좌제(鎭座祭)를 주관하기도 했다. 특히 신사 거출비를 징수하면서 "신사 거출비는 다른 세금과 달라서 제일 먼저 내지 않으면 비(非)국민이 될 것"이라며 체납자들을 혹독하게 다뤄 지역 주민들로부터 원성을 샀다.

일본인보다 더 일본인스럽게

1943년 겨울 이산연은 조선총독부가 주최한 이른바 '미소기 연성(錬成)대회'에 신직 대표로 참가했다. '미소기(みそぎ)'는 겨울에 얼음을 깨고 찬물에 들어가 축문을 외면 신과 통할 수 있다는 일본의 전통적인 신도식 수양법이다. 이 같은 행사는 종교 차원을 넘어 일반인들의 생활까지 파고들어 조선인의 일본인화를 촉진시켰다. 친일파 가운데 더러는 '미소기'를 생활 속에서 실천함으로써 자신의 일본인화를 공공연히 과시하기도 했다.

이 무렵 이산연은 주위의 조선인들과는 교류를 끊은 채 언어나 의복은 물론 모든 생활양식을 일본식화하고 가족에게도 이를 강요했다. 주위에서 그를 두고 '일본인 이상의 조선인'이라는 말이 자자할 정도로 완전한 '황국신민'으로 지냈던 것이다.

이런 이산연에게 일제는 특별한 대우를 통해 보상했다. 배급제를 시행하던 일제 말기 이산연은 일본인과 동등한 '앵급(櫻級)' 배급을 받았다. 당시 일제는 물자 배급 등급을 앵(櫻)-송(松)-죽(竹)-매(梅)의 4단계로 나눠놓고 일본인에게는 앵급, 조선인은 사회적 지위와 생활정도에 따라 송-죽-매 3단계로 차등지급하였다. 조선인으로서 앵급 배급을 받은 자는 도지사급에 드는 몇 명에 불과했음을 볼 때 당시 이산연이 일제로부터 받은 대우가 어느 정도였는지 짐작할 수 있다. 배급 특혜는 물론, 그는 '조선인', 즉 '조센징'이라는 호칭을 면해 완전한 일본인이 되었다.

친일파가 된 사람 중에는 일제의 협박이나 고문에 못 이겨 친일로 전향한 경우가 적지 않다. 그러나 이산연은 이런 친일파들과는 뚜렷이 구분된다. 그는 친일 가문에서 태어나 일제 통치의 특혜를 마음껏 누렸다. 그러나 반민특위 특별검찰부는 그가 '악질적인 행위'를 한 사실을 인정키 어렵다며 '무혐의'로 풀어주었다.

일제 강점기에 조선인으로 태어나 항일운동은커녕 일본 조상을 제 조상인 양 떠받들면서 일신의 안위를 영위한 이산연. 그는 해방 후 청주에서 조그마한 가게를 하며 생계를 꾸리다가 1950년대 중반에 행방불명된 것으로 호적에 나와 있다. 청주지법은 1968년에 그에 대해 최종 실종선고를 내렸다. 그의 비참한 말로는 '역사의 업보'인가?

31 | '황도불교 건설' 외친 불교계 거두
친일 승려 제1호 이종욱

우리 역사에서 불교는 '호국불교'로 자리매김되어 있다. 평시에
는 속세와 떨어져 구도자로 살다가도 국난을 당하면 분연히 떨쳐
일어났던 것이 우리 불교계였다. 임진왜란 때 서산대사와 사명대
사가 그랬고, 일제 강점기에 한용운과 백용성(白龍城)이 그랬다.

항일운동을 한 승려 가운데 이종욱(李鍾郁)이라는 사람이 있다.
임시정부에서 활동한 공로로 1977년에 독립유공자로 선정돼 정
부로부터 건국훈장 독립장(3등급)을 추서받고 현재 국립묘지 애국
지사 묘역에 안장돼 있다.

그러나 이종욱은 1993년에 국가보훈처가 재심 대상자로 발표한
8명에 포함됐다. 임시정부에서 활동한 독립지사인 그가 재심 대상
에 오른 것은 임시정부 시절 이후의 친일 행적 때문이다. 일제 말

1급 친일 승려 이종욱.

기에 이종욱은 한국 불교계를 대표하는 인물인 동시에 1급 친일
승려였다. 종교인 출신이었음에도 그는 해방 후에 참회나 자숙은
커녕 도리어 정치권을 기웃거리며 불교계의 거물로 행세했다.

　이종욱(李鍾郁, 1884~1969, 창씨명 廣田鍾郁)은 강원도 평창 사람이다.
일찍이 출가하여 월정사 승려로 있다가 3·1의거가 일어나자 고
을에서 만세시위에 참가했다. 이틀 뒤인 3월 3일에는 이탁(李鐸, 건
국훈장 독립장) 등 27명으로 구성된 '27결사대' 대원으로 매국역적을
제거하려 했으나 뜻을 이루지 못했다.

　3·1의거를 계기로 서울에서 이승만을 집정관으로 한성 임시정
부가 구성되자 이종욱은 강원도 대표로 참가했다. 그 후 1919년 4
월 13일 상해에서 임시정부가 수립되자 상해로 망명해 임시정부
내무부 참사로 활동했다. 이듬해 3월에는 임시 의정원(오늘날 국회)
에서 강원도 의원으로 선출됐다. 그는 또 임정의 국내 비밀 연락
조직인 연통제(聯通制) 조직을 위해 국내로 파견돼 활동하기도 했

다. 이 무렵까지 이종욱이 독립 진영에서 활동한 사실에 대해서는 이견이 없다. 문제는 그 이후다.

열혈 항일투사에서 친일 불교 거두로

국가보훈처가 간행한 『독립유공자공훈록』에 따르면, 이종욱은 청년외교단 운동으로 1920년 6월 29일에 대구지방법원의 궐석재판에서 징역 3년형을 언도받고 그 뒤 일경에 체포돼 옥고를 치렀다고 한다. 그러나 아직까지 관련 기록은 발견되지 않아 이 부분은 미확인 상태다. 『독립유공자공훈록』에 따르면, 이종욱은 출옥 후 오대산 월정사에 은거하면서 송세호(宋世浩)와 함께 독립운동을 지원하며 지하 활동을 한 것으로 돼 있다. 그러나 그가 '은거'하면서 '지하 활동'을 했다는 부분은 사실과 다르다. 1920년대 중반 이후에 이종욱은 불교계에 복귀해 공공연히 활동하고 있었다. 여기서부터 이야기는 역전된다. 이 무렵부터 친일 대열에 깊숙이 발을 들여놓고 있었기 때문이다.

1923년, 월정사의 사채정리위원으로 얼굴을 드러낸 이종욱은 1926년에 중앙교무원의 사무원을 거쳐 1927년부터 월정사의 감무(監務)로 취임했다. 1929년에는 각황사에서 개최된 승려대회에서 의안심사위원 7인 중 1인으로 선출되었고 대회 부의장이 되었다. 이듬해에는 31본사(本寺)의 하나인 오대산 월정사의 주지로 임명되었는데, 당시 본사 주지는 총독이 임명하는 주요 승직 가운데 하나였다. 이 무렵의 그는 총독부의 회유로 이미 친일로 기운 상태였다.

관동군사령관으로 있던 미나미 지로(南次郎)가 1936년 8월에 제7대 조선총독으로 부임해오자 이종욱은 본색을 드러냈다. 그는 종회(宗會) 의장 및 월정사 주지 자격으로 불교계 인사들을 대동하고 경성역(오늘날 서울역)으로 마중을 나가 미나미를 환영했다. 이듬해에는 31본사 주지회의에서 다시 의장으로 선출돼 총본산 설립을 의결하고 자신은 총본산건설위원회의 31번사 주지 대표로 취임했다. 이로써 조선 불교의 종권을 장악한 이종욱은 당대 불교계의 최고 권력자로 부상했는데 그 배경에는 총독부가 있었다.

중일전쟁 발발 1주일 만인 1937년 7월 15일, 이종욱은 남산에 있는 조선신궁을 참배하고 일본군의 무운장구를 비는 기원제에 참석했다. 이틀 뒤에는 총독부 학무국 사회교육과장 김대우를 찾아가 조선 내 사찰에서 일본군의 무운장구를 비는 기원제를 지내는 문제를 상의하고 며칠 뒤 조선 내 각 사찰에서 기원제를 지내도록 하달했다. 8월 5일에는 개운사에서 중앙교무원 주최로 대일본제국 무운장구 기원법회를 개최했으며, 다음 날에는 경성부민관에서 친일강연회를 개최하고 사회를 보았다. 이밖에도 이종욱은 자신이 주도하여 일본군의 무운장구를 비는 기원제나 시국강연회를 여러 차례 개최했으며, 중국으로 출정하는 일본군 송영행사에 조선인 승려들을 이끌고 참석하기도 했다.

1940년 2월 창씨개명이 시행되자 이종욱은 일본 고노에 내각의 외무대신 히로타 고키(廣田弘毅)의 성을 따서 히로타 쇼이쿠(廣田鍾

郁)로 창씨개명했다. 그의 창씨는 친일성이 짙게 배어 있다고 할
수 있다. 대다수 조선인들이 총독부의 강요로 할 수 없이 창씨를
했다. 김(金)씨의 경우 원래 김씨였다는 뜻에서 '김원(金原)'으로 창
씨를 함으로써 자신들의 뿌리를 남겨두려고 애를 썼다. 이종욱의
창씨는 이런 경우와는 질적으로 차이가 있다.

'황은으로 조선 불교 발전' 망언

1941년 8월에 이종욱은 승려들의 비판에도 불구하고 조선 불교
의 총본산 건설을 완료하여 총본산 명칭을 태고사(오늘날 조계사), 종
명(宗名)을 조계종으로 고치고 종무총장(오늘날 총무원장)에 취임했다.
이로써 이종욱은 조선 불교의 명실상부한 1인자가 되었다. 그는
종무총장 취임사에서 "지난날 이조의 압정 하에 근근이 그 명맥
을 이어오다가 일한병합 후 일시동인(一視同仁)의 황은에 힘입어
종교의 자유를 보장받았으며 사찰령에 의하여 조선 불교가 발전
되었다."며 총독부의 '황도(皇道) 불교' 건설을 찬양했다.

이 무렵 이종욱은 전시협력단체인 임전대책협의회에도 참여하
게 되었는데, 길거리에서 전쟁 채권을 판매하는 등 일제의 전쟁비
조달에도 앞장섰다. 또 조선 내 사찰과 승려들을 쥐어짜서 모은 5
만 3,000원을 갖고 조선군사령부를 방문하여 전투기 1대 구입 대
금으로 헌금했다. '대동아전쟁'이 다시 발발하자 조선 내 1,500여
사찰에 12월 15일부터 일본군의 연전연승을 기원하는 법회를 열

이종욱이 주도한 조선 불교에서 전국 사찰과 승려들의 헌금으로 구입, 일본군에 헌납한 비행기. 태평양전쟁 기간에 5대의 비행기를 일본 군부에 헌납했다.

라고 명했다. 전쟁이 말기로 치닫고 있을 즈음에는 부족한 전쟁 물자를 조달하기 위해 임시종회를 소집해 국방자재 헌납을 결의 하고 사찰의 범종과 쇠붙이 불구(佛具)를 거두어 일제에 헌납했다. 1942년 5월에는 일본어 상용을 종용하는 일제의 정책에 호응해 '국어(國語, 일본어) 전해(全解)운동'을 실시할 것을 요구하는 공문을 전국 본사에 하달했다. 1943년 8월 징병제가 실시되자 감사 법요 식에서 '검선일여(劍禪一如)의 신생활'이라는 제목의 강연을 통해 "7,000여 승려와 아울러 반도 민중은 검선일여의 정신에 투철하 여 용약 군문에 달려가 젊은이의 지성과 충성을 다하여야 할 것" 이라고 역설했다. 학병 권유 대열에서도 빠지지 않았다. 이밖에도 불교 관련 매체에 10여 편의 친일 문장을 남겼다. 말, 글, 행동 등 전천후로 친일을 적극 실천했던 것이다.

해방이 되자 이종욱은 8월 17일 종무총장직에서 사퇴했다. 9월 22일 열린 전국승려대회에서는 '친일 승려 제1호'로 지목돼 '승권

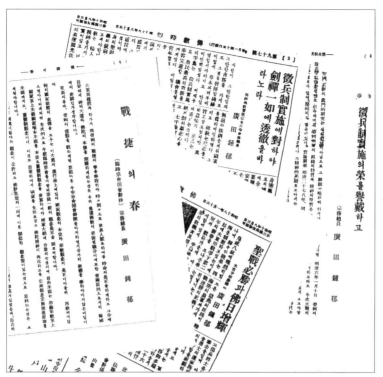

이종욱은 일제의 징병제 실시와 태평양전쟁을 찬양하는 친일 문장 10여 편을 불교 잡지에 남겼다. 사진은 「신불교」, 「불교시보」 등에 이종욱이 쓴 친일 논설문.

(僧權) 정지 3년'의 중징계를 받았다. 그러나 그는 승권 정지 기간임에도 불구하고 1947년 1월 강원도 교구원장으로 취임했으며, 반탁세력과 연계해 자신의 친일 경력을 위장했다. 그 후 1950년 5월 2대 국회의원 선거에 출마해 강원도 평창에서 당선되었으며, 이듬해 동국대 이사장, 1952년 7월에는 제4대 조계종 중앙총무원장으로 화려하게 복귀했다. 해방 후 불과 7년 만에 일제 때의 '위상'을 거의 회복한 것이다.

1977년 이종욱은 건국훈장 독립장(3등급) 서훈과 함께 국립묘지 안장의 예우까지 받았다. 그러나 2010년 11월 보훈처가 장지연(張志淵) 등 친일 전력자 19명의 서훈을 취소시켰을 때 이종욱도 거기에 포함됐다. 그럼에도 불구하고 그는 여전히 서울 동작동 국립묘지 애국지사 묘역에 누워 있다. 불교계 내부의 문제는 불교계에 맡긴다고 하더라도 국립묘지에 있는 이종욱의 묘는 당장 이장해야 할 것이다.

　　이종욱은 동국대 전신인 혜화전문(惠化專門) 시절을 포함해 두 차례 동국대 이사장을 지냈다. 동국대 불교학과 교수로 있던 그의 아들 이재창은 동국대 불교대학장을 거쳐 동국대 명예교수, 천태불교문화연구원장, 금강불교학원 이사를 거쳐 2004년 7월 제200회 이사회에서 동국대 이사로 선임됐다. 이종욱을 시작으로 이 집안은 4대에 걸쳐 동국대와 인연을 맺고 있다.

32 | 항일은 짧고 친일은 길다
민족대표 33인 중 1인이었던 최린

1949년 3월 20일 서울지방법원 대법정.

친일파 재판을 지켜보려는 사람들로 법정은 발 디딜 틈도 없었다. 오후 1시 정각, 검찰관과 재판관이 입장하자 재판이 시작되었다. 재판관의 뒤로 법정 정면에는 중앙에 태극기를 두고 한쪽에는 민족대표 33인의 한 사람인 오세창(吳世昌)이 쓴 '민족정기(民族正氣)'라는 휘호가 걸려 있었고 다른 한쪽에는 '기미독립선언서'가 걸려 있었다.

피고석에는 수척한 모습의 백발 노인이 앉아 있었다.

그의 나이 일흔하나, 이름은 최린(崔麟).

3·1의거 당시 오세창 등과 함께 '민족대표 33인'으로 활동했던 그 최린이었다. 그는 반민특위가 활동을 개시한 지 닷새 만인

끌려가는 최린. 해방 후 반민특위에 검거돼 구치소에 수감중 재판을 받기 위해 법정으로 호송중인 최린(오른쪽)과 반민피의자들. 왼쪽 흰 두루마기 차림은 경성방직 사장 김연수이다. 김연수는 이 재판에서 무죄 판결을 받았다.

1949년 1월 13일 명륜동 자택에서 체포돼 이 자리에 서게 된 것이다. 독립선언서에 서명했던 33인 중의 한 사람으로, 청장년 시절 항일운동에 몸 바쳤던 그가 해방된 조국의 법정에서 민족 반역자로 지목돼 심판을 받는 것은 민족의 비극이었다. 재판이 시작되자 검찰관이 그의 죄상을 읽어 내려갔다.

죄명 : 반민법 제4조 2항(중추원 참의), 3항(칙임관 이상의 고관), 10항(친일 단체의 수뇌간부) 위반.

범죄 사실 : 피고인 최린은 함경남도 함흥 출생으로 일본 메이

지대학 법과를 졸업하여 보성중학교장 및 보성전문 강사를 역임하고, 기미독립운동시 33인의 1인으로서 천도교회의 대표로 기독교, 기타 종교단체와 연합하여 독립운동을 추진하였음으로 인해 형무소에서 3년간 복역하고, 그 후 천도교 중앙종리원 등 장로로 있었던 자인 바, 1) 1934년 이른 봄부터 1937년까지의 약 2년여, 1939년부터 1945년 8월 15일 해방시까지의 약 5년여에 도합 7년여간 조선총독부의 유일한 자문기관인 중추원 칙임참의로서 조선총독의 자문에 의하여 총독정치에 기여하고 ……

검찰관이 기소장 낭독을 마치자 사실 심리에 들어갔다. 재판장이 최린에게 경력을 물은 뒤에 "기미독립선언을 주도한 피고가 왜 일제에 협력하게 되었는가?"라고 물었다. 이에 최린은 "기미년 당시 일제에 정면으로 반기를 들었다고 해서 그들은 그 후 나를 주목하고 위협하고 또 유혹하여 끝내 민족을 배반하는 행동을 하고 말았다. 오직 죄스럽고 부끄러울 뿐이다."라며 뒤늦은 후회의 눈물을 흘렸다.

3·1의거가 '폭동'이라니!

함경남도 함흥 태생인 최린(1878~1958, 창씨명 佳山麟)의 집안은 중인(中人) 출신으로 상당한 재산이 있었다. 후에 그가 권력에 집착

민족대표 33인 가운데 한 사람인 최린.

한 것은 출신 성분이 한 원인이 됐던 것으로 보인다. 같은 중인 출신인 최남선의 변절에 대해서도 같은 논리를 펴는 견해가 있다. 청년 시절 기미독립선언서에 서명한 애국자임은 사실이나 그 무렵 최린의 민족의식에 대해서는 회의론을 펴는 견해도 많다.

1909년에 일본 유학을 마치고 귀국하여 천도교 인사들과 교류하고 있던 최린은 1차대전 종결 후 민족자결주의 물결과 1919년 2월 도쿄 유학생들이 2 ·8독립선언을 선포하자 이에 고무돼 3 · 1독립선언에 가담했다. 하지만 3 · 1의거 당시 그의 민족의식이 투철하지 않았다는 증거는 그가 이 일로 체포돼 재판정에서 행한 발언을 보면 추측할 수 있다. 1919년 7월 17일자 '예심조서'에는 이렇게 나와 있다.

"조선이 병합된 것은 러일전쟁의 당연한 결과로 어쩔 수 없는 일이었으며, 또 당시 조선의 정치는 지독한 악정이어서 도저히 조선의 안녕과 행복을 유지·증진하기 불가능한 상태였기 때문에 병합에 찬성하지는 않았지만 피치 못할 일이라고 생각하고 있었다."

또 독립선언서 선포와 관련해서는 이렇게 진술했다.

"본래의 의사는 극히 온건한 수단에 의하여 선언서를 발표하고 그 내용에 있어서도 인민을 선동하는 것 같은 문구 등은 피한 것이므로 우리들의 선언서를 본 사람은 그러한 폭동에 가담할 리 없으리라 생각한다."

첫 번째 진술은 일제의 '한일합병' 논리를 그대로 옮겨놓은 듯하다. 두 번째 진술 내용은 자신들이 주도한 3·1의거를 '폭동' 운운하고 있는 그가 과연 '민족대표'였는지 의심이 갈 정도다. 특히 재판장이 "현재의 조선인의 지모와 실력으로 독립국을 유지할 수 있겠느냐?"는 질문에 대해 최린은 "일본 정부의 도움을 얻으면 독립국으로 설 수 있다."고 대답했다고 한다. 결국 그가 말한 '독립국'은 일제의 통치를 사실상 인정한 범위 내에서의 '자치국' 정도에 해당하는 것임을 알 수 있다. 이는 최린이 나중에 '자치운동'에 나서는 것과 무관하지 않다.

3·1의거로 의거 당일 일경에 체포된 최린은 3년형을 선고받고 복역하다 1921년 12월 22일에 일제 당국의 '배려'로 가출옥했다. 3·1의거 후 새로 부임한 사이토 총독은 그가 표방한 '문화정치'

의 전위대로 최린을 이용할 작정이었다. 그의 가출옥 배경에는 사이토의 정치참모인 아베 미쓰이에(阿部充家, 「경성일보」 사장 역임)의 공작이 있었다. 최린이 가출옥한 직후인 1921년 12월 29일에 아베가 사이토에게 보낸 편지에는 다음과 같은 구절이 있다.

> "오늘날의 형세로 보아 민원식(閔元植)·선우순 따위의 운동으로는 도저히 일대 세력을 이룩하기는 어렵고, 간접 사격으로…… 일을 꾸미자면…… 이번에 가출옥한 위인들 중 최린이 안성맞춤의 친구입니다."

기미독립선언서 기초자로 최린보다 두어 달 앞선 1921년 10월 19일에 가출옥한 최남선이 그해 12월 25일에 아베에게 보낸 편지에도 비슷한 내용이 들어 있다.

> "이번에 최린 군을 비롯하여 제군의 출감을 보면서 백열(柏悅)의 정을 금할 길 없었습니다. 특히 당사자들도 선생에 대해 깊이 감사드리고 있습니다."

1926년 9월 최린은 일제의 경비 지원으로 유럽 여행을 떠났다. 당시 파리에 체류하고 있던 여류화가 나혜석(羅蕙錫)과의 염문은 이때 생겨났다. 그해 10월 말 일본에 도착한 최린은 아베를 만나서 "오늘날 조선의 독립이 불가능하다는 데 확신을 하고 있으며 조선의회 설치가 조선 민심의 안정을 꾀하는 데 가장 긴요하고,

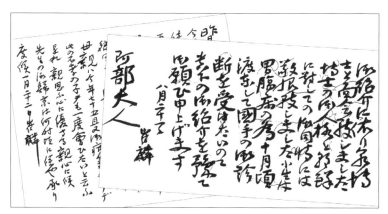

최린이 3·1의거 주동자로 3년형을 선고받고 복역 중 1921년 12월 22일 가출옥한 후 가출옥을 도와준 일본인 아베에게 보낸 편지(일본 국회도서관 소장).

나도 민중의 신임만 얻으면 조선의회의 한 사람이 되기를 사양치 않겠다."며 '조선자치론'에 대한 입장을 표명했다.

짧았던 항일, 길었던 친일

최린이 처음으로 '친일'을 표방하고 나선 것은 1933년 말 '대동방주의(大東方主義)'를 내걸고 일선융합(日鮮融合)을 외치면서부터다. 이듬해 4월 그는 중추원 칙임참의가 되더니 8월에는 '시중회(時中會)'라는 친일 단체를 만들어 "동아(東亞) 제(諸)민족은 일본을 맹주로 하여 매진할 것, 특히 조선은 일선융합·공존공영이 민족 갱생의 길"이라고 외쳤다.

1937년 최린은 총독부 기관지 「매일신보」 사장에 취임했으며

최린이 총독부 기관지 「매일신보」에 기고한 '학병 권유' 등 친일 성향의 논설 기사들.

그해에 중일전쟁이 발발하자 전쟁보도를 적극 독려했다. 총독부의 전시 최고심의기구인 조선총독부 시국대책조사위원회, 후방지원 기구인 국민정신총동원 조선연맹 등에 참여하면서 전쟁 지원에도 협조했다.

최린은 1941년 8월에 결성된 임전대책협의회 위원을 거쳐 10월에 윤치호 계열의 흥아보국단과 통합해 조선임전보국단으로 재탄생하자 단장에 취임했다. 여기서 징병제 선전과 학병 권유에 앞장선 것은 새삼 언급할 필요도 없다. 일제 패망 직전인 1945년 6월에 최린은 조선언론보국회라는 친일 언론단체를 조직하여 회장으로 활동하다 해방을 맞았다. 짧은 '항일'에 비하면 그의 '친일'은 길고도 열렬했다.

해방 후 천도교 측이 그의 죄를 물어 은퇴를 권고했으나 거부하다가 결국은 쫓겨나는 수모를 당했다. 반민특위에 체포돼 민족반역자로 심판대에 올랐던 그는 3회 공판 끝에 1949년 4월 20일에 병보석으로 석방됐다. 재판 과정에서 그는 다른 피고인에 비해 비교적 솔직한 참회로 재판부와 방청객들로부터 동정을 샀다. 그는 "민족 앞에 죄지은 나를 광화문 네거리에서 사지를 찢어 죽여라."고 사죄해 법정 안을 온통 울음바다로 만들기도 했다.

한국전쟁 와중에 납북된 이후 그의 마지막 행적은 알 길이 없다. 반민특위 재판 과정에서 최린은 친일한 동기를 두고 "노모에게 불효를 할 수 없어 망명도, 자살도 하지 못하고 일본 군문(軍門)에 항복했다."고 털어놓았다. 그는 부모에 대한 효(孝) 위에 나라에 대한 효, 즉 충(忠)이 있음을 몰랐던 셈이다.

33 | 두 아들을 전장에 보낸 '직업적 친일분자'
종로경방단장 조병상

1급 친일파 가운데 조병상이라는 인물이 있다. 친일파 가운데 더러는 '친일'을 직업으로 삼고 활동했는데 조병상이 그런 부류에 속한다. 해방 후 별다른 사회활동을 하지 않은 탓으로 일반인들에게는 상당히 낯선 이름이다. 그러나 친일파 애기를 하면 결코 빼놓을 수 없을 정도로 철저한 '황국신민'으로 산 사람이다.

조병상(曺秉相, 1891~?, 창씨명 夏山茂)은 1891년 서울에서 태어났다. 부친은 갑신정변에 참가했다가 실패한 후 낙향했다. 1910년 서울 선린상업학교를 졸업한 조병상은 그해 개성공립보통학교 교사 겸 개성상업학교 교사로 사회에 첫발을 디뎠다. 2년 뒤에는 조선농공은행 광주지점 행원으로 자리를 옮겼다가 1915년 경성 소의(昭義) 상업학교로 다시 옮겨 교무주임, 부교장을 역임한다. 이후 남대문

직업적 친일분자로 손꼽히는 조병상.

상업학교 교무주임을 거쳐 1922년 3월 경성부 학교 평의원에 당
선됐다.

　그해 조병상은 자신의 한문 선생이자 강원도지사를 지낸 신석
린과 만철(滿鐵, 만주철도) 경성주재 이사 안도 마타사부로(安藤又三朗)
의 권유로 동민회(同民會)에 가입하고 이사로 활동했는데, 이것이
친일로 들어선 계기였다.

　동민회는 표면상으로는 신석린과 안도가 창설한 것이었으나 총
독부가 배후에서 조종하는 친일 정치단체였다. 조선인으로는 장헌
식(張憲植) 등 3~4명이 속해 있었는데 총독부를 대신해 만철과 은
행 등에서 금전 지원을 하기도 했다. 이 단체의 3대 강령은 첫째
내선융화, 둘째 실질 강건 사상 함양, 셋째 동아민족 단결이었다.
골자는 조선인과 일본인이 화합하여 잘 지내고 공산주의를 배격
하자는 것이었다. 이들은 주로 하계 휴가철을 맞아 면사무소 직원
이나 교원 등을 모아놓고 세계 정세를 소개하는 등 강연회를 개
최했는데 기관지로 「동민(同民)」이라는 잡지도 발간했다.

친일 단체 두루 몸담은 '직업적 친일분자'

조병상은 1925년 10월에 상공회의소에서 설립된 갑자구락부(甲子俱樂部)에서도 위원으로 활동했다. 이 단체는 타협주의 민족주의자들의 노선과 맥을 같이하는 자치·참정권 문제 등을 집중 연구한 조선정치 연구단체로 이 역시 총독부가 사주한 단체였다. 설립 주체는 제2회 전선(全鮮)공직자대회 진정위원들이었는데, 조병상은 진정위원 가운데 한 사람이었다. 단체의 설립 목적은 조선 내 철도·항만시설 촉진, 지방자치 촉진, 참정권 연구 등으로, 당시 사이토 총독의 유화정책을 뒷받침하는 것이었다. 이 같은 공로로 조병상은 이듬해 1926년에는 경성부회 의원(오늘날 서울시의원)에 당선됐고 3회를 연임했다. 1938년에는 다시 경기도회 의원(오늘날 경기도의원)에 당선되었으며, 역시 3회 연임했다.

중추원 참의 가운데 지방 참의는 지방의 유력자들 가운데 공직자 또는 재산가들을 골라 도지사(경성부는 경성부윤)가 추천하여 총독이 임명했다. 반면 중앙 참의는 지방 참의를 여러 차례 역임한 자나 회유 목적의 인물을 골라 총독부에서 추천하면 일본 내각에서 임명했다. 그는 1939년에는 지방 참의에, 1943년에는 중앙 참의에 임명돼 각각 1회씩 역임했다.

반민특위에 끌려온 조병상은 자술서 '술회(述懷)'를 썼다. 이에 따르면, 그는 경성부 협의원·부회 의원 여섯 차례, 경기도회 의원 세 차례(1944년 관선 1회 포함) 등 무려 20여 년 동안 일제의 관변 공직에서 일한 것으로 나와 있다. 그는 또 대표적인 친일 단체에도 두루 몸담고 있었다. 조선식량영단 감사, 경성지방법원 인사조정위원, 성재육영회 이사, 조선지원병후원회 이사, 국민총동원 조선연맹 이사, 국민총력연맹 평의원, 조선임전보국단 이사, 대화동맹이사 등이 그것이다. 조병상을 두고 '직업적 친일분자'라고 부르는것은 이 때문이다.

조병상의 주된 친일 행적은 일제의 인력 동원과 침략 전쟁 찬양에 앞장선 것이다. 1937년 7월 중일전쟁이 터지자 조병상은 그해 12월에 윤치호 등과 함께 평양, 진남포, 안주 등을 돌며 침략전쟁을 미화하는 강연을 했다. 또 '황군위문'이란 명목 하에 북지(북중국)를 돌며 경기도지사의 위문품과 출정군인 가족들의 서신을전달하는 등 이들을 위문, 격려했다. 특히 일제 말기에는 차남(조문환)을 자진해서 학병에 나가도록 하였으며, 수차례에 걸쳐 학병 권유 연설을 하고 글을 썼다.

징병 강요는 무(武)의 연마가 목적

조병상의 장남(조태환)은 1939년 지원병 2기로 입대하여 일제 말기에는 버마(미얀마) 전선에 투입됐다. 그는 두 아들을 모두 일제침략 전쟁의 전사로 내보내는 등 자신의 친일성을 과시했다. 학병출정과 관련해 그는 이렇게 외쳤다.

"이번 학도 특별 지원병 제도는 조선에 있어서 상류계급 사람

들의 애국심을 저울질하는 중대한 시금석이 되어 있다. 사람
마다 내선일체란 말을 입에 올리지만 참다운 내선일체라는
것은 진정한 애국심에 있어서 내지인과 반도인이 융합하는
이외에는 별 도리가 없다."

_ 「매일신보」와의 인터뷰, 1943년 11월 4일자

해방 후 반민특위 공판정에서 조병상은 "징병을 강요한 것은
무(武)의 연마가 목적이었다."고 강변해 빈축을 샀다. 그는 또 "그
당시 자식을 전장에 보내서 개죽음을 시키는 것을 꺼리는 것이
일반 민중의 의사가 아니었던가?"라고 묻는 재판장의 질문에 "피
고의 아들들은 별로 피고의 의사와 다른 점이 없었던 것 같습니
다."라며 뻔뻔함을 드러내기도 했다.

일제하 조병상의 대표적인 직책 중 하나는 '종로경방단장'이다.
중일전쟁 발발 석 달 후인 1937년 10월 일제는 조선에 각 지역
단위로 경호단, 소방단, 수방단을 조직하여 후방의 전쟁 태세를
갖추었다. 2년 뒤에는 이들 단체를 통합하여 경방단(警防團)을 신설
했는데 단체 설립과 단장 임명은 각 도는 도지사, 경성(서울)은 경
성부윤(서울시장)이 했다. 당시 경성 시내에는 8개 경방단이 조직되
었는데 초대 종로경방단장에 조병상이 임명되었다. 당시 단원들은
공무원 신분으로 징용이 면제되었다. 이 때문에 정원이 1,200명인
종로경방단 단원모집에 지원자가 2,000여 명이나 몰렸다. 경방단
은 평시·비상시로 구분하여 활동했는데 평시에는 소방·수방 활
동을, 비상시에는 공습시 경보·구호·방독·소방 활동을 주 임무

志願兵의 主唱者
反省않는 曺秉相被告

諜報行爲를 否認
鄭國殷被告의 審理

반민 재판정에 출두한 조병상은 학병 권유 및 중일전쟁의 정당성을 선전한 것은 총독부의 권유로 행한 것이라고 변명했다(「동아일보」 1949년 4월 8일자).

로 했다. 경방단은 요즘으로 치면 민방위대 비슷한 단체로, 이들은 잦은 비상소집과 인력동원을 통해 후방의 전시체제 강화에 진력했다. 이 과정에서 단원들의 민폐가 잦아 주민들의 원성을 사기도 했다.

조병상은 아들을 다섯 두었는데 대개 군인이었다. 장남 태환은 지원병 출신으로 일제하에서 7년간 군 생활을 했으며 해방 후에는 「평화신문」 업무국장, 대한통운여행사 대표이사를 거쳐 한국모리스상사 회장을 지냈다.

차남 문환은 경성법전 재학 중에 '학병 제1호'로 출정했으며 해방 후에는 육사7기(특별반)로 졸업했다. 월남전 때 비둘기부대장을

조병상 차남 조문환의 묘.

역임했으며, 5공 시절에 국방차관·국가안보회의 상근위원 겸 비
상기획위원장(장관급)을 역임했다. 문환은 부친 조병상이 반민특위
에서 재판을 받고 있을 당시(육군 중위) 증인 신분으로 출석하여 자
신의 학병 출정 경위에 대해 "일본인 교장은 유난히 (학병 입대
에) 열렬한 사람이어서 불가피한 입장에서 스스로도 정쟁도 알아
보고 운명을 개척할 생각으로 응했다."고 증언했다.

3남 익환도 육군 장교(1965년 당시 육군소령) 출신이며, 4남 세환은
한국 공군 사상 최초의 음속 돌파 기록을 가진 조종사로 제대 후
대한항공 부사장을 역임했다.

반민특위가 활동을 개시하기 직전에 조병상은 외무부에 일본
여행권(여권)을 신청한 적이 있다. 어쩌면 일본으로 도피할 생각이
었는지도 모른다.

"처단은 당연, 그날을 기다릴 뿐"

1949년 1월 27일 반민특위에 검거된 조병상은 마포형무소에 수감돼 재판을 받았다. 재판 도중 재판장 앞으로 보낸 자술서에서 "국민에 배치되는 사상과 행동을 감행한 자가 처단됨은 당연하다고 사료하는 바이며 다만 그날을 기다릴 뿐"이라며 비교적 솔직하게 죄상을 고백했고 또 개전의 정을 보이기도 했다. 반민특위 특별검찰부는 징역 7년을 구형했으나 재판부는 징역 1년 6개월을 선고했다.

이후 조병상의 행적에 대해서는 별로 알려진 것이 없고 생사도 분명치 않다. 호적에 따르면 그는 1955년 생사불명 기간 만료로 1978년 서울가정법원에서 실종선고 확정 심판을 받은 것으로 나와 있다. 한국전쟁 중에 실종된 것이 아닐까 추측된다(1978년 12월 30일 사망했다는 주장도 있다).

34 | 백범 울리는 남산 백범 동상
미술가 김인승·김경승 형제

1998년 말 국가보훈처에 시민단체에서 보낸 공문 한 통이 접수됐다. 발신자인 신시민운동연합은 공문을 통해 "친일조각가 손으로 세워진 애국선열의 동상을 방치하는 것은 민족사의 왜곡 행위로 뜻 있는 국민의 성금으로 다시 세워 민족정기 회복의 계기로 삼아야 한다."며 보훈처의 적절한 조치를 촉구했다.

이 공문에서 신시민운동연합은 '친일조각가'로 김경승을 지목하고는 "해방 후 역대 정권과 결탁해 비호를 받으면서 조각계의 거목으로 변신한 김경승이 그 더러운 손으로 민족사에 길이 남을 애국선열과 역사적 기념물을 제작했다는 사실은 반만년 문화민족임을 자부하는 우리 민족에게 견딜 수 없는 모멸감을 주는 반역행위"라고 지적하고 "하루빨리 친일반역자의 작품을 철거하고 국

1969년 남산 중턱에 세워진 백범 김구 선생 동상 뒷면의 표지판. 이 동상은 친일조각가 김경승이 민복진과 함께 만들었다.

민의 정성을 모아 다시 세워야 한다."고 주장했다.

신시민운동연합은 김경승이 제작한 애국선열의 동상으로 광화문의 충무공 이순신 장군상(1953년 제작), 남산 안중근 의사상(1959년 제작)과 백범 김구 선생상(1969년 제작), 도산공원의 도산 안창호 선생상(1973년 제작), 서울 종묘공원의 월남 이상재 선생상(1989년 제작) 등을 들었다.

김경승(金景承, 1915~1992)은 우리 현대미술사에서 손꼽히는 유명 조각가다. 그는 서양화가 김인승(金仁承)의 친동생으로 두 사람은 형제 미술인으로도 유명하다. 두 사람은 일제 강점기부터 1980년 대까지 한국 화단의 원로로 군림해왔다. 형제는 일제 때는 조선총독부가 주최한 미술전람회에서 상을 휩쓸었고 해방 후에는 교단과 화단에서 명성을 날렸다. 특히 김경승은 국내의 대표적인 위인·애국선열들의 동상 제작을 도맡다시피 했다. 그러나 이들 형제는 예인(藝人)으로서는 재능을 떨쳐왔지만 민족사에서는 비난을 면치 못하고 있다. 해묵은 미술사 한 페이지를 들춰 그 이유를 알아보자.

일제에 '회화봉공'을 맹세하다

김인승·김경승 형제는 1915년 일본 메이지대학 법문학부를 나온 지주 김세형의 6남매 중 장남과 차남으로 태어났다. 형제는 어릴 때부터 미술에 재능을 보여 학생미술전에서 여러 차례 입상했다. 김인승은 1932년에 일본으로 건너가 도쿄미술학교 유화과에 입학했다. 김경승도 2년 뒤에 형을 따라 입학했다. 그는 형과는 달리 조각과를 택했는데 도쿄미술학교 조각과에 입학한 최초의 조선인이라는 주장도 있다.

1887년에 일본 메이지정부에 의해 관립학교로 세워진 이 학교는 이른바 '서양미술'을 가르치는 일본 유일의 미술학교였다. 이 학교는 일본인 이외에도 조선, 대만의 미술학도들을 청강생으로 받아 장학금을 주면서 미술교육을 시켰다. 이들 형제 이외에도 조선인으로 서양화가 심형구(沈亨求)도 이 학교를 졸업했다. 김인승과 심형구는 선전(鮮展, 조선미술전람회 약칭) 출품과 친일 활동은 물론 해방 후 이화여대에서 재직하는 동안 반평생을 단짝으로 지낸 사이이기도 하다.

김인승은 학교를 졸업할 때까지 평균 98점이라는 학교 최고점을 기록, 우등생으로 졸업했다. 그는 일본 문부성이 주최한 '황기

서양화가 김인승.

(皇紀) 2006년(1940년) 봉축기념전'에서 입선하면서 화단에 얼굴을
알렸다. 졸업하던 해인 1937년에는 제16회 선전에 「나부(裸婦)」를
출품하여 최고상을 받았다. 3·1의거 이후 이른바 일제의 '문화통
치'의 일환으로 시작된 선전은 1944년까지 23회나 개최되었는데
초기 서예나 사군자를 제외하고 모든 부문의 심사위원들은 주최
측인 총독부가 위촉한 일본 작가였다. 따라서 선전에 출품된 조선
인 작가들의 작품은 일본인 심사위원들의 취향을 반영한, 왜색 짙
은 작품들이 주로 입선했다. 이들은 조선인 작가들이 민족적 현실
을 표현하기보다는 단순한 자연미나 표현 자체만을 추구하게끔
영향을 미쳤다. 바로 이 선전에서 김인승은 1937년부터 연속 4회
특선하여 1940년 선전의 추천작가가 되었다. 이때 서양화 부문에
서 추천작가로 오른 사람은 김인승을 포함해 심형구, 이인성(李仁
星) 등 셋뿐이었다.

동생 김경승 역시 선전에서 연속 입상했다. 1939년 「S씨상」(흉
상), 1940년 「목동」(전신상) 등이 특선으로 입상했다. 1941년에는 남

조각가 김경승.

자 입상(立像)인 「어떤 감정」으로 총독상을 받았으며 이듬해에는
「여명」으로 총독상을 2회째 수상했다. 선전에서 관록을 쌓은 그는
1943년에 마침내 추천작가가 되었다. 1944년에는 선전에 「제4반」
을 출품했는데 이는 애국반원인 조선 여성이 '시국하의 총후(銃
後)'에 열성적으로 나선 모습을 담은 것이다.

김경승이 선전에 출품한 작품들은 추천작가로서 출품한 작품을
포함해 다섯 점 모두 강한 '시국색(時局色)'을 띠고 있다는 점이 특
징이다. 일제 침략 전쟁을 후방에서 지원하기 위해 식량 증산이나
근로에 동원된 조선인들을 작품에 담음으로써 은연중에 전쟁 협
력을 부추겼던 것이다.

형제는 일제하 대표적인 친일 미술단체인 조선미술가협회에서
간부로도 활동했다. 1941년 2월 22일에 시국하의 '회화봉공(繪畵奉
公)'을 맹세하면서 탄생한 이 단체는 당시 조선총독부 학무국장
시오바라 도키사부로(鹽原時三郎)가 회장, 학무국 사회교육과장 계
광순(桂珖淳)이 이사장, 총독부 기관지인 「매일신보」의 학예부장 백
철(白鐵) 등이 이사로 있던 관민합작 단체였다. 두 사람은 각각 이

단체의 서양화부(김인승), 조각부(김경승)의 평의원으로 활동했다. 이 단체는 나중에 조선문인협회, 선전미술협회, 보도사진협회 등 11개 예술단체와 더불어 1943년 1월에 국민총력조선연맹 산하의 예술가단체연락협의회를 구성하게 되는데, 이들은 전람회를 열어 수익금을 국방헌금으로 바치기도 했다.

안중근, 김구, 전봉준 등 동상 만들어

김인승의 대표적인 친일 행위는 단광회(丹光會)에 참여하여 활동한 점이다. 이 단체는 "성전하(聖戰下) 미술보국(美術報國)에 매진한다."는 취지로 1943년 2월에 조선인과 일본인 화가 19명으로 결성됐다. 모두 '선전' 추천작가 중심의 최고 엘리트 화가 집단이었다. 단광회는 조선인 징병제가 실시되자 이를 기념하여 회원 전원이 4개월간 합숙하여 100호 크기의 「조선징병제 시행기념기록화」를 제작했다. 이 그림은 징병 소집된 조선 청년을 중심으로 조선군사령부 보도부장, 지원병훈련소장, 총력연맹 사무국 총장, 경기도지사, 친일파 윤치호 등이 등장하여 징병 나가는 조선인 청년을 믿음직스럽게 바라보고 있는 내용이다. 특히 이 그림은 인물 주위로 남산의 조선신궁과 병사들의 행진 모습 등을 곁들여 일본정신 고취와 전쟁 참여를 조장하고 있다.

김인승은 이밖에도 1944년까지 세 차례에 걸쳐 열렸던 반도총후미술전에 김기창(金基昶), 심형구, 장우성(張遇聖) 등과 함께 추천

1943년 8월 조선에서 징병제가 실시되자 단광회 소속 조선·일본 작가 19명이 4개월에 걸쳐 공동 제작한 「조선징병제 시행기념 기록화」. 대표적인 친일 미술작품으로 꼽히는 이 그림 제작에 조선 작가로는 김인승, 박영선, 심형구, 손응성, 이봉상, 임응구, 김만형 등이 참여했다.

작가로 참여했다. 또 그는 작품 제작연대를 일본식인 '황기(皇紀)'로 표기했으며, '선전' 출품작의 작가 사인도 '김인승'의 일본어 발음인 'Jinsho, Kin'으로 표기했다. 그의 친일성을 보여주는 한 사례라고 할 수 있다.

　해방 후 형제는 친일 미술가로 낙인찍혀 조선미술건설본부에서 제외당하는 수모를 겪었다. 그러나 곧 이들은 도쿄미술학교 출신, '선전' 추천작가 등의 화력(畵歷)을 앞세워 다른 친일 미술가들과 함께 승승장구했다. 김인승은 1947년에 이화여대 미술과 교수로 부임한 것을 시작으로 1949년에 제1회 국전 추천작가·심사위원, 예술원 회원, 목우회 창립 주도, 이대 미대학장, 미협 이사장 등을 지내면서 서양화 구상 계열을 주도했다. 김경승 역시 풍문여고 교사를 거쳐 홍익대에 미대가 만들어지자 교수로 부임했다. 그밖에

국전 심사위원·예술원 회원 등을 비롯해 전두환 정권 시절 조각가로서 평통자문위원을 지내기도 했다. 형제는 상복도 많아 문화훈장을 비롯해 '3·1문화상'까지 나란히 수상했다.

김경승은 1960년대에 구성된 애국선열조상(彫像)건립위원회 위원으로 활동하면서 역사 속 위인과 애국선열들의 동상 제작을 도맡았으며, 1953년부터 1977년까지 무려 40여 점을 제작한 것으로 알려졌다. 대표적으로 서울 남산공원의 김유신 장군상, 안중근 의사상, 김구 선생상, 도산공원 안창호 선생상, 덕수궁 세종대왕상, 전북 정읍의 전봉준 장군 동상과 부조물이 있으며, 이순신 장군 동상은 3개나 제작했다. 인천 자유공원의 맥아더 장군상, 고려대 김성수 동상, 이화여대 김활란 동상, 인천 송도고등학교의 윤치호 동상도 김경승의 작품이다. 남산에 있던 이승만 동상도 그가 제작했는데 4·19혁명 때 성난 군중들에 의해 철거됐다.

명백한 친일의 흠결이 있는 자가 위인·항일 애국지사들의 동상을 만드는 행위는 적절치 못하다. 양식이 있는 자라면 이런 일에 나서지 않는 게 맞다. 남산 중턱에 서 있는 백범 동상을 새로 만들자는 주장은 이래서 나오는 것이다.

35 | 역사와 민중에게 '무정'했던 대문호
작가 이광수

시인이자 영문학자 송욱(宋稶. 1925~1980)은 생전에 「사상계」에 기고한 '한국 지식인의 역사적 현실'이란 글에서 일제 말기 이광수(李光洙)의 편린 하나를 남긴 바 있다.

문학 소년이던 중학생 시절에 송욱은 친구와 함께 당대의 대문호이자 우상이었던 이광수를 만나볼 요량으로 이광수의 부인(허영숙)이 경영하던 산부인과 병원으로 찾아갔다. 간호사의 안내로 병원의 긴 복도를 지나 온돌방에 다다르자 이광수가 반갑게 맞아주었다.

그들이 황송해하며 이광수에게 큰절을 올리고 일어설 무렵 라디오에서 일본어 방송이 흘러나왔다. 그러자 이광수가 "이 방송은 이세대신궁(伊勢大神宮)에서 올리는 ○○제(祭)의 실황 중계방송이

상해 임시정부 기관지인 「독립신문」 편집장을 지낸
이광수.

죠."라며 자못 경건한 표정을 지어보였다. 이광수는 방송을 통해
서 일본 군국주의 종교의식에 참가하고 있는 것이었다.

　너무나 뜻밖의 광경을 목도하고 실망과 환멸을 느낀 두 사람은
이내 이광수와 작별했다. 두 사람의 등 뒤에 대고 이광수는 "이제
부터는 작품을 일어로도 쓸 수 있고 우리말로도 쓸 수 있어야죠."
라고 내뱉었다. 이후로 송욱은 이광수의 글을 많이 읽지 않았다고
적었다.

일제에 빌붙은 대문호

이광수(李光洙, 1892~1950, 창씨명 香山光郎).
　역사 속에서 우리는 그를 어찌 볼 것인가? 그의 사후 반세기가
더 지난 지금까지도 그에 대한 평가는 극명하게 갈린다. 문학적

업적을 강조한 '대문호'라는 평가와 민족반역자 '친일파'라는 평가가 팽팽하게 맞선다.

지난 1992년에 이광수 탄생 100주기를 맞아 유족과 추종자들이 기념행사를 하면서 작성한 한 자료에 의하면, 그를 연구한 석·박사 학위논문이 40여 편이나 됐다. 그런데 논문들의 주제는 전부 문학 분야였다. 그의 일제하 친일 행적을 연구한 논문은 단 한 편도 없었다. 이래놓고 그의 진면목을 탐구했다고 할 수는 없다. 이처럼 이광수에 대한 그동안의 연구는 생애 전반을 아우르기보다는 문학 분야만을 지나치게 강조한 면이 없지 않다. 그에 대한 평가가 균형을 잃은 까닭이 이것이다. 이광수처럼 '시대의 인물'로 활동한 사람은 당시의 시대상황과 당시 민중이 그를 어떤 인물로 인식했느냐 하는 점을 중시해야 한다.

이광수가 탁월한 문재(文才)를 지닌 문인인 것은 분명하다. 그러나 일제 강점기 조선 민중의 눈에 비친 그의 모습은 2·8독립선언서의 작성자이자 상해 시절 임정 기관지 「독립신문」을 만든 '민족지사'로서의 면모가 더 강했다고 할 수 있다. 이광수의 변절에 민중들이 안타까워하고 분노한 것은 이 때문이다. 이광수를 문인으로만 평가하는 것은 박정희 전 대통령을 군인으로만, 만해 한용운 선생을 스님으로만 평가하는 것과 다름없다.

그렇다면 '민족지사'의 거울에 비춰본 이광수는 어떤 모습인가. 한마디로 형체를 알아보기도 어려울 정도로 일그러진 모습이다. 그의 일생을 통해 정신사를 관통하고 있는 '친일'의 물줄기를 거슬러 올라가보자.

이광수는 1892년 평안남도 정주에서 과거에 낙방한 후 술로 세월을 보내던 이종원의 장남으로 태어났다. 5살에 한글과 『천자문』을 깨우치고 8살에 동양고전을 두루 섭렵할 정도로 총명했지만 10살 때 콜레라로 양친을 잃고 천애고아가 되었다. 그러던 중 14살 때 천도교 유학생으로 일본 메이지학원에 입학하면서 처음 신세계를 접하게 됐다. 아직 인격적으로 미성숙한 데다 별다른 학문적 기초나 바탕이 없는 상황에서 제국주의라는 물결이 넘실대는 일본이라는 거대한 '바다'에 내던져진 것이다. 이광수의 비극은 이같은 상황에서 주체의식을 키우지 못한 데서 비롯한 것인지도 모른다.

도일 초기부터 문학에 심취한 그는 메이지학원 동창회보 「백금학보」(1909년 12월 15일, 제19호)에 일본어로 쓴 단편소설 「사랑인가(愛か)」를 발표했다. 조선인 소년이 일본인 소년을 신격화하여 연모하는, 일종의 동성애를 내용으로 하는 이 소설은 내용보다 발표 시점이 더 문제다. 이광수가 소설을 탈고한 날짜(1909년 11월 18일)는 안중근 의사가 하얼빈에서 이토 히로부미를 처단한 지 23일째 되는 날이었다. 동양 천지를 뒤흔드는 쾌거가 조선인 손에서 일어난 그 무렵 그는 하숙방에 틀어박혀 일본어로 소설을 쓰고 있었던 것이다.

이광수는 1917년 총독부 기관지인 「매일신보」에 장편소설 『무정(無情)』을 발표한 후 '전 조선 여성의 연인'이라는 별명을 얻었다. 그 무렵 본처와 이혼하고 여의사 허영숙(許英淑)과 애정의 도피 행각을 벌였다. 도쿄 유학 중 1919년 2월 그는 2·8독립선언서를 작성해 일약 민족지사의 반열에 오른다. 그러나 그가 작성한 '선언서'를 자세히 뜯어보면 허술한 구석도 더러 있다.

"합병 이래 일본의 조선통치 정책을 보건대 합병시의 선언에 반(反)하여 오족(吾族)의 행복과 이익을 무시하고…… 오족에게 참정권, 집회·결사의 자유, 언론·출판의 자유를 불허하며……"라고 한 대목이 그렇다. 그는 일제가 '합병' 당시에 한 약속을 지키지 않는다고 문제 삼았는데 이는 강도가 한 약속을 철석같이 믿었다는 얘기나 마찬가지다.

그해에 이광수는 상해 임시정부로 건너가 2년 남짓 활동하다가 애인 허영숙의 권유로 「독립신문」 편집책임을 그만두고 조선으로 돌아왔다. 월탄 박종화(朴鍾和)는 그의 일기에서 "춘원의 귀순은 총독부의 신변보장을 조건으로 허영숙이 설득한 결과이며, 이 일로 허영숙의 첫 애인 진학문은 홧김(?)에 일본 여성과 결혼해버렸다."고 쓴 바 있다.

귀국(1921년 3월) 도중 이광수는 심양(瀋陽)에서 체포돼 서울로 호송됐으나 이후 별다른 조사나 재판 없이 곧 석방되었다. 두 달 뒤 1921년 5월 그는 허영숙과 결혼했다. 다시 9월에는 사이토 총독을 면담하는 등 그때부터 이미 총독부의 비호를 받고 있었다. 이에 화답이라도 하듯 이듬해 5월 그는 잡지 「개벽」에 일제의 반독립 논리를 민족논리로 위장한 '민족개조론'을 발표했다.

이광수의 「동아일보」 입사는 이듬해인 1923년이었는데 여기서 월 300엔이라는 당시로서는 파격적인 보수를 받았다. 1924년 그는 「동아일보」에 다시 '민족적 경륜'이라는 대일 타협 노선의 논설을 발표하면서 어용적 민족개량·자치노선으로 기울기 시작했다. 위의 두 글에서 이광수는 조선이 쇠퇴한 이유는 민족성이 타락했기 때문이라며 민족성 개조를 주장했다. 이는 제국주의 국가들이 약소국 침략·지배를 정당화하기 위해 선전한 논리를 그대로 베낀 것이다.

최강의 친일 문장, "피와 살과 뼈가 일본인이 되어야"

중일전쟁 발발 한 달 전인 1937년 6월, 이광수는 이른바 '수양동우회 사건'으로 징역 5년을 선고받고 서대문형무소에 수감되었으나 이내 병보석으로 풀려났다. 이 단체 역시 발족 당시부터 총독부와 사전 협의 하에 조직된 단체로, 독립운동단체라고 할 것도 없다. 경기도 경찰부장 지바 료(千葉了)는 "민족 본능인 지하수(독립사상)가 지표로 분출했을 때는 급격히 막지 말고, 버려두지도 말고, 자연의 유력(流力)을 이용해서 바다로 흘러가도록 '도랑을 설치'하라."고 했다. 친일파 연구가인 고 임종국 선생은 "이 '도랑'이 바로 '민족개조론'이요, '수양동우회'요, '민족적 경륜'이었다."고 분석한 바 있다.

중일전쟁 이후 이광수는 전시 협력을 위주로 더욱 행동적인 친일 대열에 가담했다. 1939년 중국에 출정한 일본군 위문단(북지황군위문작가단) 결성식에서 사회를 맡은 것이 신호탄이었다. 그해 10월에 결성된 조선인문인협회 결성식에서 회장에 추대되었고 이듬해

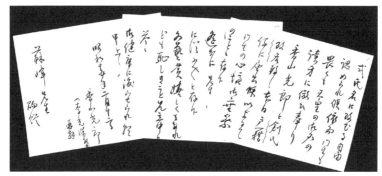

이광수가 '가야마 미쓰로'로 창씨개명한 직후 일본의 천황주의자 도쿠토미 소호에게 보낸 편지. 말미에 본명 '이광수'를 병기했다.

2월 11일 창씨개명령이 선포되자 다음 날로 가야마 미쓰로(香山光郎)라는 모범적인(?) 창씨개명을 내놓으면서 일반인들의 동참을 호소했다. 그러고는 이렇게 외쳤다.

> 나는 지금에 와서 이런 신념을 가진다. 즉 조선인은 전연 조선
> 인인 것을 잊어야 한다고. 아주 피와 살과 뼈가 일본인이 되어
> 버려야 한다고. 이 속에 진정으로 조선인의 영생의 길이 있다
> 고……
>
> _「경성일보」 1940년 9월 4일자

이광수는 조선인들이 피와 살과 뼈가 일본인이 돼야 한다고 주장했다. 조선인의 '완전한 일본인화(化)'를 외친 것이다. 심지어는 "조선놈의 이마빡을 바늘로 찔러서 일본인 피가 나올 만큼 조선인은 일본인 정신을 가져야 한다."고도 했다. 이보다 더 강도가 센

1944년 총독부 일어판 기관지 「경성일보」에 실린 이광수의 글과 사진. 병색이 짙은 얼굴에 국민복과 빡빡 깎은 머리가 일제 말기 '광수(狂洙)'로 불린 이광수의 모습을 상징하는 듯하다.

친일 문장은 일찍이 없었다. 그럼에도 단국대 김원모 교수는 이런 이광수를 두고 "민족을 보전하기 위해 표면적으로 친일을 했을 뿐, 그의 심저에는 독립정신이 살아 있었다."고 변호하였다. 전혀 공감할 수 없는 궤변이다.

해방 직후 이광수는 향리에 칩거하며 『나의 고백』, 『돌베개』 등을 썼다. 그는 인조가 병자호란 때 끌려갔다 돌아온 조선 여인들을 홍제원(弘濟院)에서 목욕시킨 후 정조 문제를 거론치 못하도록 한 이른바 '홍제원 목욕론'을 예를 들어 친일파 문제도 이처럼 처리해야 한다고 주장했다. 한마디로 '대충 넘어가자'는 얘기였다. 반민특위에 체포돼 마포형무소에 수감돼 있던 그는 재산 보전을 위해 허영숙과 위장이혼하는 교활함까지 보였다.

일관된 친일과 타협으로 일제 강점기를 살았던 조선의 '대문호' 이광수. 그는 공사를 막론하고 역사와 민족 앞에 단 한 번도 진실한 적이 없다.

36 │ 사명당 비석 네 동강 낸 친일 승려
해인사 주지 변설호

경남 합천 가야산 자락에 위치한 해인사는 팔만대장경을 보존한 사찰로 유명하다. 절 아래 주차장에서 언덕길을 걸어 절 입구에 들어서면 왼편에 팔만대장경 유네스코 문화유산 등록을 알리는 표지석이 하나 서 있다(팔만대장경은 석굴암, 종묘와 함께 1995년 12월 유네스코 세계문화유산으로 등록됐다). 표지석 옆으로 멀리 암자 하나가 눈에 들어오는데 바로 홍제암(弘濟庵)이다.

홍제암은 임진왜란 때 산중의 승려들을 규합해 왜적과 맞서 싸웠던 사명대사(1544~1610)가 입적한 곳이다. 광해군은 대사가 입적하자 '자통홍제존자(慈通弘濟尊者)'라는 시호를 내리고, 영정을 모신 영자전에는 '홍제암'이라는 편액을 내려 그의 호국정신을 기렸다. 대사가 입적한 지 2년 뒤에는 홍제암 들머리 부도밭에 대사의 일대기를 기록한 높이 3.15미터의 석장비도 세웠다. 비문은 당대의 문장가이자 『홍길동전』 저자인 허균이 썼다.

그런데 이 유서 깊은 사명대사 석장비는 한가운데가 열십자(十) 모양으로 쪼개졌던 흔적이 완연하다. 대체 누가, 무슨 연유로 호국영령인 사명대사의 비석을 훼손했을까?

그 장본인은 당시 해인사 주지로 있던 친일 승려 변설호(卞雪醐, 1888~1976, 창씨명 星下榮次)였다. 그는 출세를 위해 동료 승려들을 밀고하는가 하면 일경에 아부하기 위해 사명대사의 비석을 네 조각을 내는 데 앞장서기도 했다.

총독부 비호로 해인사 주지가 되다

변설호는 1888년 5월 경남 합천에서 태어났다. 금강산 유점사 강주(講主)로 있다가 1935년 9월 유점사 경성포교소 포교사로 부임하면서 서울 생활을 시작했는데 그 직후부터 친일로 들어섰다. 중일전쟁 발발 직후인 1937년 8월 변설호는 용산 주둔 조선군사령부에 가서 전사한 일본군의 위령제를 지내주었으며, 일본군 출정부대를 전송하기도 했다. 이듬해 2월에는 유점사 경성포교소에서 일본군의 승리를 기원하는 기원제를 지냈으며, 신도들로부터 국방헌금 50원을 거두어 부대에 직접 전달하기도 했다.

그해 3월 변설호는 돌연 아무런 연고도 없는 해인사 주지로 선출됐다. 그런데 해인사는 1936년도에 두 차례나 주지를 선출해놓

네 동강이 났던 흔적이 선명한 사명
대사 석장비.

고도 총독부로부터 인가를 받지 못해 주지 자리가 공석이었다. 그
자리를 변설호가 꿰찬 것은 앞서 서울에서 행한 각종 친일 행각
들이 총독부로부터 인정받았기 때문임은 불문가지다. 그는 주지로
임명도 받기도 전에 본·말사 승려들을 재촉하여 국방헌금 515원,
위문금 578원, 위문대 200개, 금 1개, 천인침(千人針. 이른바 센닌바리)
2개 등 현금 1,094원과 물품 1,305점을 일본군에 바쳤고, 다음 달
로 총독부로부터 해인사 주지 취임 인가를 받았다.

　변설호의 친일 행각은 급기야 항일 승려들을 일경에 밀고하기
에 이르렀다. 1943년 해인사 강원인 법보학원(法寶學院)의 강백(講
伯)이자 8대 주지를 역임한 이고경(李古鏡) 스님과 원장 임환경(任幻
鏡) 스님 등 해인사를 중심으로 활동하던 승려들이 대거 일경에
붙잡혀갔다. 법보학원에서 조선어와 조선 역사를 가르친 것이 화

변설호가 해인사 주지로 당선된 사실을 보도한 1938년 3월 10일자 「매일신보」 기사.

근이었다. 당시 법보학원에서는 불교 경전 외에도 역사, 수학, 영어, 지리 등을 가르쳤다. 또 조선어 시간에는 사명대사, 서산대사, 안중근, 윤봉길 등 훌륭한 고승과 항일열사들의 애국심도 가르쳤다. 이런 것들이 친일 승려 변설호 눈에 곱게 비쳤을 리가 없었다.

사명대사와 이순신 장군을 욕보이다

사명대사 석장비 훼손 사건은 1943년에 발생했다. 당시 해인사 주지로 있던 변설호는 당시 합천경찰서장 다케우라(竹浦)에게 해인사 홍제암에 있는 석장비 내용이 문제가 있다고 제보했다.

임진왜란이 끝난 후인 1604년 사명대사가 일본을 방문해 왜장 가토 기요마사(加藤淸正)와 대화를 나누던 중 가토가 사명대사에게 물었다.

"조선에 귀중한 보물이 있느냐?"

이에 사명대사가 답했다.

"지금 조선에서 가장 소중히 여기는 보물은 바로 당신 목이오!"

변설호는 바로 이 대목을 거론하며 "이런 승려의 비석을 그냥 세워둬도 되겠느냐?"며 당장 부숴버릴 것을 권유했다. 해인사 대중이 절 마당에 은밀히 묻어두었던 비신(碑身)의 위치를 알려준 이도 변설호로 알려져 있다.

며칠 뒤 다케우라 서장이 경찰과 석공을 데리고 홍제암에 나타났다. 이들은 사명당의 석장비를 찾아내 망치와 정으로 네 동강을 냈다. 그리고는 한 조각은 해인사 내 경찰주재소 정문 디딤돌로 사용했으며, 나머지 조각들은 해인사 구광루와 명월당 앞에 보란 듯이 내팽개쳤다. 사명당 석장비는 하루아침에 해인사 절간 마당에 나뒹구는 천덕꾸러기 신세가 돼버렸다.

1958년 해인사는 부서진 석장비 조각을 접합해 복원했다. 앞서 1948년에 발행된 잡지 「불교」에서는 "변한(卞漢)과 그 일당으로 하여금 같은 모양의 악형으로 그 죄를 속(贖)케 할지니"라며 변설호를 질타했다.

「서울신문」 서동철 문화재 전문기자는 2014년에 쓴 글에서 "영원히 아물 수 없는 상처가 남았지만 이 상처가 없었다면 감동은 오히려 조금 적었을 것"이라며 온전했을 때보다 깨진 뒤에 더 높은 가치를 갖게 된 셈이라고 썼다. 물론 서 기자의 글은 역설적인 표현일 따름이다.

한편 합천에서 '공(?)'을 세운 다케우라는 통영서장으로 영전했는데 그는 그곳에서 이순신 장군을 모신 충렬사(忠烈祠) 현판과 영정을 훼손했다. 그에 앞서 일경은 1942년 '만당'의 근거지이자 독

사명대사 유정.

립운동 자금 조달창구였던 백산상회(白山商會)의 연락소였던 다솔
사를 급습했는데 당시 사천경찰서장도 다케우라였다. 변설호는 이
런 악질 경찰 다케우라의 주구 노릇을 한 인물이다.

　해방 이듬해 변설호는 일제 때의 반민족 행위로 인해 '승권 박
탈'이라는 중징계를 받고 절에서 쫓겨났다. 1949년 반민특위 경남
지부에 체포돼 조사를 받은 그는 그해 9월 25일 보석으로 석방될
때까지 옥살이를 했다.

애석하여라, 그 경학 그 강론

　해방 후 한동안 자취를 감추었던 변설호는 1975년 대한불교 총
화종 초대 종정으로 취임했는데 이듬해 89살로 사망했다. 그의 사
위는 유명한 원로 언론인이다.

시인 고은(高銀)의 연작시집 『만인보(萬人譜)』에는 자장율사와 고암 스님, 성철 스님의 딸 불필 스님, 그리고 친일 승려인 이회광(李晦光) 등 스님들 얘기가 적지 않다. 고은은 4·19혁명 직후 해인사에 잠시 기거할 때 변설호를 만난 적이 있다. 고은에 따르면, 변설호는 학문도 깊고 외모도 준수했던 모양이다. 그런 변설호가 친일파로 전락한 데 대해 고은은 몹시 애석해했다.

시 「변설호」 전문은 아래와 같다.

가야산 큰 학승이었다
80화엄
어느 글자 하나 빠지지 않고 써내려갔다
전등 염송
어느 글자 하나 놓치지 않고
끼워 넣었다

이목구비 수려한 학승이었다

애석하여라 그런데 이회광을 잇는
친일승 변설호였다.

저주스러워라
1942년 합천경찰서 다케우라와 짜고
해인사 홍제암

사명대사비를 깨고
사명대사 영정을 떼어냈다

주지 임환경
이고경
김범부 등 17명을 구속시켰다

이고경이 옥사
임환경의 손상좌 장남아 옥사

해방 뒤
이고경의 상좌 민동선이
변설호를 찔렀다
찔렀으나 살아났다

1960년 4월혁명 뒤
대처승 변설호 일당
비구승 고일초를 끌고 가
강제로
해인사 인수서를 쓰라고 협박하였다 어림없었다

그 뒤 가야산에서 영영 사라졌다

애석하여라

그 경학(經學)

그 강론(講論)

37 암흑기 민족에게 친일을 강요하다

「조선일보」 사장 방응모

신문 지면은 일시적으로 화려하게 꾸미지 않아도 좋으니 오
직 오래오래 경영하도록 지구방책(持久方策)을 세우는 데 전력
한다.

광산에서 노다지를 발견해 하루아침에 부자가 된 '졸부' 방응모
(方應謨, 1883~?). 그가 1933년 「조선일보」를 인수한 직후 「삼천리」
(1934년 4월호)에 실린 '신문사 사장의 하루 – 방응모 씨'라는 글의
한 대목이다. 이 글을 보면 방응모는 「조선일보」를 '민족지'로 키
우는 데는 별 관심이 없었던 것 같다. 그는 「조선일보」를 순전히
사업의 도구로만 생각했다고 할 수 있다.

일제 때 「조선일보」를 인수하여 오늘날 신문재벌 방씨 일가의

금광에서 노다지를 발견해 일약 거부가 된 후 「조선일보」
를 인수한 방응모.

중시조로 일컬어지는 방응모의 행적은 의외로 잘 알려져 있지 않
다. 그 이유는 우선 그가 「조선일보」 경영에 참여하기 이전까지는
거의 무명 인사였으며, 한국전쟁 때 납북된 이후로는 활동이 중단
됐기 때문이다. 실제로 그가 사회 저명인사로 활동한 기간은 1933
년 「조선일보」 사장에 취임하여 1950년 납북될 때까지 불과 17년
정도다. 그러나 당시 그는 양대 민간지의 하나인 「조선일보」의 사
주이자 손꼽히는 자산가 중의 한 사람이었으니 그가 우리 현대사
에서 차지하는 비중은 적지 않다. 따라서 그의 삶은 단순히 개인
차원을 넘어 어떤 형태로든 우리 현대사, 특히 언론사에서는 기본
적인 연구 대상이다.

　방응모. 그는 과연 일제하에서 '민족지' 「조선일보」를 중흥시킨
'민족 언론'의 공로자인가, 아니면 '민족지'라는 간판 아래 일제와
결탁하여 오늘의 족벌신문 「조선일보」를 키운 반민족 기업인인가.

　방응모에 대한 역사적 평가는 이처럼 극과 극을 달린다. 그러나

대부분의 평자들은 그의 일제 당시 친일 행각과 사주로 있던 「조선일보」의 친일성을 들어 부정적인 쪽에 무게를 둔다.

노다지 캐서 광산재벌로

방응모는 1883년 평안북도 정주에서 방계준의 차남으로 태어났다. 이해 1월에는 인천항이 개항되었고, 우리나라 최초의 신문 「한성순보」가 창간되었다. 가난 때문에 신학문을 배우지 못한 그는 서당엘 다녔는데 12살 때 훈장이 그를 접장으로 삼아 학생들을 가르치게 했을 정도로 총명했다고 그의 손자 방우영 「조선일보」 명예회장은 「조선일보」 사보(社報)에 쓴 바 있다.

그가 처음으로 사업다운 일을 시작한 것은 40살이 되던 1923년 「동아일보」 정주지국을 인수해 운영하면서부터다. 그러나 워낙 소자본으로 시작한 데다 수금이 여의치 않아 힘든 시기를 보낸다. 이때 당한 수모(가산 차압)와 시련이 훗날 그가 「조선일보」를 인수하는 결정적인 계기가 됐다고 한다. 결국 2년 만에 접고 새로 손댄 것이 광산사업이었다. 방응모는 집문서를 저당 잡혀 마련한 돈으로 초창기 덕대(德大) 생활부터 시작했다. 덕대란 남의 광산을 도급 맡아 일정액의 돈을 내고 채광하는 방식으로, 주로 영세업자들이 광산 사업을 시작하던 방식이었다.

3년 뒤, 방응모에게 기적이 일어났다. 금맥을 발견한 것이다. 그는 '전세살이' 덕대 생활을 청산하고 금광을 사들여 교동광업소라 이름 짓고는 본격적으로 사업을 키워나갔다. 한 연구서에 따르면, 사업이 한창 번창하던 1931년 당시 교동광업소는 국내 5대 광산 반열에 올라 있었으며 노동자 수가 1,100명에 달했다고 한다. '광산재벌 방응모'는 이렇게 탄생했다.

「조선일보」 인수하여 역사의 전면으로

1932년에 방응모는 성업 중이던 교동광업소를 135만 원에 일본 중외광업주식회사에 매각했다. 이 시점에서 광산을 매각한 이유는 자세히 알 길이 없다. 광산업을 시작한 지 7년 만에 그는 적수공권에서 일약 '조선반도 제일의 거부'로 변신해 있었다. 그해 연말 그는 광산 매각 계약금을 받기 위해 상경했다가 당시 「조선일보」 사장이었던 조만식(曺晩植)을 만났는데, 이 자리에서 「조선일보」 인수를 권유받았다. 당시 「조선일보」는 경영 악화로 타개책을 찾고 있었는데 조만식은 새 물주로 방응모를 지목했던 것이다. 결국 방응모가 「조선일보」와 인연을 맺은 것은 노다지로 축적한 자본을 바탕으로 조만식의 권유를 받은 것이 직접적인 계기였다고 볼 수 있다.

이듬해인 1933년 1월에 그는 자본금 20만 원을 일시금으로 불입하고 '주식회사 조선일보'의 창립 발기인으로 참여했다. 3월에는 정식으로 경영권을 인수하여 부사장에 취임했다. 분위기 쇄신을 위해 태평로 1가 부지 1,400평을 12만 원에 사들여 당시 인근에서 가장 고층인 4층짜리 사옥을 신축했다. 이어 4월 26일자로 혁신호 100만 부를 제작해 전국에 무료 배포했는데 당시로선 매우 파격적이었다. 특히 그는 「동아일보」의 이광수와 서춘을 부사장과 주필로 각각 영입했다. 이들은 평북 정주 출신으로 그와 동향인이었다. 그밖에 활자 제작과 윤전기 구입 등 시설 투자에 50만 원을 들여 회사를 재정비하고 7월에 사장에 취임함으로써 마침내 '방응모 체제'가 정식 출범했다. 광산재벌 방응모가 「조선일보」를 인수하면서 하루아침에 저명 인사로 등장하게 된 과정은 대충 이러했다.

'기업인 방응모'의 면모를 과시하기 시작한 것은 광산 매각 대금 중 「조선일보」 인수 비용으로 지출되고 남은 돈으로 사업 다각화를 시작하면서부터였다. 방응모는 「조선일보」를 인수한 지 2년 뒤인 1935년에 경기도 수원에 97만 평 규모의 간척사업을 추진했는데 여기에 소요된 금액은 「조선일보」 인수 비용과 동일한 50만 원이었다. 이듬해에는 함경남도 영흥 일대에 무려 3,200만 평 규모의 조림사업을 벌였는데 이는 신문 용지 확보가 주목적이었을 것이다.

자매지로 종합 월간지 「조광」, 여성지 「여성」, 소년 월간지 「소년」 등이 창간된 것도 이 무렵이다. 재력을 바탕으로 사업을 확장하는 것은 기업가의 기본적인 생리라고는 하나 재벌의 언론사 경영은 이미 당시 「조선일보」 사례에서도 극명히 드러나고 있는 셈이다.

방응모의 친일 행각은 당시의 시국 때문만은 아니었다. 그는

「조선일보」의 자매지인 종합 월간지 「조광」 창간호.

「조선일보」를 비롯한 각종 사업을 추진하는 과정에서 총독부와의 '거래'가 불가피했다. 여기에 중일전쟁 발발 이후 일제의 압력이 가중되면서 증폭됐다. 따라서 방응모의 친일은 '먹고살기 위해서' 친일을 했다는 식의 변명과는 사안이 다르다. 한마디로 그의 친일은 기득권 유지를 위해서였다고 볼 수 있다. 특히 막강한 영향력을 행사하고 있던 신문의 사주였던 방응모의 친일은 그가 소유하고 있던 신문의 논조에 영향을 주었다는 점에서 여타 친일파들과는 또 다른 면을 가지고 있다. 2차대전 후 드골 정부가 나치 정권에 협력한 언론인을 숙청하면서 언론사 사주에 대해 엄중한 처단을 내린 것은 이 같은 이유에서였다.

방응모의 친일 행각은 「조선일보」의 '민족지' 간판에 가려 한동안 축소·은폐돼왔던 것이 사실이다. 1990년 이후 친일파 연구가 본격화되면서 더러 공개되긴 했지만 아직도 소상히 조사된 것은 아니다. 1930년대 후반 이후 다양한 형태로 나타난 그의 주요 친일 행적을 더듬어보자.

방응모의 친일 행각은 크게 두 갈래로 나눌 수 있다. 우선 중일 전쟁 이후 생겨난 각종 친일 단체에 참여해 일제 식민 통치와 군국주의를 찬양한 대목과 「조선일보」 폐간 후 자매지 「조광」을 통해 친일 논설을 직접 쓰거나 발행을 주도한 점을 들 수 있다. 그의 친일 행각은 물론 그 이전부터 있어왔다. 그가 「조선일보」를 인수해 경영을 시작한 직후 「삼천리」에 게재된 '신문사 사장의 하루-방응모 씨'라는 글에 아래와 같은 대목이 나온다.

> 저녁이면 사교 관계로 명월관, 식도원(食道園)으로 돌아다니며
> 재벌과 대관(大官)집을 찾기도 하고…… 천도(川島) 군사령관
> 의 저녁 초대를 받고 갔다가 돌아와서는 고사포도 기부하고.

언론사 사주도 일면 사업가이므로 사교를 하거나 고급 음식점에 가는 건 탓할 일은 아니다. 그런데 방응모는 중일전쟁이 발발하기 3년 전부터 일본군사령관과 가까이 지내며 저녁 초대를 받곤 했다고 한다. 그리고 저녁 대접을 받고 와서는 그 보답(?)으로 1933년 3월 조선군사령부 애국부에 고사기관총 구입비로 1,600원을 헌납했다. 식민지 시절 민간 신문의 사주가 일본군사령관을 만나는 것도 흔한 일은 아닐 뿐더러 고사포를 기부했다면 이들의 관계를 짐작할 만하다.

방응모가 공개적으로 친일 활동을 시작한 것은 중일전쟁 개전 이듬해부터였다. 1938년 6월 총독부가 결성한 국민정신총동원 조선연맹에 발기인으로 참여한 것이 처음으로 보인다. 이 단체는 조선문예회, 조선방송협회 등 59개 친일 단체와 김활란, 김성수 등 개인 56명이 발기인으로 참여하여 일제의 황민화 정책과 전시체제 구축을 적극 홍보했다. 9월에는 다시 「동아일보」 사장 백관수(白寬洙) 등과 함께 총독부가 결성한 제2차 전선(全鮮) 순회 시국강연반에 동원돼 '조선 명사 59인 각 도 순회 강연'을 다니며 일제의 침략 전쟁에 전 국민의 동참을 호소했다.

　중일전쟁이 장기전으로 돌입하자 일제는 전쟁 물자와 병력 동원을 위한 전시총력체제 구축에 들어갔다. 1941년 친일잡지 「삼천리」 사장인 김동환의 발기로 전시보국단체인 임전대책협의회가 결성되었다. 방응모는 이 단체의 위원 35명 중 1인으로 참여하여 종로 화신백화점 앞에서 김동환, 이광수, 모윤숙, 윤치호 등과 함께 전비 조달을 위한 채권 가두판매에 나섰다. 10월 들어 친일 단체의 총집결장인 조선임전보국단이 결성되자 이 단체의 이사로 참여했다. 이밖에 막강한 재력을 바탕으로 사재를 털어 고사포를 기증하기도 하고 특히 비행사 신용욱을 중심으로 중추원 참의 고원훈, 경방 사장 김연수 등이 1천만 원을 투자하여 설립한, 당시로서는 조선 내 유일무이한 전쟁 조력회사 조선항공공업주식회사의 중역으로 피선되기도 했다.

　1940년 8월 「조선일보」가 폐간되자 방응모는 자매지 「조광」을 본격적인 친일 잡지로 개편하고 자신이 직접 친일 논설을 기고하는 등 친일 행각을 멈추지 않았다. 「조광」 1940년 10월호 권두언에서 그는 사내 기구 혁신을 밝히고는 다음 호인 창간 5주년 기념호의 권두언에서 "이와 같은 역사적 대 변전기에 처하여 본지는 그때그때 본지에 허여(許與)된 직책을 다하기에 미력을 다하여왔다."고 자찬하고는 "안으로는 신체제 확립과 밖으로는 혁신외교 정책을 강행하여 동아 신질서 건설을 완성시켜 나가는 데 일단의 노력을 더할 것"을 다짐했다. 중일전쟁 3주년 기념호(1940년 7월호)에서는 "우리 총후(銃後) 국민은 더욱 노력하여 이 성전(聖戰)의 결과가 완수되기까지 은인자중, 멸사봉공의 희생적 정신으로 나가야 할 것"이라며 총독부를 대신해 전쟁 협조를 독려하였다. 1940년대 들어 「조광」은 한글 잡지임에도 불구하고 일문(日文) 기사를 게재하는 등 극렬한 친일 잡지로 변했다.

자매지 「조광」으로 이어진 친일 행각

권두언 이외에 방응모가 「조광」에 쓴 친일 논설로는 1942년 2월호에 '타도 동양의 원구자(怨仇者, 원수)'라는 글이 있다. 이 글은 태평양전쟁 개전 직후에 쓴 것으로, 그는 "이번 대동아전쟁은 그들(미국)에게서 동아(東亞)를 이탈하여 공영권을 건설하고 세계의 평화를 도모하려는 것은 물론이지만 일편으로 보면 참아오던 원한 폭발이라고도 할 것이다."라며 미국은 원수로, 일본은 평화의 사도로 묘사하고 있다. 그는 이 전쟁에서 승리하기 위해 유언비어에 현혹되지 말 것을 주장하고 아울러 국민개로(皆勞)운동, 물자 절약, 저축 강화 등을 촉구했다. 방응모가 이 글에서 내린 결론은 "어떻든 반도 민중은 이때에 심혈총력을 경주, 물력(物力)과 심혈 을 총경주하여 국책에 협력하자"는 것이었다.

일제가 황민화 정책을 추진하면서 내건 시책 중의 하나는 국어 상용(國語常用)이었다. 여기서 '국어'란 당연히 일본어다. 1944년 통 계를 보면, 조선에서 일본어 해독자는 320만 명 정도로 전체 인구 의 26%였다. 이와 관련하여 「조광」은 '국어를 상용합시다'라는 권 두언(1944년 8월호)를 통해 "영문(營門)을 들어서는 징병자와 내지(內 地)의 노무자들이 국어를 해득치 못하는 데서 오는 곤란은 상상 이상일 것"이라고 지적하고는 대만의 일본어 해독자가 인구의 6 할인데 비하면 조선은 이보다 훨씬 뒤떨어진다고 개탄했다. 이는 친일 어용지 「매일신보」, 「경성일보」 등에서나 볼 수 있는 내용이 었다. 창간 초기에 문화, 예술 분야에서 어느 정도 공로가 있었다 고는 하나 「조선일보」 폐간 후 「조광」은 대를 이어 친일 보도를 했다.

일제 식민지시대와 해방 정국의 격동기를 살아오면서 현대사의 주역들은 다양한 면모를 갖고 있다. 그들의 삶의 진면목을 보기 위해서는 이 모두를 균형 있게 다루는 것이 중요하다. 이런 점에 서 본다면 그동안 대부분의 역사 인물에 대한 평가는 긍정적인 면에 치우친 감이 없지 않다. 방응모 역시 마찬가지다. 일제하 그 의 친일 행적은 그가 발행한 매체 곳곳에 뚜렷이 기록돼 있다. 그 러나 그의 전기 『계초 방응모』(1980) 서문의 첫 줄은 "암흑기의 민족에게 언론의 햇불을 밝혀 민족의 길을 비추었던 선구자"로 시작하고 있다. 이 말에 수긍할 사람이 몇이나 될까.

2009년 친일반민족행위 진상규명위원회(친일규명위)에서는 친일반민족행위자 2,006명을 최종 선정, 발표했다. 이 가운데는 「동아일보」의 김성수와 방응모도 포함돼 있다. 방응모의 손자 방우영 「조선일보」 명예회장은 친일규명위의 결정 취소 소송을 냈다. 이에 대해 서울행정법원은 2010년 12월 22일 "방 전 사장(방응모)이 1944년 조선항공공업 창립 발기인 등으로 활동한 부분에 대해 친일 행위로 결정한 부분을 취소하라."면서도 "나머지 활동에 대해서는 친일 행위로 인정된다."고 밝혔다. 방응모의 친일반민족 행위 대부분을 인정한 셈이다.

2012년 1월 서울고법 역시 "방 전 사장의 여러 행태는 친일반민족행위 유형에 속함을 부정할 수 없다."며 방응모의 친일반민족 행위를 인정하고 대부분의 청구를 기각했다. 조선일보사는 대법원에 상고했다. 2016년 7월 현재 이 사건은 4년 넘게 대법원에서 잠자고 있는데 이를 두고 법원이 「조선일보」 눈치를 보는 것 아니냐는 지적이 나오고 있다.

38 │ 친미에서 친러로, 친러에서 친일로
오로지 일신의 영달 추구한 이완용

매국노, 친일파의 상징으로 불리는 이완용(李完用, 1858~1926)은 어려서 총명한 아이로 소문났었다. 전언에 따르면, 6살에 『천자문』과 『동몽선습』, 7살에 『효경』, 8살에 『소학』을 뗐다고 한다. 글씨도 잘 써서 명필로 불렸다. 1918년 서화협회가 결성되었는데 이완용은 이를 주도한 사람 가운데 하나였다. 그해 10월 제1차 정기총회에서 고문으로 선출된 이완용은 박영효와 함께 1~4회 서예 부문 심사도 맡았다.

조선시대 규장각 소속으로 '서사관(書寫官)'이라는 벼슬이 있었다. 이는 새 건물의 현판 등을 쓰는 관직으로, 대표적인 서사관으로 이완용을 꼽는다. 그는 덕수궁 숙목문(肅穆門) 현판과 중화전 상량문을 비롯해 김천 직지사의 대웅전과 천왕문 편액을 썼다. 이밖

'매국노'의 상징 이완용.

에도 창덕궁 함원전 등 현판 10여 종의 글씨를 썼다는 기록이 있다. '국가공인 명필'이랄 수 있는 이완용은 특히 행서와 초서에 뛰어났다고 한다.

이완용은 경기도 광주군 낙생면 백현리(오늘날 성남시 분당구 백현동)에서 우봉 이씨 집안의 가난한 선비 이호석(李鎬奭)의 아들로 태어났다. 10살 되던 1867년 4월 먼 친척뻘인 이호준(李鎬俊)의 양자로 입양되었다. 당시 예방승지로 있던 이호준에겐 서자(庶子) 이윤용(李允用)과 딸이 하나 있었다. 이완용이 당대의 세도가 집안으로 입양된 것은 어린 시절 신동으로 소문이 났었기 때문이라고 한다. 조신(操身)한 성격의 이완용은 4살 위인 서형(庶兄) 이윤용과 별 마찰 없이 잘 지냈다.

이완용의 양부(養父) 이호준은 당대의 명필 이용희(李容熙)를 초빙하여 이완용에게 한학과 서예를 가르쳤다. 이완용의 서예는 이용희의 서법을 익힌 것으로 알려져 있다. 평소 이완용은 내성적인 성격에 글 읽기와 시문 쓰기를 즐겼으며, 술도 즐기지 않고 여자도 밝히지 않았다. 『이완용 평전』(1999)의 저자인 윤덕한은 청년 시절 이완용은 "유교의 근본인 충효사상에 입각한 조선 선비의 풍모를 지니고 있었다."고 평가했다. 게다가 당대의 세도가 집안에 입양되었으니 이완용의 앞날은 탄탄대로였다고 해도 과언이 아니었다.

미국의 근대적 교육제도에 매료되다

25살 되던 해인 1882년, 이완용은 증광문과(增廣文科) 별시에 병과(丙科)로 급제하여 벼슬길에 나섰다. '증광시(增廣試)'는 새 임금의 즉위 등 왕실에 큰 경사가 있을 때 임시로 실시하는 과거 시험이다. 그 무렵 궁궐에 무슨 경사가 있었을까?

그해 6월 초 조정의 개화정책과 밀린 급료에 불만을 품고 있던 구식 군인들이 이른바 '임오군란'을 일으켰다. 당황한 조정은 청나라 군대를 불러들여 겨우 진압했다. 당시 신변에 위협을 느껴 충북 충주까지 피신했던 명성황후도 그 후 무사히 궁으로 귀환하였다. 이를 기념해 임시과거를 실시했는데, 이완용이 바로 이 과거에 급제한 것이다. 당시 그의 양부 이호준은 관리들의 인사 책임자인 이조판서로 있었다.

1886년(고종 23년) 규장각 대교(정7품)로 벼슬생활을 시작한 이완

육영공원의 수업 장면. 상투를 튼 조선인 학생들이 미국인에게 신식 교육을 받고 있다.

용은 홍문관 수찬(정6품), 홍문관 응교(정4품) 등을 거치면서 승승장구했다. 이듬해 3월 현직관리 신분으로 근대식 관립 교육기관인 육영공원(育英公院)에 입학했는데, 이것이 이완용의 인생에서 하나의 전환점이 됐다. 그는 헐버트 등 미국인 교사에게 영어, 역사, 자연과학, 국제법, 경제학 등 신학문을 배웠다. 당시 이곳 교사들은 전부 영어로만 강의했는데, 요즘으로 치면 '영어몰입교육'을 한 셈이다.

입학한 지 넉 달 만인 1887년 7월 이완용은 주미 공사관 참찬관(參贊官)으로 임명돼 미국으로 건너갔다. 그런데 갑작스런 발병으로 이듬해(1888년) 음력 5월에 일시 귀국했다가 그해 12월에 다시 도미했다. 당시 그는 주미 공사관 대리공사(代理公使)로 승진한 상태였다. 당시만 해도 미국통이 드물다 보니 승진이 빨랐다고 할 수 있다.

주미 외교관 생활을 하면서 이완용은 난생처음으로 미국의 선진문물을 접하게 되었다. 이는 그가 '친미파'가 되는 직접적인 계기가 되었다고 할 수 있다. 그는 미국의 자본주의와 시장경제, 삼권이 분립된 민주공화제, 신분 차별이 없는 평등 사회 등에 큰 충격을 받았다. 특히 그는 미국의 근대적 교육제도에 깊이 매료됐다. 후일 학부대신 시절 그가 초등학교 의무교육제 등 근대식 교육제도를 도입한 것은 이때의 경험이 바탕이 됐다.

미국에서 2년간 근무한 이완용은 1890년(고종 27년) 10월 귀국했다. 그해 11월 내부 참의(오늘날 차관보)에 임명되었으며, 2년 뒤에는 이조참판(오늘날 안전행정부 차관), 1893년엔 한성부 좌윤(오늘날 서울시 부시장), 공조참판(오늘날 건설교통부 차관) 등을 차례로 역임했다.『고종실록』에 따르면, 당시 30대 중반의 이완용은 고종의 총애를 한 몸에 받았다.

1894년, 조선 땅에서 대형 전쟁이 둘이나 터졌다. 국내적으로는 동학농민전쟁이, 나라밖에서는 청나라와 일본 사이에 청일전쟁이 발발한 것이다. 겉으로 보면 두 전쟁은 서로 다른 것 같지만 사실은 서로 얽혀 있었다. 조선 조정은 동학군을 진압하기 위해 일본 세력을 끌어들였는데 이 전쟁을 통해 조선은 청일 양국의 각축장이 되고 말았다. 청일전쟁이 치러진 곳은 조선 땅이었다.

청일전쟁은 일본의 승리로 끝났다. 이를 계기로 일본은 조선에서 목소리를 높이며 영향력을 행사하기 시작했다. 이에 조선 정부는 새로운 연대 세력을 모색하였는데, 이때 떠오른 대상이 러시아와 미국이었다. 우선 러시아는 프랑스, 독일과 함께 이른바 '3국

주미 공사관 직원 일행. 앞줄 왼쪽부터 이상재, 이완용, 박정양(주미공사), 이하영, 이재연이며 뒷줄은 수행원들이다.

간섭'의 사례에서처럼 일본을 견제할 수 있다는 점이 강점으로 부각됐다.

반면 미국은 땅도 넓은데다 조선과는 거리가 멀어 침략 가능성이 적은 점이 주요하게 고려됐다. 특히 고종은 선교사 앨런(H. N. Allen), 육영공원 교사 헐버트 등과 각별한 친분을 쌓으며 미국에 친근감을 갖고 있었다. 한 예로 고종은 앨런에게 "미국은 조선의 우방이므로 우리가 곤경에 빠지면 강력하고도 사심 없는 말을 해줄 수 있는 유일한 국가"라며 미국에 대해 호의를 표하기도 했다.

결국 1896년 고종은 친일 성향의 김홍집 내각을 해체하고 초대 주미 전권공사를 지낸 친미파 박정양을 수반으로 하는 새 내각을 구성했다. 박정양이 부상하면서 미국에서 같이 근무했던 이완용, 이채연 등도 중용됐다. 이완용은 38살에 학부대신(오늘날 교육부 장관)이 되었다.

워싱턴 주재 한국대사관 건물. 현재는
개인 소유다.

이 내각에서 주목을 끈 사람이 단연 이완용이었다. 그는 두 차
례에 걸쳐 2년 가량 주미공사관에 근무한 적이 있어 당시로선 드
문 '미국통'이었다. 독립협회 위원장을 맡고 있던 시절 이완용은
독립문 건립 기념식에서 다음과 같은 연설을 한 바 있다.

"조선이 독립을 하면 미국처럼 부강한 나라가 될 것이며, 만
일 조선 인민이 단결하지 못하고 서로 싸우거나 해치려고 하
면 구라파(유럽)의 폴란드라는 나라처럼 남의 종이 될 것이다.
세계사에서 두 본보기가 있는데, 미국처럼 세계 제일의 부강
한 나라가 되는 것이나 폴란드 같이 망하는 것 모두가 사람
하기에 달려 있다. 조선 사람들은 미국같이 되기를 바란다."

한편 청일전쟁에서 승리를 거둔 일본은 여세를 몰아 조선 조정에 무리하게 내정개혁(이른바 갑오개혁)을 강요했다. 이에 불만을 품은 조선 정부는 1895년 9월 러시아공사 베베르와 손잡고 친일 세력 제거 차원에서 친일파의 거두 박영효를 축출했다. 그에 앞서 8월에는 민영환을 주미 전권공사로 등용하는 동시에 친일계인 어윤중 등을 면직시키고 이범진, 이완용 등 친러파를 기용했다. 제3차 김홍집 내각은 친미·친러파가 주축이 되었는데 이들은 명성황후 민씨와 가까운 사이였다. 이로써 조정에서 친일파들이 몰락하자 위협을 느낀 일본은 급기야 그해 10월 8일 명성황후 살해 사건(을미사변)을 일으켰고, 이를 계기로 친일파들이 다시 권력을 잡게 되었다.

을미사변에 이어 단발령이 공포되자 유림들이 주축이 돼 전국에서 의병(을미의병)이 궐기했다. 조정에서는 중앙군을 내려 보내 진압에 나섰는데 이때 왕실 친위대도 가담했다. 친위대가 지방으로 이동한 틈을 타 이범진, 이완용 등 친러파들은 세력 만회는 물론 당시 일본세력에 신변의 불안을 느끼고 있던 고종을 위해 러시아공사 베베르와 협의하여 1896년 2월 11일 러시아공관으로 고종의 거처를 옮겼다. 이것이 아관파천(俄館播遷)인데, 이를 계기로 다시 친러 내각이 출범했다. 아관파천을 주도하면서 친미파에서 친러파로 변신한 이완용은 이후 외부대신, 농상공부대신 서리 등 요직을 맡으면서 고종의 총애를 한 몸에 받았다. 이때까지만 해도 일제와 친일세력들에 맞서 반일 노선을 걷고 있었다.

아관파천 당시 고종이 한동안 머물렀던 러시아공사관 건물.

시대의 흐름을 읽고 재빨리 친일로

아관파천 당시 러시아는 고종과 친러파들에게 구세주 같은 존재였다. 그러나 시간이 지나면서 러시아는 친러파들에게 부담스런 존재로 변했다. 러시아는 아관파천의 대가로 함경도 영흥, 길주, 삼수, 단천의 금광 및 석탄채굴권 등의 이권을 요구했으며 러시아 군사교관을 보내 영향력 확대를 꾀했다. 이에 독립협회와 함께 당시 외부대신으로 있던 이완용은 러시아 측의 그 같은 요구를 반대 또는 묵살했고, 이 일로 이완용은 러시아를 점차 멀리하기 시작했다. 그러면서 이완용이 호의를 보인 세력은 미국이었다. 당시 주미공사 앨런과 친분이 두터웠던 이완용은 미국에 많은 이권을 챙겨주었다.

이완용이 친미 반러(反露) 태도를 보이자 러시아공사 베베르는

가만있지 않았다. 베베르는 고종에게 압력을 가해 1897년 7월 20일 외부대신 이완용을 학부대신으로 자리를 옮기도록 하였다. 이어 9월 1일자로 이완용을 평남 관찰사로 좌천시켜 중앙 정계에서 축출해버렸다. 그 다음 날인 9월 2일자로 베베르의 후임으로 주한 러시아공사에 취임한 슈페예르(A. Speyer)는 고종에게 "말을 듣지 않으면 궁궐 경비병을 철수하겠다." "제2의 아관파천을 실행하겠다." 등의 협박으로 고종을 압박했다. 미국인 해링턴(F. N. Harrington)이 남긴 기록에 따르면, 슈페예르는 이완용에 대해 이렇게 말했다고 한다.

"그는 내가 아는 사람 중에서 가장 나쁜 사람이오. 나는 그의 이름에 표를 해두었소. 그는 내가 여기 있는 동안 결코 벼슬을 얻지 못할 것이외다. 그는 언제나 독립을 외치는 친미(親美)그룹의 우두머리지요. 나는 그 그룹을 조선에서 없애버릴 작정이니, 그들은 더 이상 세력을 쓰지 못할 것이외다."

중앙 정치권에서 밀려난 이완용은 평남 관찰사를 거쳐 1898년 전남 관찰사로 임명되었다. 그해에 양부 이호준이 죽자 이완용은 고향으로 내려가 3년 동안 시묘살이를 했다. 중앙 정계에 복귀한 것은 1901년 2월이었다. 그는 고종의 명으로 궁내부 특진관에 임명돼 중앙 무대로 되돌아왔다. 친미 - 친러를 오가며 권력 중심에서 있던 이완용이 친일파로 전신(轉身)한 계기는 이 무렵부터였다.

그 무렵 고종은 미국공사관으로 피신하려고 했었는데 미국 측의 거부로 무산되었다. 당시 미국과 일본은 '가쓰라 – 태프트 밀약'을 통해 미국은 필리핀, 일본은 조선에 대해 각각의 지배권을 서로 인정한 상태였기 때문이었다. 조선에서의 주도권이 일본으로 넘어간 사실을 간파한 이완용은 친일로 변신을 시도했다. 이어 러일전쟁에서 일본이 승리하자 그는 완전히 친일파로 옷을 갈아입었다.

당시 주한 일본공사 하야시 곤스케와 밀착해 있던 이완용은 1905년 학부대신에 임명되면서부터 본격적인 친일 노선을 걷게 되었다. 그해 11월 대한제국의 외교권 박탈과 통감부 설치를 주요 내용으로 하는 제2차 한일협약(을사늑약) 체결을 주도하면서 이완용은 마침내 내각총리대신 자리에 올랐다. 1907년 헤이그 특사 사건이 일어나자 이완용은 고종의 양위를 관철시켰으며 한일 신협약(정미7조약)도 앞장서서 체결했다. 급기야 1910년 8월 대한제국을 송두리째 일본에 넘기는 '한일합방조약', 즉 한일병탄을 주도했고, 그 공로로 일제로부터 작위와 거액의 재물을 받았다.

이완용은 이런 변신 행각을 어떻게 자평했을까? 이완용이 죽은 이듬해인 1927년에 그의 집안 조카뻘이자 그가 내각총리대신 시절 비서관을 지낸 김명수(金明秀)는 이완용의 일생을 엮은 『일당기사(一堂紀事)』('일당'은 이완용의 호)라는 책을 펴냈다. 이 책에서 이완용은 자신의 삶을 다음과 같이 회고했다.

당시 미국과의 교제가 점차 긴요한 까닭에 신설된 육영공원에 입학했고, 미국으로 건너갔다. 갑오경장 후 을미년에는 아

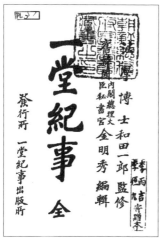
이완용 일대기 『일당기사』 표지.

관파천 사건으로 노당(露黨, 친러파)의 호칭을 얻었고, 그 후 러일전쟁이 끝날 때 전환하여 현재의 일파(日派, 친일파) 칭호를 얻었다. 이는 때에 따라 적당함을 따르는 것일 뿐 다른 길이 없다. 무릇 천도(天道)에 춘하추동이 있으니 이를 변역(變易)이라 한다. 인사(人事)에 동서남북이 있으니 이것 역시 변역이라 한다. 천도, 인사가 때에 따라 변역하지 않으면 실리를 잃고 끝내 성취하는 바가 없게 될 것이다.

친미파로 시작해 친러 – 친일로 이어진 이완용의 변신은 한마디로 시류에 편승하여 철저한 대세순응주의에 입각한 것이었다. 생전에 그는 한 일본 언론과의 인터뷰에서 "세상에서 처신하기 힘든 일이 3가지가 있다. 쇠약한 나라의 재상과 파산한 회사의 청산인, 빈궁한 가정의 주부가 그것이다."고 말한 바 있다. 고종의 총

이완용 일가 3대. 앞줄 왼쪽부터 손자 이병주, 이완용, 이완용이 안은 아이는 손자 이병철. 뒷줄 왼쪽부터 장손 이병길, 차남 이항구, 손자 이병희.

애를 한 몸에 받았던 그가 국난을 맞아 "적당함을 따르는 것"운운한 것은 당시 국정을 책임지고 있던 대신으로서 할 얘기가 아니다.

한일병탄 후 이완용은 세인들로부터 망국노, 역적이라는 거센 질타를 받았다. 뜻있는 민족지사들은 암살단을 조직해 반민족행위자 처단에 나섰는데 이때 이완용은 총독부 고관들과 함께 처단 대상자 제1순위에 올랐다.

1909년 12월 22일 이완용은 명동 천주교성당에서 열린 벨기에 황제 레오폴트 2세의 추도식에 참석했다. 성당 정문 근처에서 군밤장수로 변장한 채 이완용을 기다리고 있던 이재명(李在明) 의사

매국노 이완용을 처단하려 했던 이재명 의사. 아쉽게도 거사는 성공하지 못했다.

는 이완용이 탄 인력거를 덮쳐 순식간에 그의 옆구리와 어깨 등을 찔렀다. 이재명은 자신과 실랑이를 벌이던 인력거꾼 박원문을 찔러 밀쳐낸 후 즉석에서 '대한 독립 만세!'를 외치다 일본 순사의 군도에 넓적다리를 맞고 체포됐다. 박원문은 그 자리에서 죽고 이완용은 곧바로 대한의원(서울대 병원의 전신)으로 후송돼 응급치료를 받고 목숨을 건졌다. 이재명 의사는 이듬해 9월 이완용 살인미수 혐의 및 박원문 살해죄로 교수형에 처해졌다.

무슨 낯으로 이 길을 떠나가나

이완용은 이재명 의사로부터 피습당할 때 폐를 찔렸는데 이 때문에 천식과 폐렴이 생겨 평생 동절기마다 큰 고생을 했다. 결국

이완용의 장례식 다음 날인 1926년 2월 13일자 「동아일보」 1면 사설
(위). 아래는 총독부의 검열에 걸려 해당 사설이 삭제된 모습.

지병 악화로 1926년 2월 11일 종로구 옥인동 자택에서 69살로
사망했다. 장례식은 일본인, 조선인을 합쳐 50명의 장례위원들이
꾸려진 가운데 엄수됐는데, 일본 순사들의 호위 속에 옥인동부터
광화문까지 긴 장례 행렬이 이어졌다.

　장례식 다음 날인 2월 13일자 「동아일보」 1면에 '무슨 낯으로
이 길을 떠나가나'라는 제목의 사설이 실렸다. 이 사설은 총독부
검열에서 삭제되었다.

그도 갔다. 그도 필경 붙들려갔다. 보호 순사의 겹겹 파수와
견고한 엄호도 저승차사의 달려듦 하나는 어찌하지 못하였다.
너를 위하여 준비하였던 것이 이때였다. 아무리 몸부림하고
앙탈하여도 꿀걱 들이마시지 아니치 못할 것이 이날의 이 독
배이다. …… 어허, 부둥켰던 그 재물은 그만하면 내놓았지.
앙탈하던 이 책벌을 이제부터는 영원히 받아야지!

이완용은 뛰어난 재능과 식견을 겸비한 인재였다. 그러나 그는
국운이 기울던 시기에 민족과 국가보다 일신의 안위와 영달에 눈
이 멀어 있었다. 심지어 1919년 3·1의거 때는 세 차례에 걸쳐 총
독부 기관지 「매일신보」에 경고문을 게재해 만세 항쟁을 '망동'이
라고 비난하면서 한일합병의 불가피성을 역설했다. 그의 반민족
행각은 한민족 5천년 역사에서 역적·매국노의 상징으로 기록되
게 만들었다. 심지어 이완용 한 사람으로 인해 그의 문중(우봉 이씨)
전체가 매국노 가문으로 매도되고 있는 실정이다.

이완용의 작위(처음에는 백작을 받았으나 3·1의거를 진압한 공로로 1920년 12
월 후작으로 승작)는 아들(이항구)과 손자에게 대물림(습작)되었다. 장손
이병길(李丙吉)은 조선귀족회 회장을 지냈으며, 중일전쟁이 발발하
자 국방헌금을 모아 헌납하였다. 일제 말기 총독부가 결성한 전시
총동원 관변단체인 국민정신총동원 조선연맹의 간부를 맡았으며,
배영(排英)동지회 이사, 조선임전보국단 이사, 국민총력조선연맹
참사 등을 지냈다. 이병길은 해방 후 반민특위에 체포돼 조사를
받았으며, 재판에서 징역 2년 집행유예 5년과 전라북도 익산 소재

의 소유 임야 중 2분의 1 몰수형을 선고받았다.

증손자 이윤형은 한때 세간에 논란이 됐던 '친일파 후손의 조상 땅 찾기 소송'을 촉발시킨 장본인이다.

39 | 고종 황제를 협박한 매국노
'한일합방 청원서' 낸 송병준

매국노라면 흔히 1905년 을사늑약 체결에 찬동한 이완용 등 '을사오적'을 떠올린다. 그러나 이들 못지않은 매국노가 둘 있다. 대표적 친일 단체인 '일진회'를 만들어 일본에 나라를 넘기는 데 앞장선 송병준과 이용구가 그들이다. 송병준은 구한국 정부의 관원 출신으로 정치사건 때마다 변신을 해온 대표적인 기회주의자였다. 이용구는 동학에 입교하여 1894년 동학농민전쟁 때 참전하여 투옥되었던 인물로 두 사람 모두 결국은 친일매국 노선을 걷게 되었다.

송병준(宋秉畯, 1858~1924, 창씨명 野田平次郎)은 1858년 8월 20일 함경남도 장진에서 출생했다. 그의 어머니 홍씨는 명성황후 집안으로 세도가인 민태호의 첩 기생 홍씨로 알려져 있는데 자세한 집

친일 단체 일진회를 만든 송병준(왼쪽)과 이용구.

안 내력은 알려져 있지 않다. 송병준은 8살에 상경하여 민영환의 식객 노릇을 하다가 1871년 무과에 급제하여 수문장으로 벼슬을 시작했다. 이후 훈련원 판관(判官), 오위도총부 도사(都事), 사헌부 감찰 등을 역임했다.

1875년 해안 측량을 구실로 이른바 '운요호 사건'을 일으킨 일제는 이듬해 조선에 대해 강화도조약 체결을 강요했다. 일본 측에서는 구로다 기요타카 특명전권변리공사가 건너와 조선 조정을 상대로 조약 체결을 진행했는데, 이때 송병준은 구로다 일행의 반접수원(伴接隨員), 즉 접대원으로 활동했다. 이것이 일본 세력과 인연을 맺게 된 계기였다.

송병준은 구로다 일행을 따라온 일본의 무역회사 사주 오쿠라 기하치로(大倉喜八郎)와 합작하여 부산에 상관(商館)을 개설했다. 이는 조선 역사상 최초의 한일 합작 상회로 기록되고 있다. 그런데 당시 조선 국법은 일본인과 합작하여 상행위를 하는 것을 금지하

대한제국 고관 시절의 송병준.

였다. 게다가 송병준이 일본인 앞잡이 노릇을 한다는 소문에 격분한 부산 사람들이 그의 상관을 부숴버렸다. 1882년 임오군란 때는 집안 가재도구가 불에 타기도 했다. 신변에 위협을 느낀 송병준은 민영익의 문객으로 들어가 명성황후의 도움으로 피난하면서 생명을 보전하였다.

김옥균 암살에 반감을 품고

1884년 송병준은 조선 정부로부터 밀명을 받고 일본에 파견되었다. 임무는 갑신정변에 실패한 후 일본으로 망명한 김옥균을 암살하는 것이었다. 그런데 일본으로 건너간 송병준은 김옥균을 살해하기는커녕 도리어 김옥균의 인품에 감화, 설득당해 자신이 암살하러 온 사실을 알려주었다. 그리고는 김옥균의 동지가 되었다. 얼마 뒤 귀국한 그는 일본인과 같이 상회를 차린 혐의로 투옥되었다가 민태호의 양아들 민영환의 주선으로 출옥했다.

1886년 7월 관직에 복직되어 중추부 도사, 양지현감 등을 지내다가 1897년 정부로부터 다시 체포령이 내려져 일본으로 피신하였다. 김옥균이 암살당한 후 조선 조정에 반감을 품게 된 송병준은 조선인임을 포기하고 노다 헤이지로(野田平次郎)라는 일본식 이름으로 개명했다. 이후 일본 각지를 주유하며 조야의 명사들과 교류하면서 양잠과 직염에 관심을 가졌다. 이후 일본 야마구치(山口)현에서 연습소를 창립하고 학도들을 모집하여 양잠, 제사, 직물 염색 등을 가르쳤다.

송병준의 인생에서 일대 전기가 마련된 것은 1904년의 러일전쟁이었다. 그는 일본군 병참감 오타니 기쿠조(大谷喜久藏) 육군소장의 군사 통역을 맡아 귀국했다. 일본군 세력을 뒷배로 둔 송병준은 친일파로 변신한 후 정치 활동을 개시했다. 그는 독립협회 회원 출신인 윤시병(尹始炳)과 함께 독립협회 관련자들을 중심으로 그해 8월 18일 유신회(維新會)를 발기, 조직했다. 이틀 뒤에는 단체명을 일진회(一進會)로 개칭하고 회장에 윤시병, 부회장에 유학주를 추대했다.

참고로 유신회는 당초 정치개혁을 중심으로 한 시정 개선을 표방했으나 점차 변질되어 자신들의 정치적 기득권을 확보·유지하기 위한 수단으로 전락했다. 이후 일진회는 1910년 8월 한국이 일제에 강제병합될 때까지 일제의 조선 침략의 첨병 역할을 했다.

1907년 일본 황태자 다이쇼(大正)의 방한에 앞서 일진회는 남대문 앞에 대형 환영 아치(대록문)를 세웠다.

그 무렵 친일파 이용구(李容九)의 진보회(進步會)가 전국적 기반을 갖고 왕성한 활동을 벌였다. 송병준은 유신회(얼마 뒤 일진회로 개칭)와 진보회의 통합을 추진하여 그해 12월 2일 진보회를 흡수해 일진회로 통합했다. 이에 따라 일진회의 13도 지방총회장에 이용구, 평의원장에 송병준이 각각 취임했다. 이후 1905년 12월 22일 총회에서 회장 이용구, 부회장 윤시병, 지방총회장 송병준, 평의원장 홍긍섭을 선출했다. 일진회는 표면상으로는 회원들의 회비로 운영되었으나 실제로는 일본군 특무기관이나 통감부로부터 재정 지원을 받아 운영되었다.

한편 일진회 평의원장, 평의장, 지방총장 등을 차례로 맡은 송병준은 1905년 이후 전국을 돌며 시국연설에 나섰다. 앞서 송병준은 1904년 12월 2일 일본군 마쓰이시 대좌에게 보낸 편지(조선국의 내치와 외교를 일본 정부에 일임할 것을 원함)에서 을사늑약을 모의했으며, 1905년 11월 5일에는 일진회 명의로 외교위임 선언서를 가결하여 을사늑약 체결을 촉구했다. 이후 1907년에는 친일 신문인 「국민신보」 2대 사장을 맡았으며, 그해 5월부터 이듬해 6월까지 이완용 내각에서 농공상부대신을 역임했다. 1907년 7월 헤이그 특사 사건을 구실로 일제가 고종의 폐위를 강요하자 송병준은 이완용 등과 함께 이 일에 앞장섰다. 당시 상황을 기록한 역사서의 한 대목을 옮겨보자.

이때 이완용 등이 날마다 이토 히로부미에게 가서 은밀히 논의했다. 7월 18일 오후 2시 총리대신 이완용이 내부대신 임선준, 탁지부대신 고영희, 군부대신 이병무, 법부대신 조중응, 학부대신 이재곤, 농공상부대신 송병준 등과 함께 다시 내각회의를 열었다. 4시에 일제히 대궐에 들어갔다. 황제는 여러 번 이토 히로부미를 불렀다. …… 이완용 등은 7시 반부터 20시까지 황태자에게 자리를 물려주는 일에 대해 아뢰었다. 수옥헌(漱玉軒, 오늘날 덕수궁 중명전) 안에는 이완용 등 7명만이 있었고, 문 밖에는 일본 순사 무리가 빈틈없이 지키며 막았다. 황제를 가까이서 모시는 신하는 한 사람이라도 엄중히 막아서 통해 다닐 수 없었다. 황제가 (양위를) 허락하지 않자 이완용, 이병무, 송병준은 모두 다그치며 요청했다. 황제는 어쩔 수 없어서 (이튿날) 오전 3시에야 비로소 황태자에게 대리를 명령하는 조서를 내렸다. …… 7월 21일 …… 이완용 등 7명이 대궐로 들어가 황태자에게 자리를 물려주는 일에 대해 황제에게 아뢰었다. 황제는 허락하지 않았다. 이완용 등은 누누이 그 일을 아뢰었다. 이완용과 송병준은 공손하지 않은 말씨로 수없이 황제의 낯빛을 어둡게 했다. 이병무는 칼을 빼어들고 황제를 위협했다. 황제는 마지못해서 할 수 없이 그 일을 허락했다.

_ 정교, 『대한계년사』8권, 소명출판사, 2004, 146~159쪽

일본은 고종을 양위시킬 단단한 결심을 가지고 있었다. 이토에게 협박을 받은 이완용은 급히 어전회의를 개최하여 사후대책을 논의하였으나 해결책을 강구하지 못하였다. 그러나 이 자리에서 유독 농공상부대신인 송병준은 '이번 일은 폐하에게 책임이 있으니 친히 도쿄에 가서 사죄를 하든지 일본군 사령관에게 자수를 하든지 일본에 선전포고를 하라'며 고종을 강박하였으니 매국노다운 폭탄선언이었다.

_ 박은식, 『한국통사』, 단국대 동양학연구소, 1975, 294쪽

국채보상운동 적극 반대한 일본의 제1충노

고종을 강제로 퇴위시킨 일제는 본격적으로 한국의 국권을 빼

앗는 내용의 새 협약을 작성하여 1907년 7월 24일 한국 정부에 정식으로 제출했다. 이완용 내각은 하루 만에 찬성하여 순종의 재가를 얻어냈는데 이것이 한일 신협약(정미7조약)이다. 이 조약에는 비밀 각서가 첨부되어 있었는데 이는 사실상 '합병'을 뜻하는 것이었다. 일제는 군대 해산을 비롯해 일본인을 한국 관리로 임명하여 이른바 차관정치(次官政治)를 통해 실권을 장악했다. 송병준은 한일 신협약 체결 과정에도 주도적으로 참여하여 이른바 '정미7적' 가운데 한 사람으로 꼽힌다.

1907년 대구를 시작으로 국채보상운동이 들불처럼 번졌다. 일본에 빚진 국채 1,300만 원을 상환해 국권을 회복하자는 애국계몽운동의 일환이었다. 상인들은 담배를 끊었고 부녀자들은 비녀와 가락지 등 금붙이를 앞 다투어 내놓았다. 여학생들은 머리털을 잘라 팔아 참여하기도 했다. 그런데 송병준은 국채보상운동에 적극 반대하고 나섰다. 그는 국채보상연합 총회에 찾아가 "한국에 무슨 돈이 있다고 거액을 모으느냐? 일찌감치 빨리 그만두라."고 하면서 이들을 꾸짖고 욕설을 하며 행패를 부리기도 했다.

1907년 11월 황태자가 일본 유학을 떠날 때 송병준은 내부대신 이윤용과 함께 도쿄까지 수행해 따라갔었다. 그런데 도쿄 현지에서 이들이 외출할 때면 길가에서 시민들이 '나라를 망하게 한 재상'이라고 부르며 욕을 해 망신을 당하기도 했다. 당시 신문 보도에 따르면, 그 무렵 송병준 주변에는 목숨을 노리는 자객이 끊이지 않았다.

항일민족지 「대한매일신보」는 1908년 4월 8일자에 '일본의 큰 송병준을 일본의 '제1충노'라고 비판한 1908년 4월 8일자 「대한매일신보」 논설.

충노 세 사람'이라는 제목의 논설을 실었다. 이 글에서 "한국에 일본의 큰 충노(忠奴)가 세 사람이 있는 것은…… 제1충노 송병준은 일진회를 조직하여 5조약(을사늑약) 시에 선언서로 일등공신이 되고 그 수하 정병 40만 명으로 일본에 아첨하여 자위단 토벌대로 전국을 소요케 하였으며……."라며 그를 매국노의 첫 번째 인물로 꼽았다. 참고로 「대한매일신보」가 꼽은 제2충노는 조중응, 제3충노는 신기선이었다.

농공상부대신에 이어 내부대신, 일진회 총재, 중추원 고문 등을 차례로 지낸 송병준은 마침내 '한일합방'을 본격적으로 추진했다. 1909년 2월 귀국길에 오른 이토 히로부미를 따라 일본으로 건너간 송병준은 현지에서 일본 내각에 '일한(日韓)합방의 선결 문제', '일한합방 후의 한국 제도' 등의 합병 관련 문건을 제출하여 나라를 팔아먹는 일을 일제와 협의했다. 국내에서는 일진회를 배후에

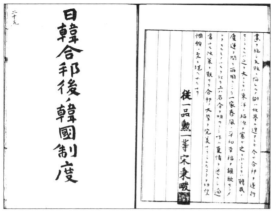

송병준이 일본 내각에
제출한 '일한합방 후의
한국 제도' 문건 표지(왼
쪽)와 마지막 장.

서 조종하여 상주문(上奏文)과 '한일합방 청원서'를 제출하고 대국
민 성명서를 발표하는 등 매국 행위를 주도했다.

송병준은 고종 퇴위와 정미7조약 체결에 앞장선 공로로 1907년
10월 일본 정부로부터는 훈1등 욱일장을 받았다. 또 한일병탄에
이바지한 공로로 1911년 1월 13일 자작 작위와 10만 원의 은사
공채를 받았다(1920년에는 한 등급 위인 백작으로 승작되었다). 이밖에도
1912년 종4위, 1924년에 종3위에 서위(敍位)되었으며, 1925년 2월
1일 경성 자택에서 뇌일혈로 사망했다. 일제는 그의 공적을 기려
사망 전날인 1월 31일자로 정3위와 욱일동화대수장을 소급해서
추서했다.

송병준의 백작 작위는 장남 송종헌(宋鍾憲)이 습작했다. 총독부
중추원 참의를 지내면서 조선농업주식회사를 설립한 송종헌은 송
병준으로부터 상속받은 전국 각지의 토지를 관리하며 세도가 행
세를 했다. 송종헌의 아들 송재구는 일본에서 메이지대학을 나온

뒤 1930년대에 일본 홋카이도에서 땅을 불하받아 '조선목장'을 경영했다.

송재구의 아들, 즉 송병준의 증손인 송돈호는 '송병준 땅 찾기'에 나섰던 인물이다. 송돈호는 2005년 12월 여야 합의로 국회를 통과한 '친일반민족행위자 재산의 국가귀속에 관한 특별법'이 위헌이라며 헌법소원을 냈다. 조상 땅 찾기 소송을 진행 중이던 송돈호는 2007년 국유지인 부평 주한미군 기지 13만 평을 상대로 사기 행각을 벌였다가 구속되기도 했다. 이들은 선대의 친일 행각을 사죄하기는커녕 대를 이어 민족과 역사 앞에 죄를 지었다.

40 | 동학군 지도자는 어떻게 매국노가 되었나?
일진회 회장 이용구

송병준과 짝을 이루듯 매국 대열에서 경쟁을 벌인 이용구(李容九, 1868~1912). 그의 삶은 매국노로 낙인찍히고 말았지만 첫 출발은 송병준과는 크게 달랐다.

이용구는 1868년 1월 21일 경북 상주군 낙동하면 진두리에서 출생했다. 일찍 부친을 여의고 어렵게 살았다는 것 말고는 초년 삶에 대해서는 자세히 알려진 것이 없다. 19살에 청주로, 20살에 충주군 황산리로 이주한 그는 1890년 동학에 입도했다. 1894년 10월 동학 2대 교주 최시형이 총동원령을 내리자 그는 충주군 서촌에서 동학교도 수천 명을 거느리고 항일 동학군을 일으켰다. 당시만 해도 이용구는 청주의 손천민(孫天民)과 맞먹을 정도의 동학군 지도자였다.

일진회 회장 이용구.

　이용구의 부대는 괴산과 청주에서 이두황(李斗璜)이 지휘하던 관군과 일본군을 차례로 격파하면서 논산으로 이동했다. 손병희 휘하의 우익장으로 동학군 5만 명을 지휘하던 이용구는 논산전투에서 패하면서 왼쪽 허벅다리에 총상까지 입었다. 관군과 일본군이 포위망을 좁혀오자 충주로 후퇴한 이용구는 남은 군사 1,000여 명을 해산시킨 후 거주지인 황산리로 피신했다.

　이후 1898년까지 만 4년간 도피 생활은 고난의 연속이었다. 첫번째 아내 권씨가 관군에 붙잡혀 투옥되었다가 병을 얻어 사망했으며, 이용구 역시 체포돼 감옥을 전전했다. 관군이 교주 최시형의 행방을 대라며 모진 고문을 가해 왼발에 골절상을 입기도 했다. 그 무렵 동학교도들은 관군으로부터 가혹한 탄압을 받았다. 전국에서 수많은 교도들이 불법체포, 감금, 살해되었으며, 가산을 몰수당하기도 했다.

　신변에 위협을 느낀 3대 교주 손병희는 1901년 3월 일본으로

동학 3대 교주 의암 손병희.

망명했는데 이때 이용구는 손병희의 아우 병흠(秉欽)과 동행했다. 원산에서 배로 부산을 거쳐 나가사키로 간 일행은 손병희의 거처를 오사카에 정해준 후 일시 귀국했다. 10월에 다시 도일한 이용구는 손병희 등과 함께 정세를 조망하면서 일본의 선진문물을 견학했다.

그 무렵 서서히 러일전쟁의 전운이 감돌기 시작했다. 전쟁에서 어느 나라가 이기느냐에 따라 동북아 정세에 큰 변화가 일어날 것이 분명했다. 이-손 두 사람은 이기는 쪽에 줄을 서서 현실을 타개해볼 요량이었다.

손병희는 러시아의 승리를 내심 기대했으나 이용구의 생각은 달랐다. 이용구는 일본의 승리를 믿었고 또 기대했다. 이 일로 두 사람은 차츰 대립하기 시작했다. 당시 조선 내 조야(朝野)에서는 이 같은 기회주의 풍조가 만연했는데 이는 약소국의 비운인지도 모른다.

손병희의 지시로 먼저 귀국한 이용구는 동학의 수청대령(水淸大領)이 되어 포교 활동에 종사했다. 1904년 러일전쟁이 발발하자 이를 계기로 이용구는 동학교도를 규합하여 진보회를 조직했다. 진보회는 전 국민의 생활혁신 등을 목적으로 4대 강령을 앞세우며 동학의 잔여 세력 규합에 힘썼다. 1904년 9월 이용구는 진보회 회장을 맡았다.

송병준과 손잡고 '통합 일진회'를 출범시키다

그 무렵 송병준이 이용구에게 접근해왔다. 일본군 세력을 배경으로 윤시병을 앞세워 유신회를 조직한 송병준은 이를 일진회로 개칭하여 세력을 넓혀가던 중이었다. 송병준에게 이용구의 진보회 세력은 아주 매력적이었다. 송병준은 이용구를 매수하여 진보회를 일진회에 통합, '통합 일진회'를 출범시켰다. 진보회는 자칭 100만 회원을 거느렸으나 국가에서 금지한 조직이어서 출구가 필요했고, 일진회는 일제의 비호를 받고 있었지만 지방 조직이 없었다. 상호 이해가 맞아떨어진 셈이다.

1904년 12월 일진회 13도 총회장에 오른 이용구는 1년 뒤에는 일진회 회장이 되었다. 이용구는 마침내 손병희와 인연을 끊고 친일 노선으로 갈아탔다. 그를 친일로 돌리는 데 큰 영향을 준 것은 다루이 도키치(樽井藤吉)가 쓴 『대동합방론』(1885)이었다. '동양제국은 힘을 하나로 합해 서양에 대항할 아시아 연방을 결성해야 한다'는 대목에 이용구는 매료되었다.

그 첫 번째 사업은 러일전쟁에서 일본군을 돕는 것이었다. 이와 관련해 일진회가 한일병합에 세운 공을 기록하기 위해 이인섭이 발간한 『원한국일진회역사(元韓國一進會歷史)』에 다음과 같은 기록이 전한다.

> (1905년) 6월 10일로 같은 해 10월 24일까지 총회장 이용구 의 북진수송대 일기 보고가 아래와 같다.
>
> (7월 7일) 윤갑병, 한정규, 한경원, 최운섭을 데리고 강덕리에 주둔 중인 창전(倉田) 참모와 서로 만나 비밀회의를 할 때 노병 (露兵) 정탐은 본회에서 담임하고 군용물품 수송이 매우 시급 한즉 수천 명의 회원을 조달하여 힘써 돕기로 담착(擔着)하여 신복(申複) 약속 후에 본회원 사무소로 돌아옴.
>
> (7월 14일) 참모부에 들어가 본회원으로 북진수송대를 편제 할 때 1,000인으로 2대를 만들고 계약증서를 작성하기로 협 의한 후 경성(鏡城)으로 돌아오니……
>
> _ 이인섭, 『원한국일진회역사』 2권, 문명사, 1911, 123쪽 부록

이용구 휘하의 일진회원들은 전쟁 물자 수송은 물론 러시아군 비밀 정탐, 경의선 철도 건설 등에도 적극 협력하여 이용구는 1907년 일본 정부로부터 훈3등 서보장을 받았다.

일본 낭인들과 일진회 자위단 원호회원들이 이용구 집에서 기념촬영한 모습(1908년 12월). 앞줄 오른쪽 네 번째부터 우치다, 이용구, 이용구의 모, 이용구의 딸.

일진회 선언서, "힘 없는 우리나라는 일본의 보호를 요청해야"

러일전쟁이 일본의 승리로 끝나자 이용구는 1905년 11월 송병준과 함께 일진회 명의로 '일진회 선언서'를 발표하였다. 이 선언서는 1905년 11월 17일에 체결된 을사늑약을 불과 10여일 앞두고 발표된 것으로, 힘이 없는 우리나라는 일본의 보호를 요청해야 한다는 내용이다. 대한제국의 재외공관 폐쇄 및 주한 외국공관을 철수시켜서 외교권을 일본에 넘기고 일본인을 정부 각 분야의 고문으로 두자는 것이 골자다. 사실상 나라를 일본에 넘기자는 주장이나 마찬가지였다. 이는 을사늑약 체결에 앞서 분위기를 숙성시키기 위해 관제 민의를 조작한 것이었다.

'일진회 선언서' 발표 후 이용구는 동학 교주 손병희로부터 질타를 당했다. 이용구 등 일진회의 망동에 크게 분노한 손병희는 이용구 일당 62명을 교단에서 내쫓아버렸다. 그리고는 1905년 12월 1일 민족주의 성향의 천도교(天道敎)를 새로 창설했다. 졸지에 쫓겨난 이용구 역시 새로 시천교(侍天敎)를 창설하여 자신이 교조가 되었다.

1905년 을사늑약 강제 체결에 이어 1907년 헤이그 특사 사건으로 고종이 궁지에 몰리자 이용구는 송병준과 함께 고종의 양위를 압박하는 데 앞장섰으며, 심지어 일진회원을 동원해 궁궐 밖에서 시위하도록 사주했다. 이는 이토의 "한국인에 의한 폐위의 모양을 갖춘다."는 취지에 부합하는 것이었다.

고종 퇴위에 이어 구한국 군대가 해산되자 전국에서 의병이 궐기했다. 을미의병(1895년), 을사의병(1905년)에 이은 정미의병이었다. 통감부는 의병 진압에 나섰는데 일진회 역시 자위단(自衛團)을 조직해 가담했다. 일진회 간부와 우치다 료헤이(內田良平)를 중심으로 한 일본 낭인들은 11개 팀을 구성하여 각지에서 자위단을 구축하기 위해 11월 20일부터 지방 출장을 다녀왔다.

이토 통감은 지방으로 떠나는 우치다와 이용구를 격려하기 위해 송별연을 베풀어주었다. 이 자리에서 이토는 두 사람에게 각별한 선물을 내렸다. 우치다에게는 자신이 10년 동안 아끼며 간직해 온 권총을, 이용구에게는 7언 절구(七言絶句) 한 편을 지어 선물로 주었다.

한국의 산에 초목이 붉게 물든 이 가을에(韓山草木滿紅秋)
술잔을 들어 장도에 오르는 군에게 경의를 표하네(把酒欽君試

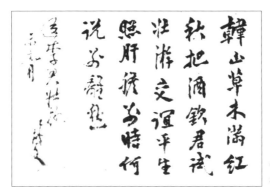

이토가 이용구에게 써준 7언 절구(이용구의 아들 소장).

壯遊)

평생 마음을 터놓고 서로 교분을 나누었지만(交誼平生照肝膽)

막상 헤어지려니 이별의 아쉬움을 어찌 말로 다하랴(別時何說

別離愁)

1907년 9월 일진회 회장 이용구는 회원들에게 의병 토벌의 당
위성을 주장하는 '거의(擧義) 선언서'를 채택했다. 그는 선언서에서
"이해를 망각하고 시세를 오해하는 소위 의병이라 모칭(冒稱)하는
집미도중(執迷徒衆)" 운운하며 항일의병을 폭도 취급했다. 그해 11
월 이용구는 자위단 원호회 순회총부장으로서 의병 활동을 탄압
하는 자위단 설립에 적극 앞장섰다.

그 무렵 이용구는 일본 낭인 우치다 료헤이와 다케다 한지(武田
範之) 등과 깊은 교류를 갖고 있었다. 우치다는 대륙 침략 단체인
흑룡회 창립자이자 이토 통감의 정치참모였으며, 다케다는 조선
불교를 예속화시킨 장본인이었다. 이용구는 다케다를 일진회 사빈

일본인 낭인 출신으로 일진회 고문 우치다 료헤이(왼쪽)와 다케다 한지(가운데). 오른쪽은 일진회 회장 이용구.

(師賓)으로 초빙한 후 나중에는 시천교 고문으로 추대했다. 항일동학군 장수 출신의 이용구는 어느새 친일 단체의 수괴이자 통감부의 비호 아래 친일 세력과 손잡고 매국의 길에 깊숙이 발을 들여놓고 있었다.

이제 마지막 남은 일은 나라를 송두리째 일본에 바치는 것이었다. 1909년 12월 3일 열린 일진회 임시총회에서 이용구는 회원들에게 한일합방의 당위성을 설명했다. 이튿날 이용구는 '대황제 폐하 상소', '상통감부장서(上統監府長書)', '상내각장서(上內閣長書)' '전국 동포에게 포고한 성명서' 등을 자신과 100만 회원 명의로 작성하여 순종 황제와 소네 아라스케(曾禰荒助) 통감 등 각계에 배포했

다. 이후 이용구는 일진회를 내세워 합방청원운동을 펴기 시작했
는데 이는 한국민의 여론으로 조작돼 일본에게 이용되었다.

'팽' 당한 일진회, 휴지조각이 된 약속

이용구는 자신의 소원대로 한일병합이 이뤄지면 25만 일진회원
을 이끌고 간도로 가서 신천지를 개척할 원대한 야심을 갖고 있
었다. 소요자금은 300만 엔 정도였는데 합방 전에 가쓰라 다로(桂
太郎) 일본 수상을 만나 확답을 받아둔 상태였다. 가쓰라는 이용구
에게 "300만 엔이 아니라 3,000만 엔이라도 책임을 지겠다."고 약
조했다. 이 한마디에 이용구는 앞뒤 가리지 않고 나라를 파는 데
진력을 다했다. 이용구는 한일병탄 후 일본 정부로부터 은사금 10
만 원과 훈1등 서보장을 받았다.

그러나 '한일합방'이 이뤄진 후 일진회에 대한 '배려'는 얘기가
달랐다. 합방 직후 일진회는 9월 12일 1주일 시한부로 강제 해산
명령을 받았다. 그리고 '대가'는커녕 해산비로 15만 엔이 지불되
었다. 10여 년에 걸쳐 일제의 충견 노릇을 한 대가는 고작 이것이
었다. 25만 일진회원들에게 돌아가는 몫은 겨우 쌀 몇 되 값밖에
되지 않았다. 한마디로 토사구팽이었다. 13도에서 일진회원들의
불평불만이 터져 나오자 급기야 신변에 위협을 느낀 이용구는 일
본으로 피신했다.

일본 스마(須磨)에 은거하며 분을 삭이던 이용구는 결국 울화병

1912년 6월 17일자 「신한민보」에 실린 이용구 사망 기사.

에 걸리고 말았다. 병합을 도와준다면 3,000만 엔도 주겠다던 가쓰라의 약속이 휴지조각이 돼버렸으니 그럴 만도 했다. 이용구는 죽기 석 달 전 친구인 대륙 낭인 다케다 한지에게 보낸 편지에서 자신의 심경을 토로했다.

> 어릴 때부터 평생 제가 추구한 것은 일신상의 사리(私利)가 아니라 국가의 대리(大利)와 인민 구제의 소망이었습니다. 지금 돌이켜보면 제가 잘도 속임을 당하고 잘도 농락되었음을 깨닫게 됩니다. 2,000만 인민을 일본의 최하등민으로 빠뜨린 죄도 소생에게 있습니다. 문을 나서면 이웃 사람들로부터 조롱받고 욕먹고…… 당국의 조치를 보면 우리를 대하는 것이 원수 대하듯, 거지 대하듯, 사냥 뒤의 개 대하듯 합니다. 소생을 보고 매국노라고 부르는 사람 있어도, 어찌 입이 있어 변명을 하겠습니까. 지하에 선인의 영혼이 있다면 거기에 간들 무슨 낯으로 그들을 대하겠습니까. 스기야마, 우치다, 다케다가 속

임을 당했는지, 송병준과 이용구가 사기를 당했는지, 태어날 때부터의 바보인 소생은 도대체 알 수가 없습니다.

이용구는 죽기 며칠 전 문병 온 우치다의 손을 잡고 울면서 말했다.

"우리는 바보였나 봅니다. 혹시 처음부터 속은 게 아닐까요?"

뒤늦은 후회가 무슨 소용인가. 한일병합 후 채 2년도 안 된 1912년 5월 12일, 이용구는 폐질환 치료를 받다가 숨을 거뒀다. 그의 나이 44살이었다. 이용구의 유해는 유언대로 일본에서 화장된 후 한국으로 옮겨져 원구단에서 장례를 치렀다. 한때 동학군 지도자였던 이용구는 친일 매국노의 오명을 쓴 채 일본 땅에서 쓸쓸히 최후를 맞았다.

41 | '전천후 친일'
여성 친일파 대명사 모윤숙

송영길 전 인천시장은 시장 재직 시절 시청 홈페이지에 '시정일기'를 써왔다. 그는 한국전쟁 62주년인 2012년 6월 25일 '시정일기'에 올린 글에서 "각종 추모행사에서 시나 추도의 노래가 들어가는 것은 바람직한 일이다. 그러나 모윤숙은 문제가 있다."면서 "대표적인 친일 작가의 한 사람으로 이승만, 박정희 시대에는 독재정권의 나팔수로 역할을 했던 논란이 많은 사람의 시는 문제가 있다고 생각한다."고 썼다. 송 시장은 이 글에서 모윤숙이 1941년 발간된 「삼천리」에 실었던 시 「지원병에게」를 소개하면서 다음과 같이 일갈했다.

이런 창녀 같은 혀로 대화혼을 부르짖으며 내선일체 천황 폐

하 만세를 부르며 우리 민족의 젊은이를 제국주의 전쟁의 희
생양으로 몰고가는 것을 찬양했던 자들이 해방 이후에 참회
도 하지 않고 심판도 받지 않고 살아 있었다는 것도 황당한
일이다.

모윤숙(毛允淑, 1909~1990). 우리 현대 여성사에서 대표적인 거물로
불려온 인물이다. 일제 강점기 친일의 흠결이 있음에도 불구하고
해방 후 재빨리 변신하여 역대 독재정권 하에서 승승장구하며
정·관계와 문화계, 여성계를 주름잡았다. 대한민국 건국 과정에서
공로가 적지 않으나 친일 행적 때문에 해방 후 대학생들로부터
권총 습격을 당할 정도로 그의 삶에 대한 평가는 극명하게 엇갈
리고 있다.

모윤숙은 1909년 4월 24일 함경남도 원산에서 모학수와 임마
태의 1남 4녀 가운데 셋째로 태어났다. 일설에 따르면, 교회 전도
사 출신의 부친은 독립운동을 했으며, 모친 역시 3·1의거에 참가
했다가 일본 헌병의 말발굽에 채여 피투성이가 됐다고 한다. 그러
나 국가보훈처의 독립유공자 명단에 두 사람 모두 포함돼 있지
않은 것으로 보아 이는 사실이 아니거나 과장됐을 가능성이 커
보인다.

모윤숙은 어릴 때부터 문학적 재능이 있었던 것 같다. 원산 보
통학교 3학년 때 「죽음」이란 시를 쓴 바 있으며, 모친이 3·1의거
에 참가했다 피투성이가 된 광경을 보고 「태극기」라는 시를 지었
다고 한다. 이후 함흥 숙부 댁으로 이사해 함흥 영생여고를 마친

1950년 11월 한국전쟁 당시 반공영화에 출연한 모윤숙.

후 1928년 이화여전 영문과에 입학, 1931년에 졸업했다. 졸업 후에는 간도 용정 소재 명신여학교 교사로 취직했다. 교사 부임 초기인 1931년 7월 산문 「이역의 일 여교원」을 「동광(東光)」에 기고하면서 등단했으며 그해 12월 「동광」에 시 「피로 색인 당신의 얼굴을」로 시인으로 데뷔했다.

　명신여학교에서 2년간 근무한 모윤숙은 1933년 5월 서울 배화여고 교사로 자리를 옮겼다. 그해 10월 첫 시집 『빛나는 지역(地域)』을 발간해 주목을 받았다. 표제작 「빛나는 지역」 한 대목을 소개하면 다음과 같다.

　一萬 화살이 공중에 뛰놀듯이
　우리의 심장엔 먼 앞날이 춤추고 있다
　銀風이 감겨진 아름다운 福地에

우리의 긴 生命은 永遠히 뻗어가리

너도 나도 섞이지 않은 한 피의 줄기요

물들지 않은 朝鮮의 새벽 자손이니

맑은 시내 햇빛 받는 아침 언덕에

우렁찬 出發의 宣言을 메고 가는 우리이라네

葡萄園 넝쿨 안에 樂園의 노래 흩어지고

소와 말 한가로이 主人의 뒤를 따르는

四千年 黃昏에 길이 떠오르는 별

휘넓은 蒼空 위에 무덤을 밟고 섰네……

　1934년 모윤숙은 독일 유학파 출신으로 당시 보성전문 교수로 재직 중이던 안호상(安浩相, 1902~1999)과 결혼했다. 그러나 두 사람의 결혼생활은 오래가지 않았다. 남편과 시댁은 모윤숙이 현모양처로 살아주기를 바랐으나 '신여성'인 그는 생각이 달랐다. '사랑이 인생의 전부는 아니다'는 생각을 갖고 있던 모윤숙은 평범한 주부로서의 삶에 만족할 수 없었던 것이다. 그는 얼마 뒤 안호상과 이혼한 후 평생 독신으로 지냈다.

　대신 그는 왕성한 대외활동을 하였다. 이혼한 그해 12월에 문예계 인사들의 모임인 극예술연구회에 가입해 동인으로 활동하기 시작했다. 1935년에는 시 전문지 「시원(詩苑)」 동인으로도 활동했으며, 그해 경성제국대학 선과(選科) 2년(영문학 전공)을 수료하기도 했다. 또 그해부터 경성중앙방송국(JODK) 제2방송(조선어방송)에서 방송 진행을 맡아 수년간 일제 말기까지 수시로 활동했으며, 1938년에는 김동환이 경영하던 종합문예지 「삼천리」의 자매지 「삼천리문학」에 잠시 근무하기도 했다.

'조선의 딸' 버리고 '지원병에게' 가다

초기 모윤숙의 작품을 두고는 긍정적인 평가가 지배적이다. 시인 데뷔작인 「피로 색인 당신의 얼골을」에 대해서는 의지가 굳세고 열정적인 인물을 주인공으로 삼았으며, 화랑 무사를 노래한 「문을 여소서」를 비롯해 「조선의 딸」, 「이 생명을」 같은 작품은 민족의식이 뚜렷한 작품들로 평가된다. 모윤숙의 회고에 따르면, 「조선의 딸」, 「이 생명을」 같은 시를 썼다는 이유로 경기도 경찰국 지하 감옥에 끌려가 고초를 겪기도 했다고 한다. 그러나 안타깝게도 그의 민족적 행보는 여기까지였다.

일제하 민족진영 인사들의 친일 변절은 1937년 중일전쟁과 1941년 태평양전쟁을 분기점으로 하고 있다. 모윤숙이 친일 노선을 걷기 시작한 것은 1940년 2월 10일 조선문인협회 주최 문예강연대회에서 시 낭독을 한 것이 처음으로 보인다. 석 달 뒤 5월 23일에는 조선군사령부 주최 국민훈련후원회가 후원하는 강연회에 연사로 참석했다. 둘 모두 태평양전쟁을 미화, 선전한 것임은 두말할 필요도 없다. 문인인 모윤숙은 시, 산문 등 문필 활동을 통해서는 물론이요, 시국강연, 친일 단체 간부, 라디오방송, 좌담회, 군

「삼천리문학」에 근무하던 무렵의 모윤숙. 앞줄 좌우의 남자는 이광수(왼쪽)
와 김동환. 뒷줄 왼쪽부터 이선희, 모윤숙, 최정희.

복 수리 근로봉사 등 각 분야에서 전천후로 친일 활동을 벌였다.
문필 활동부터 살펴보자.

앞서 송영길 전 시장이 모윤숙의 대표적 친일시로 소개한 「지
원병에게」부터 살펴보자. 모윤숙은 일제의 강제동원으로 끌려가는
조선 청년들을 '정의의 용사'라고 추켜세우고는 대화혼(大和魂), 즉
일본정신으로 무장하여 용감하게 싸울 것을 촉구하였다.

기슭을 후리고 지나가는
억센 발자국
몸과 몸의 뜨거운 움직임들
칼빛은 太陽 아래 번개를 아로삭여
힘과 열의 동산 안에 내 맘은 뛰놉니다.

눈은 하늘을 쏘고 그 가슴은 탄환을 물리쳐

大東洋의 큰 理想 두 팔 안에 꽉 품고

달리여 큰 숨 뿜는 正義의 勇士

그대들은 이 땅의 光明입니다

大和魂 억센 앞날 永劫으로 빛내일

그대들 이 나라의 앞잽이 길손

피와 살 아낌없이 내여바칠

半島의 男兒 希望의 花冠입니다.

가난헌 이 몸이 무엇을 바치리까?

황홀한 창검이나 금은의 장식도

그대 앞에 디림없이 그저 지냅니다

오로지 끓는 피 한 목음을 축여보태옵니다

_「삼천리」 1941년 1월 1일자

1941년 12월 8일 일제는 하와이 호놀룰루에 있던 미 해군기지 공습을 시작으로 태평양전쟁을 일으켰다. 이후 1942년 2월 말레이반도의 싱가포르를 점령하자 모윤숙은 2월 21일자 「매일신보」에 「호산나 소남도」라는 시를 발표해 일제의 침략 전쟁을 '구미(歐美)에 맞서 일본이 주도해 싸우는 아시아 민족해방전쟁'이라고 선전했다. 그 한 대목을 옮겨보면,

2월 15일 밤! 大亞細亞의 巨火!

大和魂의 칼이 번뜩이자

사슬은 끊기고

네 몸은 한번에

풀려나왔다

처녀야! 召南島의 처녀야!

인제 사철 중얼거리는 물결 소리와

야자나무에 불리는 바람들이

네 가슴에 눈물을 가져오지 않으리라

(중략)

거리엔 전승의 축배가 넘치는 이 밤

환호소리 음악소리 천지를 흔든다

소남도! 大洋의 심장

문화의 중심지!

여기 너는 아세아의 인종을 담은 채

길이길이 행복되라!

길이길이 잘 살아라

　시에서 소남도(召南島)는 싱가포르를 말한다. 1943년 5월 해군 지원병 제도가 실시되자 이를 찬양하는 시를 또 썼다. 5월 27일자 총독부 기관지 「매일신보」에 「아가야 너는 – 해군기념일을 맞이하여」를 실었다. 미래의 황군(皇軍)이 될 어린이까지 등장시켜 침략 전쟁 참가를 미화한 것이다. 그 마지막 대목은 다음과 같다.

아가야! 조개 캐기를 즐겨 모래성을 쌓고

땅에서 서기보다 물에 놀기 조와하는 너

그 못니저운 바다가

이제 너를 오랜다

이제 너를 부른다

海軍帽 쓰고 군복 입고 나오란다

大東亞를 메고 가란 힘찬 使命이

넓은 바다 한가운데서 너를

부른다

사나운 파도 넘어

네 원수를 물리쳐라

너는 亞細亞의 아들

大洋의 勇士란다

    1943년 10월 일제는 조선과 일본에 유학 중인 전문학교 및 대학생들을 상대로 이른바 '학도지원병령'을 공포했다. 말이 지원이지 사실상 강제징집이었다. 당시 일본 상지대 철학과에 재학 중이던 고(故) 김수환 추기경도 이때 학도병으로 끌려갔다. 모윤숙은 학도병 지원 마감(11월 20일)을 며칠 앞두고 11월 12일자 「매일신보」에 「내 어머니 한 말씀에」라는 학도병 지원 권유 시를 발표했다. 참고로 이 시에서는 어머니와 아들을 교차로 등장시켜 '애국모자(母子)'의 모습을 그려내고 있다.

1943년 11월 12일자 「매일신보」에 실린 학도병 출전을 권유한 모윤숙의 시 「내 어머니 한 말씀에」.

오냐! 志願을 해라 엄마보다 나라가

重하지 않느냐 가정보다 나라가 크지 않으냐

생명보다 重한 나라 그 나라가

지금 너를 나오란다 너를 오란다

조국을 위해 반도 동포를 위해 나가라

폭탄인들 마다하랴 어서 가거라

엄마도 너와 함께 네 魂을 따라 싸우리라

(중략)

어머니여! 거룩한 내 어머니여!

찬들에 구을거나 진흙에 파묻히거나

내 나라의 행복을 위함이어니

설워 마소서

내가 가면 亞細亞의 등불이 되어

번개가 되어 光明이 되오리다

(후략)

모윤숙은 친일 성향의 논설도 썼다. 「춘추」 1943년 6월호에 실은 「해군의 얼굴」이 그런 경우다. 평소 자신이 바다를 좋아해서 해군 지원병제 공포가 더 감격적이라는 등 바다처럼 넓고 파도같이 힘찬 성격의 남자가 되기 위해 해군 지원병으로 나가라는 대목에서는 할 말이 없어진다. 한 대목을 옮겨보면,

사실 나는 육군 지원제가 공포될 때보다 이번 해군 특별 지원병이 공포될 때 더 감격이 되었습니다. 그것은 내 자신이 바다를 무척 좋아하는 데서 나온 감격일 것입니다. 여자도 그래야겠지만 남자야말로 바다처럼 넓고 그리고 파도같이 힘찬 성격자라야 마음에 들성싶습니다. 항차 한 나라의 군인이 될 남자로 옹졸한 성격을 가지고 말 것입니까? 우리 반도의 남자들은 지금까지 큰일, 즉 나라를 위하여 바다에 떠본 일이 없다고 해도 과언이 아닙니다. 바다는 사람을 굳세게 합니다. 사람의 의지를 튼튼하게 하고 무에나 해보겠단 용맹심을 일으킵니다.

(후략)

모윤숙은 본업인 문필 활동 이외에도 다양한 분야에서 침략 전쟁 미화 및 협력 행위를 마다하지 않았다. 우선 1941~1944년 총

독부 기관지 「매일신보」 주최 각종 시국 좌담회를 비롯해 경성부
와 대일본부인회 경성지부 공동 강연회, 대일본부인회 조선부인회
주최 좌담회, 군인원호회 조선지부 파견 강연회, 조선군사령부 주
최 국민훈련후원회 후원 강연회, 조선문인보국회 주최 내선(內鮮)
작가 좌담회 등에 참석해 수차례에 걸쳐 친일 발언을 했다.

1941년 12월 부민관 강당에서 열린 '전시(戰時)하 생활쇄신운동
및 군수자재헌납운동협력의 부인대회'에 조선임전보국단 부인대
간사 자격으로 참석해 '여성도 전사(戰士)다'라는 제목으로 여성들
의 전쟁 지원을 강조했다. 그는 "가문에서 쫓겨나더라도 나라에서
쫓겨나지 않는 아내, 며느리가 되자"며 거의 광적으로 열변을 토
했다. 한 대목을 옮겨보자.

> 지금은 여자나 아씨나 마님이나 양반이나 상인이나 가문 문
> 벌 가릴 것 없이 대일본제국의 평등한 국민이면 그만입니다.
> 가문에서 쫓겨나더라도 나라에서 쫓겨나지 않는 아내 며느리
> 가 됩시다. …… 우리는 높이 펄럭이는 일장기 밑으로 모입시
> 다. 쌀도, 나무도, 옷도 다 아끼십시오. 나라를 위해서 아끼십
> 시오. 그러나 나라를 위해서 우리 목숨만은 아끼지 맙시다. 아
> 들의 생명 다 바치고 나서 우리 여성마저 나오라거든 생명을
> 폭탄으로 바꿔 전쟁 마당에 쓸모 있게 던집시다.
>
> _「삼천리」, 1942년 5월호

또 총독부 외곽단체인 조선문인협회 간사를 비롯해 임전대책협

의회, 조선교화단체연합회, 국민의용대 등에서 활동했다. 1942년 2월 6일에는 조선임전보국단 부인대 간사로서 일본군 군복 수리 근로에 직접 참가하기도 했다. 이밖에도 임전대책협의회 주최 채권가두유격대에 참여하여 '채권봉공(債券奉公)'을 내세우며 이른바 '꼬마 채권'을 길거리에서 팔기도 했다. 글이면 글, 강연이면 강연, 심지어 가두 동원 행사까지 마다하지 않았다.

배화여고 교사로 근무하던 1935년부터 모윤숙은 경성중앙방송국(JODK) 제2방송(조선어방송)에서 오랫동안 방송 진행을 맡았다. 당시 그가 진행을 맡았던 제2방송은 "총후(銃後, 후방) 미담의 라디오 드라마, 소설 등의 현상모집이나 각종 군가 연습을 실시하는 한편 조선인 주최의 국위선양, 무운장구 기원제의 중계방송 등도 행하여 시국에 대한 효과는 비상하게 좋은 성적을 거두었다."(『쇼와 15년도 조선연감』, 경성일보사, 1939, 515쪽)거나 "이제 라디오는 특히 조선에서는 반도 동포의 황국신민화에서, 또 대중의 교양계발에서, 특수 사명을 부여받고 있을 뿐만 아니라 대망의 징병제 및 해군 특별지원병제가 잇달아 실시되기에 이르러 조선의 방송사업의 책무는 점점 중요성이 가중되었다."(앞의 책, 370~371쪽)는 평가를 받았다.

해방 후 모윤숙은 주류 세력과 인연을 맺으면서 거물 여성 인사로 재등장했다. 미 군정 시절부터 이승만과 친교를 맺은 그는 단독정부 수립에 적극 찬동했으며, 정부 수립 후 한국대표단으로 유엔총회에 참석했다. 한국전쟁 당시 「국군은 죽어서 말한다」라는 시를 발표해 화제가 되었으며, 9·28서울수복 후 선무방송을 하기도 했다.

1948년 유엔총회 한국대표단 시절. 앞줄 왼쪽부터 모윤숙, 조병옥, 장면, 김활란. 뒷줄 왼쪽부터 정일형, 김우평, 장기영, 김진구.

해방 후부터 모교인 이화여대에 출강하여 국문학을 강의했으며, 1955년 국제펜클럽 한국측 대표로 참가한 이후 1960년 국제펜클럽 한국본부 회장을 지냈다. 박정희 정권에서는 공화당 전국구 의원을, 전두환 정권에서는 문학진흥재단 이사장과 예술원 회원을 지냈다. 상복도 많았다. 국민훈장 모란장, 예술원상(문학 부문), 3·1문화상에 이어 사후에는 금관문화훈장을 받았다. 모윤숙은 1990년 6월 7일 영욕의 80년 삶을 마감했다.

참고문헌

1. 신문, 잡지

경성일보, 경향신문, 대한매일신보, 독립신문, 동아일보, 만선일보, 매일신보, 서울신문, 신한민보, 영남일보, 조선일보, 조선중앙일보, 중앙일보, 황성신문, 삼천리, 조광, 동광.

2. 보고서, 단행본

강동진, 『일제의 한국침략정책사』, 한길사, 1980.

계초전기간행회, 『계초 방응모』, 조선일보사, 1980.

고원섭, 『반민자 죄상기』, 백엽문화사, 1949.

고은, 『만인보』 26권, 창비, 2007.

국가보훈처, 『독립유공자공훈록』 제5권, 1989.

국사편찬위원회 엮음, 『윤치호 일기 : 1893-94. 3』, 국사편찬위원회, 1984.

국사편찬위원회, 『대한제국 관원이력서』, 탐구당, 1971.

국사편찬위원회, 『주한일본공사관기록』(영인본), 보경문화사, 1988.

김영식 엮음, 『파인 김동환 탄생 100주년 기념집』, 선인, 2002.

김영진 엮음, 『반민자 대공판기』, 한풍출판사, 1949.

김정옥, 『이모님 김활란』, 정우사, 1977.

김종락 엮음, 『동우수집(東尤壽集)』, 1937.

민족정경문화연구소 엮음, 『친일파 군상』, 삼성문화사, 1948.

박은경, 『일제하 조선인 관료 연구』, 학민사, 1999.

야스이 마스이치 지음, 정운현 옮김, 『중국·대만 친일파 재판사』, 한울, 1995.

위기봉, 『다시 쓰는 동아일보사사』, 1976.

윤덕한, 『이완용 평전』, 중심, 1999.

윤효정, 『풍운한말비사 : 최근60년 비록』, 수문사, 1984.

이강수, 『반민특위 연구』, 나남, 2003.

이광수, 『나의 고백』, 삼중당, 1962.

이인섭, 『원한국일진회역사』, 문명사, 1911.

인촌기념회 엮음, 『인촌 김성수전』, 인촌기념회, 1976.

임종국, 『실록 친일파』, 돌베개, 1991.

임혜봉, 『망국대신 송병준 평전』, 선인, 2013.

임혜봉, 『친일불교론』 상 · 하, 민족사, 1993.

정교 지음, 변주승 옮김, 『대한계년사(大韓季年史)』, 소명출판, 2004.

정병호, 『춤추는 최승희 : 세계를 휘어잡은 조선 여자』, 뿌리깊은나무, 1995.

정운현 엮어옮김, 『풀어서 본 반민특위 재판기록』(전 4권), 선인, 2009.

정운현 엮음, 『학도여 성전에 나서라』, 없어지지않는이야기, 1997.

정운현, 『잃어버린 기억의 보고서-증언 반민특위』, 삼인, 1999.

정운현, 『친일파는 살아 있다』, 책보세, 2011.

정운현 · 김학민 엮음, 『친일파 죄상기』, 학민사, 1994.

조선공로자명감간행회 엮음, 『조선공로자명감』, 민중시론사, 1935.

최민지 · 김민주 지음, 『일제하 민족 언론사론』, 일월서각, 1987.

친일반민족행위 진상규명위원회, 『친일반민족행위진상규명 보고서』, 2009.

친일인명사전편찬위원회, 『친일인명사전』, 민족문제연구소, 2009.

한교익 엮음, 『창남수장(暢楠壽章)』, 한상룡씨환력기념회, 1940.

한국농촌경제연구원 엮음, 『농지개혁 시 피분배 지주 및 일제하 대지주 명부』, 한국농촌경제연구원, 1985.

한국학문헌연구소, 『조선귀족열전』, 아세아문화사, 1985.

한명근, 『한말 한일합방론 연구』, 국학자료원, 2002.

허종, 『반민특위의 조직과 활동』, 선인, 2003.

헌병사령부, 『한국헌병사』, 1952.

혁신출판사 엮음, 『민족정기의 심판』, 혁신출판사, 1949.

현석호, 『한 삶의 고백』, 탐구당, 1986.

황현 지음, 허경진 옮김, 『매천야록(梅泉野錄)』, 서해문집, 2006.

黑龍會, 『日韓合邦秘史』 上 · 下, 原書房, 1966.

角田房子, 『わが祖國』, 新潮社, 1990.

平山瑩鐵 編, 『半島史話と樂土滿洲』, 滿鮮學海社, 康德 10(1943).

山邊健太郎, 『日本の韓國併合』, 太平出版社, 1970.

3. 논문, 기사

고대석, '일진회 친일 선언서 최초 발굴 공개', MBC, 1987. 8. 29.

구양근, '일본외무성 7등출사 세와키 히사토(瀨脇壽人)와 외국인 고문 김인승', 「한일관계사연구」 제7집, 1997. 12.

김영환, '송영길 시장 "친일파 · 독재정권 나팔수의 시를 낭독하다니…"', 「한겨레」, 2012. 6. 27.

김유선, 「모윤숙 시 연구」, 숙명여자대학교 박사학위논문, 1992.

김인덕, 「상애회 연구 : 1920년대의 조직과 활동을 중심으로」, 「한국민족운동사연구」 33집, 2002. 12.

서영지, "'김성수 친일재판' 다섯 번 폭탄 돌리기', 「한겨레」, 2015. 6. 28.

서영지, "'동아일보 설립 김성수, 친일 맞다"… 4년 끌어온 항소심도 인정', 「한겨레」, 2016. 1. 14.

장순, '나라를 팔아먹은 배정자 행장기(行狀記)', 「민성(民聲)」 제5 · 6호 통권 35호, 1949. 5.

정혜경 · 이승엽, 「일제하 녹기연맹의 활동」, 한국근현대사 연구 10권, 1999.

정희상, '송병준 후손 행적 추적했더니…', 「사사인」 38호, 2008. 6. 3.

최경연, '여성의 역사를 남긴 사람들-모윤숙', 「경남여성신문」, 2006. 6. 22.

친일파의 한국 현대사

초판 1쇄 펴낸 날 2016. 8. 16.
초판 5쇄 펴낸 날 2018. 8. 15.

지은이   정운현
발행인   양진호
책임편집   위정훈
디자인   강영신
발행처   도서출판 인문서원

등 록   2013년 5월 21일(제2014-000039호)
주 소   (121-893) 서울시 마포구 양화로 56 동양한강트레벨 718호
전 화   (02) 338-5951~2
팩 스   (02) 338-5953
이메일   inmunbook@hanmail.net

ISBN   979-11-86542-24-8 (03910)

이 도서의 국립중앙도서관 출판예정도서목록(CIP)은 서지정보유통·지원시스템
홈페이지(http://seoji.nl.go.kr)와 국가자료공동목록시스템(http://www.nl.go.kr
/kolisnet)에서 이용하실 수 있습니다. (CIP제어번호: CIP2016016900)